道破K线天机

K线操练大全 ①

K线形态操练

铁手◎著

名家真经 源自私募操盘手讲义教程内容

畅销经典 新股民看盘技能训练优秀教材

实战为王 海量实图与案例培养出众盘感

SPM
南方出版传媒
广东人民出版社
·广州·

图书在版编目（CIP）数据

K 线操练大全 1——K 线形态操练/铁手著．—广州：广东人民出版社，2015.11（2018.6 重印）

ISBN 978-7-218-10245-0

Ⅰ．①K…　Ⅱ．①铁…　Ⅲ．①股票交易—基本知识　Ⅳ．①F830.91

中国版本图书馆 CIP 数据核字（2015）第 166090 号

K Xian Caolian Daquan 1——K Xian Xingtai Caolian

K 线操练大全 1——K 线形态操练

铁手　著

出 版 人：曾　莹

责任编辑：肖风华　温玲玲
封面设计：张建民
责任技编：周　杰　黎碧霞

出版发行：广东人民出版社
地　　址：广州市大沙头四马路 10 号（邮政编码：510102）
电　　话：（020）83798714（总编室）
传　　真：（020）83780199
网　　址：http：//www.gdpph.com
印　　刷：广州市怡升印刷有限公司
开　　本：787mm×1092mm　1/16
印　　张：18　　字　　数：300 千
版　　次：2015 年 11 月第 1 版　2018 年 6 月第 10 次印刷
定　　价：45.00 元

如发现印装质量问题，影响阅读，请与出版社（020-83795749）联系调换。
售书热线：（020）83795240

阅读指引

本书源自于笔者培训课上所使用的教案。由于培训中除了基本的文字资料之外，还有大量的辅助工具（如视频、PPT 等）以及众多的互动环节（如提问、小组讨论等），因此可以使培训者得到全方位的训练。然而，将培训中的精华提炼成文字汇成一套书，属于单向的交流，无法及时探讨学习中的疑问，可能会降低学习效果。因此，特编写阅读指引，希望能帮助读者更好地利用本书。

在阅读本套丛书的过程中，有以下几个方面希望读者重视。

1. 强化 K 线模拟训练

本套丛书均采用实战案例解析的方式展开，并采用滚动的角度看待每一种组合或形态的后续变化。但真正掌握 K 线技术，并在实战中灵活运用，读者还需要做大量的 K 线模拟训练。强化 K 线模拟训练，根本目的是培养对某一种或几种 K 线形态的快速反应能力，并最终形成自己的机械交易系统。

另外，对于某些案例，有些读者恰巧也在那个时间段关注过。那么，您可以将自己当时的判断和本书的观点进行碰撞，激荡出更加符合个性的看盘技术。

特别提醒：①在熟悉某种组合或者形态之后，要随机选择多只股票进行模拟操练，让其真正为己所用。②本书所选取的 K 线走势图，均经过复权处理。因此，如果读者发现书中 K 线图与自己软件显示不同，请先对股票进行复权处理。如果复权后仍然发现有些差异，应该是使用的行情软件所致，这些差异不影响看盘效果，可以忽略不计。

2. 注意 K 线信号的成功概率

世界上没有百分之百有效的交易信号，而且，不同的交易信号有不同的成功概率。因此，为了更好地指导实战交易，必须寻找成功率高的交易信号。本书中所选取的 K 线信号，均经过海量的数据统计，证实其具有较高的成功率。

对于无法回避的信号失效现象，最有效的防范措施就是设置止损。一旦发现预期的结果没有出现，就应该迅速离场，以避免不确定性带来更大的损失。

特别提醒：①交易必须要有纪律，并且要在实战中严格遵守纪律，这样才能最大限度地利用成功信号，回避失效信号。②信号的成功概率会因人、因时、因势而发生变化，读者需要在实战中不断总结，优胜劣汰，始终运用成功率最高的信号指导交易。

3. 寻找适合自己的交易信号（交易参数）

面对众多的K线交易信号，读者可能会有这样的疑问：实战中，利用哪种信号交易最有效呢？简单地说，适合你的就是最有效的。实践证明，成功的证券投资者，都是反复运用一组或几组交易信号，拥有自己的“独门暗器”。通过大量的K线模拟训练和实战交易，你最终会获得自己的“独门暗器”。

特别提醒：股市不是比拼谁掌握的交易信号多，而是比拼谁掌握的交易信号高效、准确。

4. 重视时空背景

脱离时空背景，技术分析就成了无本之木。本套丛书所介绍的所有组合、形态，都有严格的背景要求；如果时空背景发生改变，其含义也会发生改变。因此，在实战中，不能拘泥于书中所言，要懂得变通，避免刻舟求剑。

举个例子，大阳线为典型的看涨信号。但是，如果这根大阳线出现在下跌初期，其含义就不是看涨，而是作为反弹处理，多为趁机清仓的好时机；如果在整理行情中出现大阳线，如箱体整理中，那也不是看涨信号，除非具备突破性质。

特别提醒：在分析K线含义时，必须充分考虑时空背景，在此基础之上的判断才会保证信号的准确性。

5. 配合成交量

K线反映股价的波动，成交量反映资金的起伏，两者搭配，才能真正把握股票的脉动。当然，这两者的配合也不能独立于时空背景。

继续以大阳线为例，如果在一波明显上涨后出现大阳线，而且当日伴随巨量，短线见顶的可能性很高；如果经过长时间、大幅度的下跌后出现大阳线，而且大阳线出现前后时段伴随成交量持续而明显放大，很可能见底。

特别提醒：本丛书并没有过多提及成交量，并不表示不重视，而是因为量价分析属于另一个理论体系，毕竟本丛书容量有限，留待以后，再与投资者做量价与K线的综合探讨。

道破 K 线玄机（代序）

炒股的人总想找到一门独家武器，手起刀落，于千军万马中取上将首级如探囊取物。于是市场上四处盛传各种独门绝招、私家秘籍，甚至还有各种股市羊皮卷，说是有几千年历史。犹如秘鲁发现的史前文明的火箭发射台，玄之又玄。因为有各色绝招，所以成就了今天的战国乱象，门派林立，流派泛滥。有舶来的艾略特、江恩、黄金分割理论等，数不胜数；也有本土原创的八卦炒股、阴阳炒股、易学炒股、老子炒股理论等，老祖宗的东西在今天得以这样发扬光大，这些几千年前的大师该能含笑九泉了。当然更多的是一些名家结合国内外理论研制的独门武器，比如改换一下平均线参数就可以成为一把小李飞刀，成功预测到哪一年大顶，也有人研究出所谓几线合一吃遍股市。但不管如何玄妙，大概都可以归于技术派和基本面派。

市场上技术派更吃香，特别是在中国，因为大多数散户都急功近利。基本面研究即使有效，但也坐不住冷板凳。而那些宣称能立竿见影的技术分析招数正好迎合了散户投资者的饥渴心态，今天我们看到的各种门派的大师、股神布道，各种泄露绝招利器的秘籍铺陈书店，也就见惯不怪了。但是喧嚣之后呢，我不知道还有哪位大师没倒下？还有哪种绝招在横扫股市？我没见过听过，也许是我孤陋寡闻。我听说过的是又有位民间股神被请进了公安局，也听说了最近又有股民状告某大师误导其巨亏。也许你说至少还有巴菲特，他老人家的投资神话可是货真价实的，这当然不可否认。但我不知道市场上哪本秘籍是他老人家亲自写的，更不知道哪种绝招是他老人家独创的。如果说有，那也是他对证券投资理解的片言只语，而到今天已然成了比领袖语录更权威的话语，亿万投资者顶礼膜拜，俨然有教宗的风采。只是我不知道中国有哪位投资家学到了巴老的精髓，并以此在证券市场呼风唤雨，也许又是我孤陋寡闻。

如此说来，好像笔者成了虚无主义者。那倒不是，我只是不太愿意相信股市有什么绝招秘籍。证券投资是门扎实的学问，不是一天两天就可以学会，三年五年也许都摸不到门。道听途说来一两种所谓绝招就轻易开户上战场，那无异于自杀。当然这也有点夸张，小小玩一下，感受一下股市的氛围也是必要的，因为那地方需要的是实战经验，即使是模拟炒股也不能体会其奥秘。

初入股市的人首先要面对什么呢？就是买卖股票。你为什么买这只股票，为什么要这个时候买？同样，你为什么要这时候卖这只股票？你能给自己一个理由吗？因为职业的关系，我经常面对很多散户朋友，也曾经问他们这个问题，但他们的回答多让我惊讶。大多数人是听说就买了，或者说是感觉，感觉要涨了就买。只有很少的投资者有自己的交易系统，即等到某种交易信号出现就买进或者卖出，出入都有纪律。那么这种交易系统是怎么建立的呢？各个投资者都有自己的习惯。我想撇开基本面分析外，无非是根据盘面的信息。不过盘面信息过于繁杂，很多投资者未必有这耐心观察。

每天打开行情软件，映入眼帘的最醒目的莫过于K线图，它在界面上占据的空间最大，最为醒目。从实践经验来说，K线图也是最为重要的分析依据。其他如平均线、各种指标，也可以说来源于K线。从这个角度来说，K线分析称得上是股票技术分析之母。如果你只知道K线代表开盘价、收盘价、最高价、最低价，那你算得上不是股盲。如果你知道大阳线代表多头强势，后市可能继续上涨，那说明你已经稍微了解K线了。如果你能细查这根K线的来龙去脉，它是怎么形成的，那说明你已经入门了。当然，要深入掌握并不简单，任何的K线在不同的位置体现不同的含义。

市场上讲K线的书籍铺天盖地，也有不少很有价值，但总觉得意犹未尽，没有讲深讲透，直到看到我的同行好友铁手这套《K线操练大全》的书稿，至少是我看到的最好的K线书。这套书的最大特点是深入剖析了K线的内在机理，条分缕析，讲解深刻，对读者深入理解K线无疑有莫大的帮助；同时，本书引用了大量的实例，极具实战指导意义。因此，相信本书能在市场上获得广大投资者的喜爱。

老　郭
2015年11月于广州白云山

前　言

K线起源于十八世纪的日本，流传至今已有200多年。创立者本间宗久凭借K线分析技术横扫当时的日本稻米交易市场，富可敌国。记载K线分析技术的《本间宗久翁秘录》（又称《三猿金泉录》），就是我们如今看到的技术分析经典著作《酒田战法》的前身。后来，K线流传到西方，并深刻影响了西方交易市场的技术分析理论。投资者如今常用的MACD、RSI、均线等多种指标，发明者都是西方人，但实际上这些指标使用的参数基本上都离不开K线中的开、高、低、收四个价位，从本质上来说，它们其实都源于东方的K线。

K线分为阳线和阴线，其实正是东方哲学的一种体现——“一阴一阳谓之道”（《易经》语）。阳与阴，隐含着强与弱的判断、进与退的智慧。只有参透阴阳的玄机，才能“上不失天时，下不失地利，中得人和”，进而成为卓越的交易者。换言之，K线是股票市场运行的外在表现，要想掌握股市运行的内在规律，就必须研究K线。

市面上有不少关于K线的书，其中不乏经典之作。但遗憾的是，这些书多数或没有结合实战案例，或对K线的解读不够详细，不够深入，难以帮助投资者系统地研究K线。为此，我特地编写了这套“K线操练大全”丛书，把自身多年的研究心得写出来，为对K线分析技术感兴趣的广大投资者抛砖引玉，希望有更多的投资者去关注K线这一技术分析之源，找到这项交易方法中最关键的地方，共同将K线研究进行到底！

这套丛书基本囊括了K线技术分析中最有价值的知识和实战技法，从单根K线到组合K线，再到众多K线组合构成的形态，都有详细介绍，并用众多实战案例清晰、明了地解释相关的研判方法、买卖点和采取交易策略时的关注重点。相信通过对本套丛书的学习，投资者将对K线分析技术有一个全面而深刻的了解，明白各种K线、组合、形态背后隐藏的交易信息，透过变幻无常的盘面看出主力的真实意图，找到准确的进场、离场点位，再进一步，还能测量买卖信号出现之后，价格可能达到的涨跌幅度。

“宝剑锋从磨砺出。”学习技术分析是一段艰难的历程，入门容易，进阶难。要想领悟技术分析的真谛，在交易市场上长久获利，成为交易的赢家，还需要读者付出更多的努力和汗水，多点阅读，勤加练习，并勇于实践。本套丛书旨在向投资者传授经过市场验证、切实可行的股市技术分析方法，希望能帮助投资者摆脱盲目交易、一无所获甚至亏损连连的困境，如能为读者接受并喜欢，笔者将深感欣慰！

祝投资者们好运！

铁 手

2015年11月于广州静心斋

目　录
Contents

第 1 章　M 头形态操练

第 2 章　W 底形态操练

第3章 三重顶形态操练

第4章 三重底形态操练

第5章 圆弧顶形态操练

第6章　圆弧底形态操练

第7章　上升三角形形态操练

第8章　下降三角形形态操练

第9章　收敛三角形形态操练

第10章　喇叭口形态操练

第 11 章 上升旗形形态操练

第 12 章 下降旗形形态操练

第13章 矩形形态操练

第14章 V形底形态操练

第15章 V形顶形态操练

第1章

M头形态操练

第一节 M 头形态的识别

1. M 头的图形特征

【K 线实战图谱】

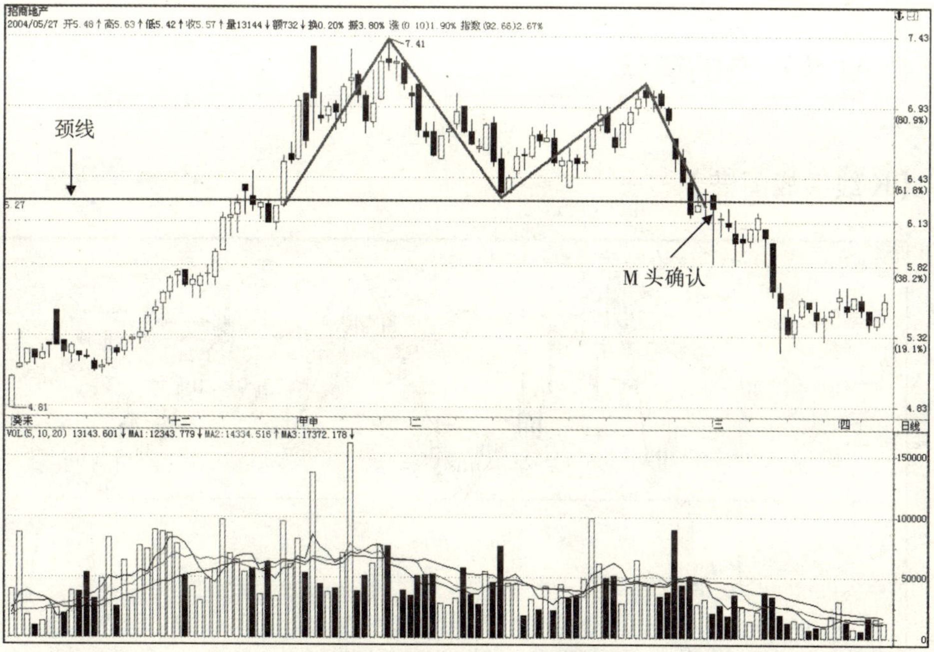

图 1-1 招商地产 000024

看盘精要

M头形态的K线走势分析：

（1）从图1-1可以看出，M头由两个价位相近的高点构成，其形状类似于英文字母“M”，因而得名。

（2）通常而言，左侧高点要高于右侧高点，两者之间的落差在3%左右。

（3）M头形态形成的原理：在上升趋势过程的末期，股价在第一个高点附近建立了新高点，之后股价回落，受上升趋势线的支撑，这次回档在一个低点停止。往后就是继续上升，但是力量不够，上升高度不足，在前期高点附近遇到压力，股价向下，这样就形成两个顶的形状。

2. M头形态的确认

【K线实战图谱】

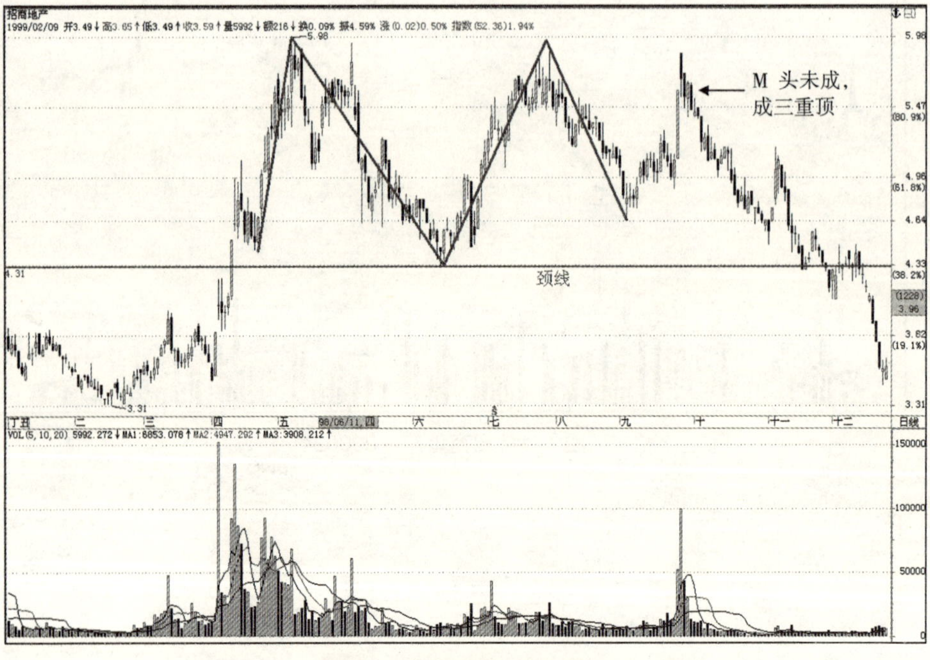

图1-2 招商地产 000024

看盘精要

M 头形态的 K 线走势分析：

（1）M 头确认的关键在于颈线的突破。所谓颈线，是指穿过两个高点之间的最低点的水平线，见图 1–2 文字标记的横线。

（2）如果颈线没有被突破，即使 K 线形态看着类似 M 头，也不是 M 头形态。如图 1–2，M 头形态构筑失败，最后变为三重顶形态。

（3）如果颈线被突破后，即可确认 M 头形态。但是，实际行情走势中，颈线被突破后经常还有个回抽确认的过程。如果回抽后，股价继续下跌的趋势，同样意味 M 头形态成立。反之，则为假突破。

3. M 头形态重点提示

【K 线实战图谱】

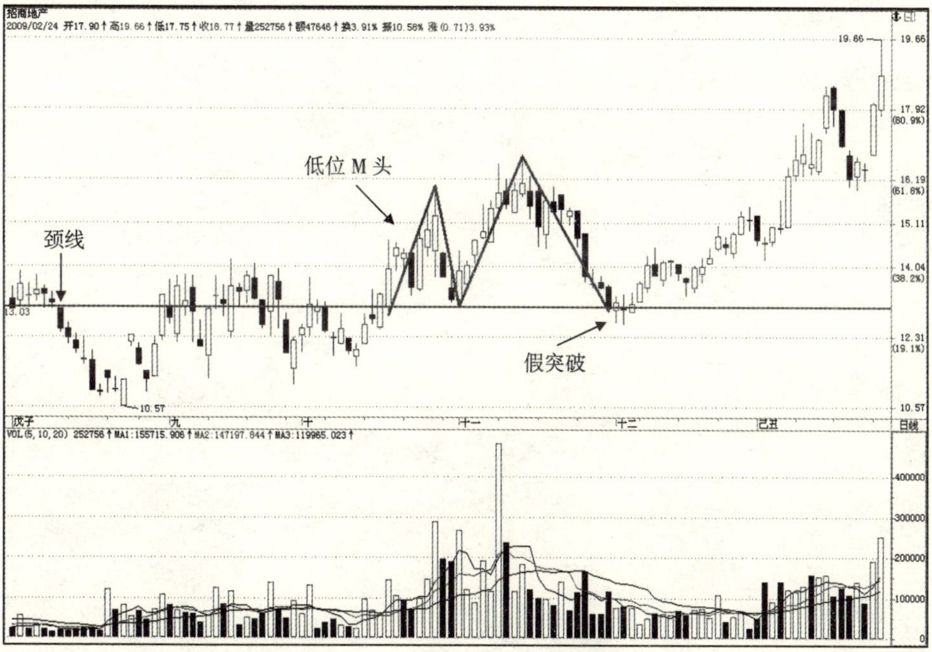

图 1–3 招商地产 000024

◣ 看盘精要

M头形态的K线走势分析：

（1）M头是重要的反转形态。

（2）M头必须出现在高位。如果M头形态出现在低位，就不能按照反转形态进行操作。如图1-3，M头形态出现在低位，而且右侧高点高于左侧高点，因此不能作为反转形态进行操作。

（3）M头形态之前，股价上涨的幅度越大，其相应的下跌幅度也会越大。

（4）M头形态的两个高点应该有一定的时间间隔。通常而言，时间间隔越大，有效性越高。但是，如果日线M头的时间间隔超过半年，其判断的价值就很小了。

（5）M头形态分为标准形和复合形两种。标准形就是只有两个顶部，复合形除了两个明显高点之外，还会出现多个小顶部。不管是标准形还是复合形，均为反转信号。

4. M 头形态实战意义

【K 线实战图谱】

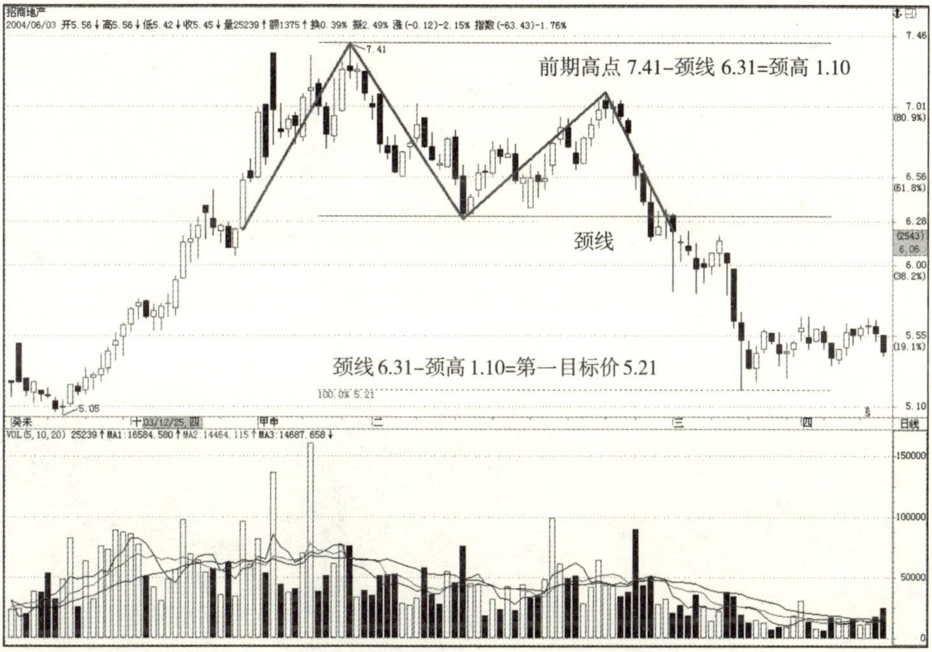

图 1-4　招商地产　000024

看盘精要

M 头形态的 K 线走势分析：

（1）当股价正式跌破颈线支撑，持股者清仓，持币者继续持币。所谓正式跌破颈线支撑，是指股票的收盘价在颈线之下，并且满足百分比原则和时间原则。百分比原则要求股价跌破到一定的百分比数，时间原则要求跌破颈线后保持多日（至少是两日）。

（2）如果只是下影线刺穿颈线，不算跌破颈线，继续观察。

（3）在颈线没有被突破之前，不可先入为主将其断定为 M 头，盲目放空。潜在的 M 头形态，也可能会演化成三重顶、矩形或者三角形形态。

（4）在颈线被突破之前，颈线属于支撑线。在颈线被突破之后，颈线由支撑线转变为压力线。

（5）M 头形态一旦得到确认，就可以用它对后市进行测算。M 头形态突破后的跌幅常是形态本身颈高的 1~3 倍，参见图 1-4。所谓颈高，是指颈线与最高点之间的距离。

第二节　M 头形态实战操练

1. M 头形成过程中的应对技巧

【K 线实战图谱】

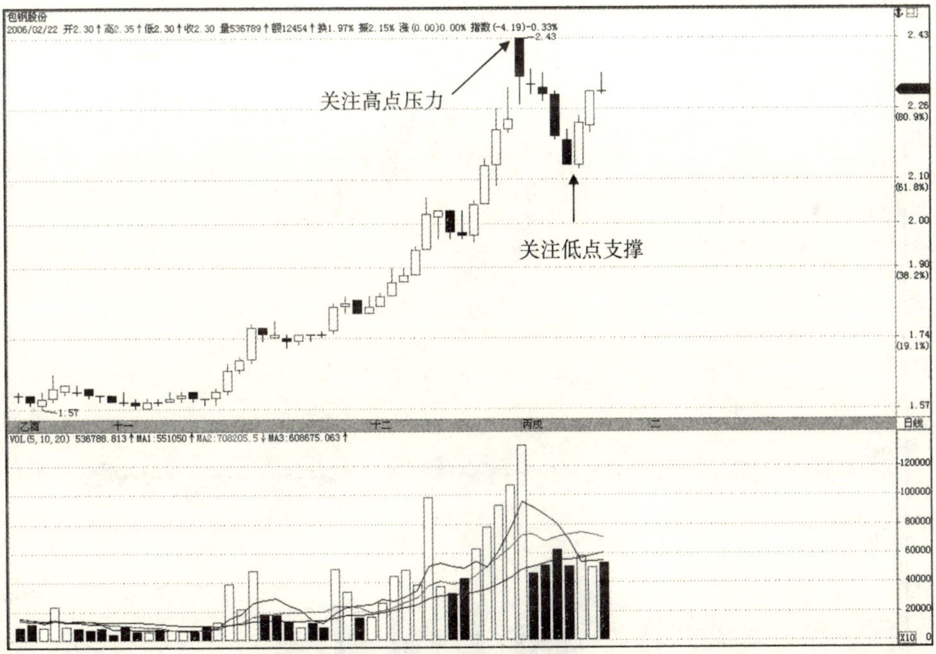

图 1-5　包钢股份　600010

看盘精要

M 头形成中的 K 线走势分析：

（1）图 1-5 是包钢股份 2005 年 11 月 21 日至 2006 年 2 月 22 日的日线图，经过复权处理（全书同）。

（2）这三个月内，股价从 1.57 元上涨至 2.43 元，涨幅达到 55%。

（3）2006 年 1 月 17 日开始，伴随着成交量快速放大，股价也在加速上行。

（4）2006 年 2 月 13 日，股价创出新高 2.43 元，并伴有巨量，有见顶迹象，此高点应重点关注。随后的几个交易日，股价快速回调，进一步确认该高点的压力。

（5）2 月 22 日，股价再次回到前高附近，以长上影线的十字星收盘，再次提醒前高附近的压力，有可能形成 M 头形态。因此，如果在第一个高点没能及时减仓，这里提供了第二个机会：可以逢高减仓，甚至清仓。

【K 线实战图谱】

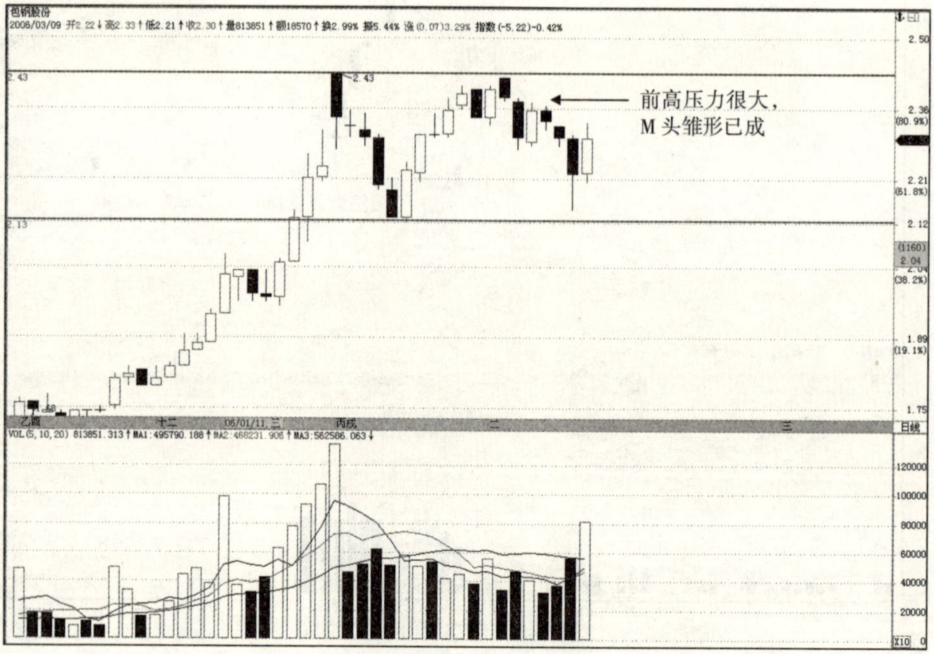

图 1–6　包钢股份　600010

看盘精要

M 头形成中的 K 线走势分析：

（1）时间推移至 2006 年 3 月 9 日，双头雏形已经形成。当然，此时还不知道这是双头形态，它也有可能会发展成矩形、三重顶或者三角形。

（2）由于前期涨幅巨大，而且形态还看不清楚，所以逢高减仓或者清仓后，不宜再进行建仓或者加仓，静观其变为妙。

（3）为了应对后面的行情变化，应该形成三套交易策略：如果跌破颈线形成 M 头，持币观望；如果成功突破前高压力，再次追进；如果形成矩形震荡，逢低吸纳，逢高清仓。

【K 线实战图谱】

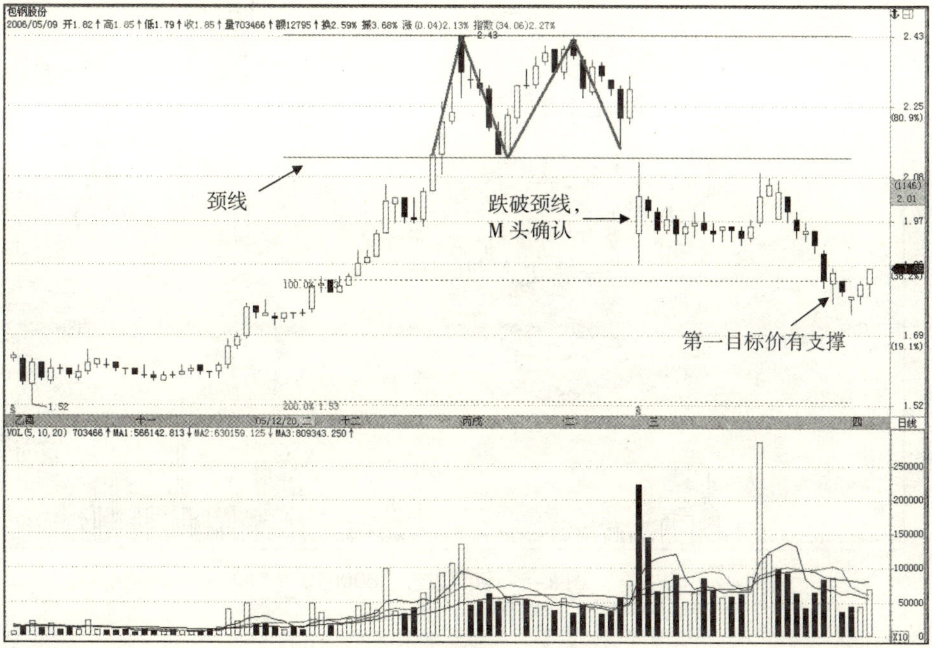

图 1–7　包钢股份　600010

看盘精要

M 头形成后的 K 线走势解读：

（1）2006 年 3 月 28 日，经过一段时间的停牌后，股价跳空低开，直接跌破颈线，M 头形态成立。

（2）如果此日还没有清仓，触及颈线的时候就是最好的清仓点，从而避免了接下来18%的下跌。

（3）测量下跌目标价位。颈线与最高点的价差为2.43–2.13=0.30元。因此，第一目标价位 2.13（颈线价位）–0.30=1.83 元，第二目标价位 2.13–0.30×1.618=1.64元，第三目标价位2.13–0.30×2=1.53元。

【K线实战图谱】

图1–8 包钢股份 600010

看盘精要

M头形成后的K线走势解读：

（1）图1–8中的横线为第一目标价1.83元。2006年4月25日，股价触摸到第一目标价，密切关注随后的走势。

（2）观察前期走势，首先判断行情刚从底部启动，其次会发现这条横线曾经是重要的压力线。因此，此时这条横线可以看作是重要的支撑线，而且能够据此做多。

（3）2006 年 5 月 9 日，股价触底反弹，并放量上穿第一目标价横线（见图 1–8 中的箭头），建仓时机到来，当根据 K 线的最低点止损。

（4）激进的交易者，可能会选择股价跌破 1.83 元时建仓，以求低成本。但是，如此操作风险较大。

2. 上升趋势中的 M 头形态应对技巧

↗ 实战解析：深圳能源

【K 线实战图谱】

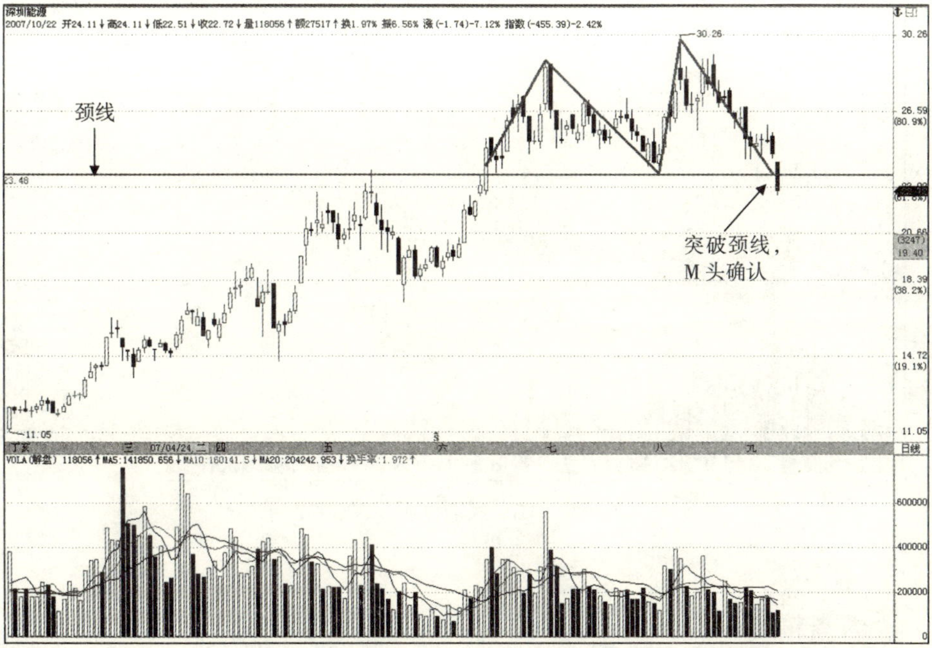

图 1–9　深圳能源　000027

◣ 看盘精要

M 头形成时的 K 线走势分析：

（1）图 1–9 是深圳能源 2007 年 1 月 5 日至 2007 年 10 月 22 日的日线图。

（2）从图中可以看出，股价一直处于良好的上升趋势中。

（3）2007 年 10 月 22 日，股价穿破 M 头颈线，判断为 M 头构筑成功。

（4）当 M 头穿破颈线时，如果从 M 头的右侧高点开始一直未减仓的投资者，需果断减仓，甚至清仓。

【K 线实战图谱】

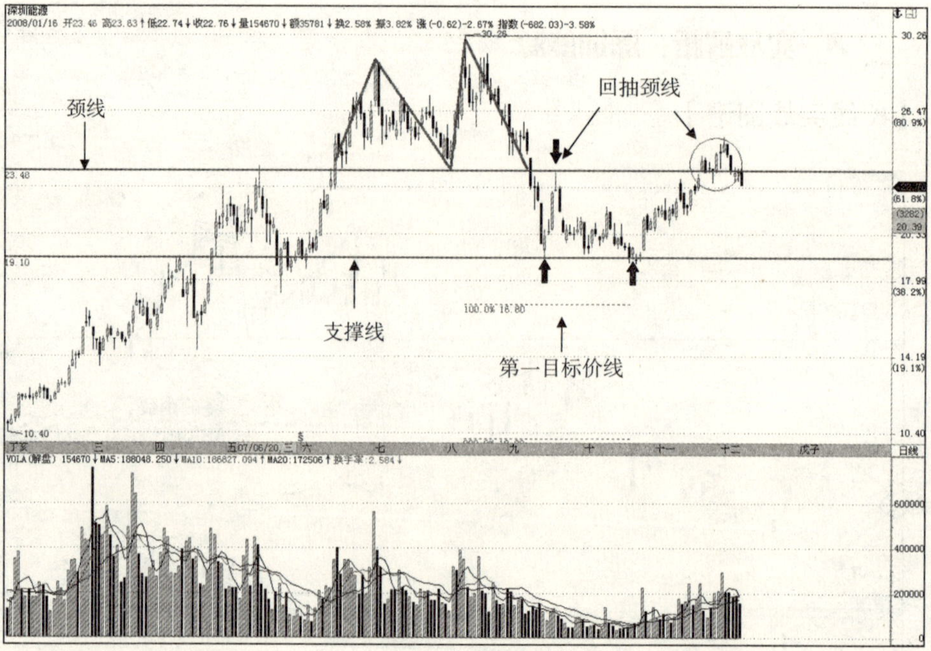

图 1-10　深圳能源　000027

看盘精要

M 头形成后的 K 线走势解读：

（1）根据 M 头形态测量目标价，第一目标价 16.80 元，第二目标价 10.09 元。

（2）在突破颈线支撑后，股价并没有直接滑落到 16.80 元的第一目标价，反而在 19.10 元附近产生了强支撑。

（3）研读前期走势，发现 19.10 元曾经是重要的压力线和支撑线。

（4）第一次在 19.10 元附近获得支撑，股价反弹至颈线回落。第二次在 19.10 元附近获得支撑，股价反弹至颈线之上才回落。这就是对颈线的回抽，是多头最后的清仓机会（有些股票并不会给这样的机会）。

（5）此段反弹空间约为 30%，擅长短线交易的投资者可以从中获利。

【K 线实战图谱】

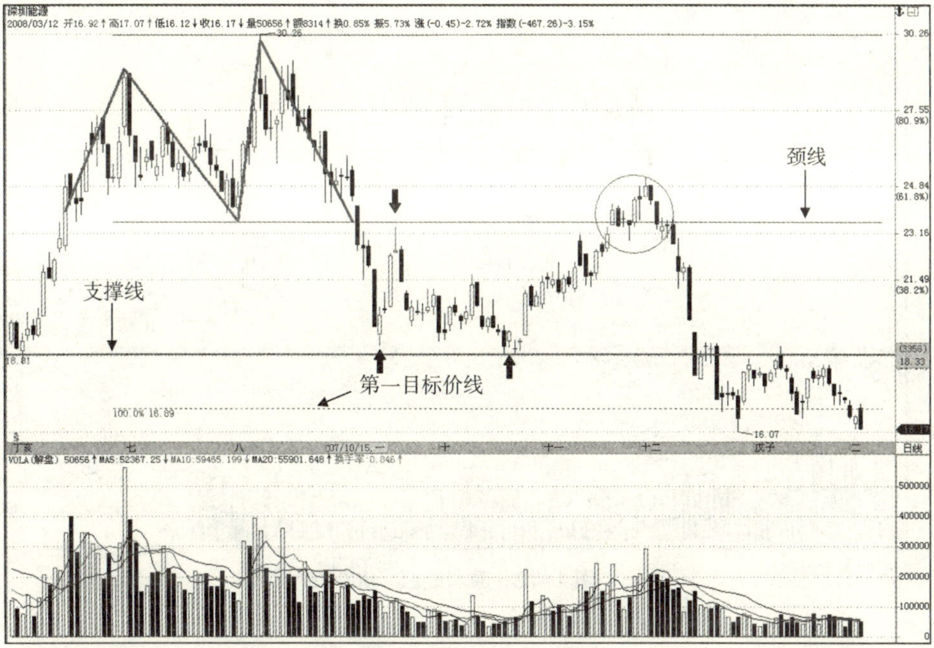

图 1-11 深圳能源 000027

看盘精要

M 头形成后的 K 线走势解读：

（1）在对颈线进行回抽后，股价快速滑落，到达第一目标价止跌。

（2）由于前期已经对颈线进行回抽，在到达第一目标价之后，股价的反弹高度有限。

（3）股价在 19.10 元的压力线（原支撑线，跌破后转化为压力线）与第一目标价 16.80 元之间，震荡整理了一段时间，为下一次下跌蓄势。

（4）这段震荡整理行情的波动空间非常小，没有什么参与价值，应以持币观望为主。

【K线实战图谱】

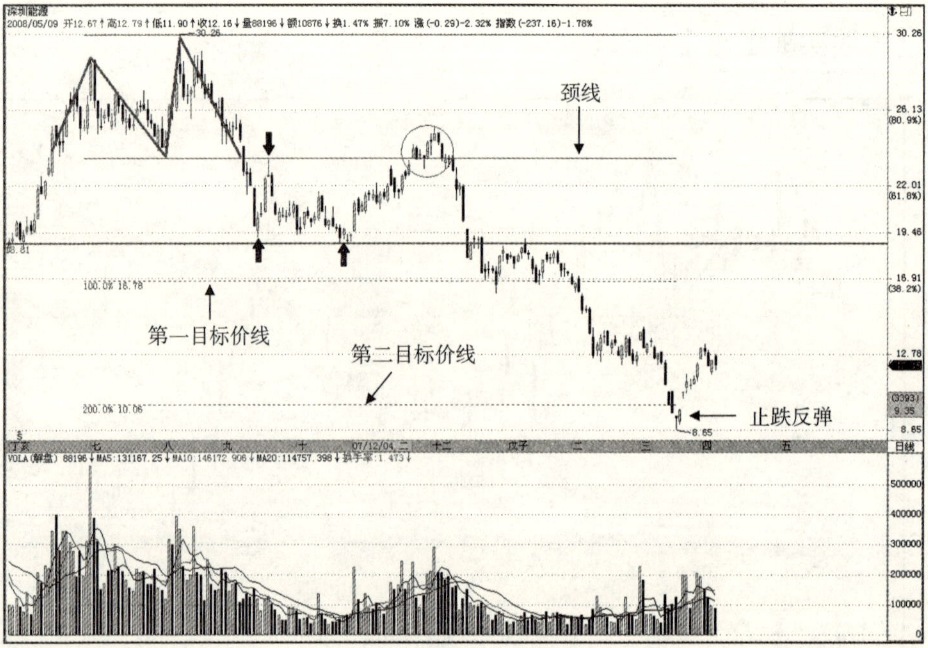

图 1–12 深圳能源 000027

看盘精要

M 头形成后的 K 线走势解读：

（1）股价在跌破第一目标价后，继续向第二目标价进发。

（2）在下跌过程中，股价在 13.40 元左右短暂休整，形成下跌中继平台。

（3）股价在到达第二目标价 10.09 元后，借助印花税下调的消息形成了一波快速反弹，涨幅超过 30%。这是投资者值得参与的行情。

【K 线实战图谱】

图 1–13　深圳能源　000027

看盘精要

M 头形成后的 K 线走势解读：

（1）上图是 2007 年年初至 2009 年年初的走势图，可以帮助我们从全局了解 M 头形态可能带来的下跌空间。

（2）该股最终在 6.68 元处见底，该价格恰好是 M 头测量的目标价（颈线价 –颈高 × 2.5）。

（3）掌握 M 头形态，可以帮助投资者回避漫长的熊市。

↗ 实战解析：冠城大通

【K 线实战图谱】

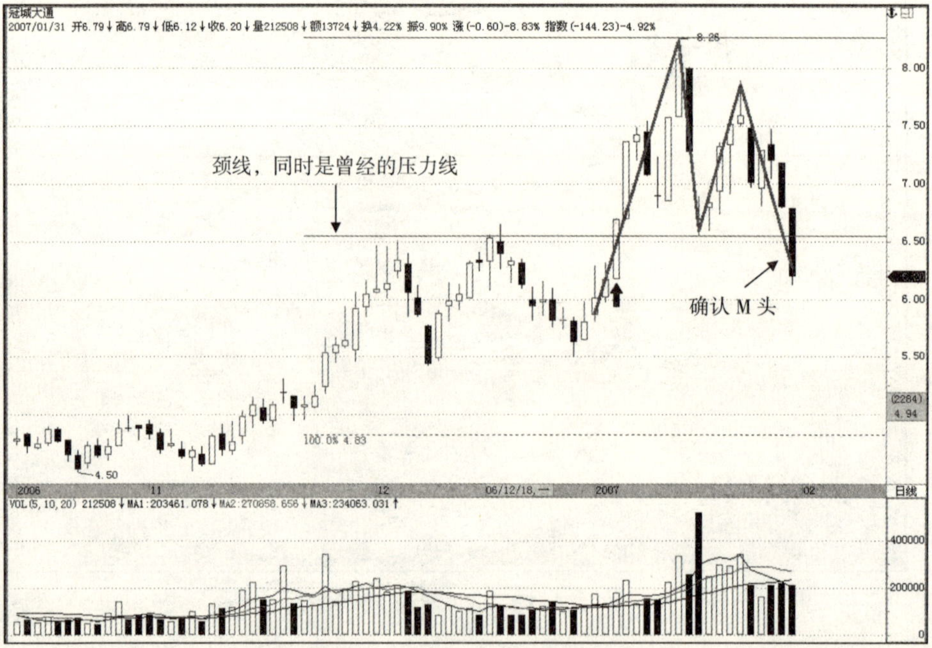

图 1–14 冠城大通 600067

看盘精要

M 头形成时的 K 线走势分析：

（1）图 1–14 是冠城大通 2006 年 10 月 13 日至 2007 年 1 月 31 日的日线图。

（2）从前期走势可以看出，股价一直处于良好的上升趋势中。

（3）2007 年 1 月 31 日，股价有效跌破颈线位置 6.55 元，M 头形态构筑成功。

（4）M 头的颈线正好是股价前期的压力线，也是当前的支撑线，当股价跌破此线，则引发市场看空。

【K 线实战图谱】

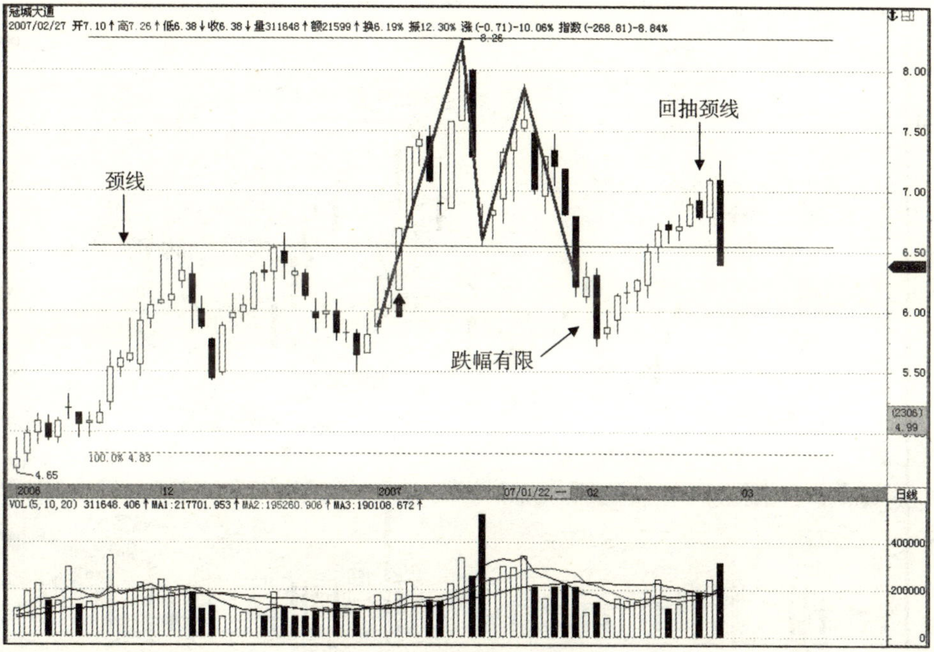

图 1–15　冠城大通　600067

看盘精要

M 头形成后的 K 线走势解读：

（1）根据 M 头形态测量，下跌的第一目标价位为 4.83 元。

（2）从图 1–15 可以看出，股价在下穿颈线的过程中逐渐缩量，可见股价虽然以长阴下跌，但引发的抛盘并不重。

（3）股价并没有奔向第一目标价位，而是很快止跌反弹，并逐渐放量回抽颈线。

（4）回抽颈线之后，股价调头以长阴放量下跌，引发抛压。

【K线实战图谱】

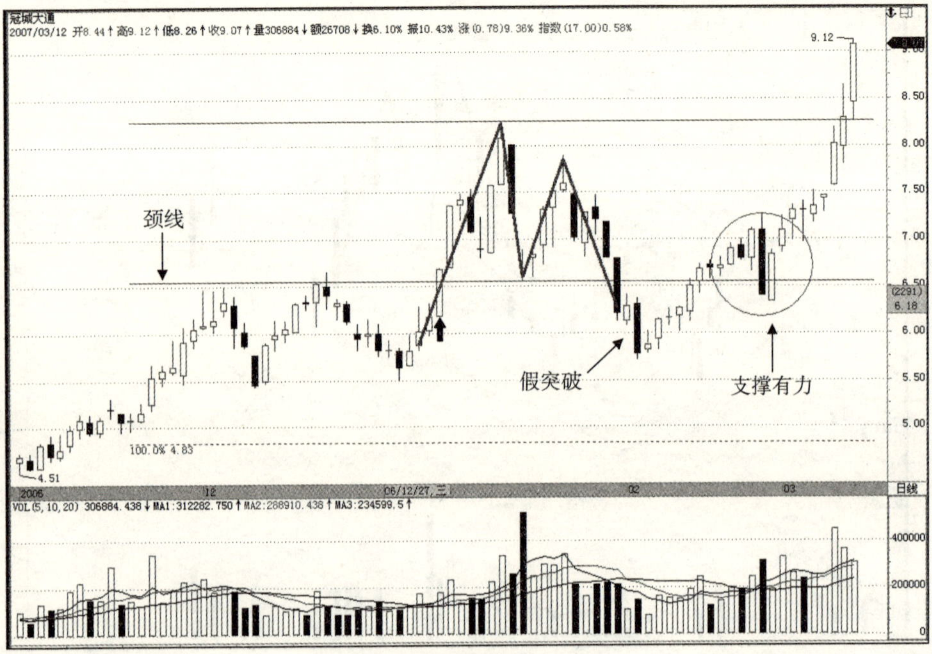

图 1–16 冠城大通 600067

看盘精要

M 头形成后的 K 线走势解读：

（1）股价回抽颈线后又跌破颈线，之后再次上攻（见图 1–16 中的圆圈部分），可见该 M 头颈线所处的支撑力量还是非常强的。

（2）再次上攻颈线后，股价稍作蓄势便冲向 M 头高点，一举突破 M 头高点。

（3）至此，M 头形态构筑失败，后市看涨。

【K 线实战图谱】

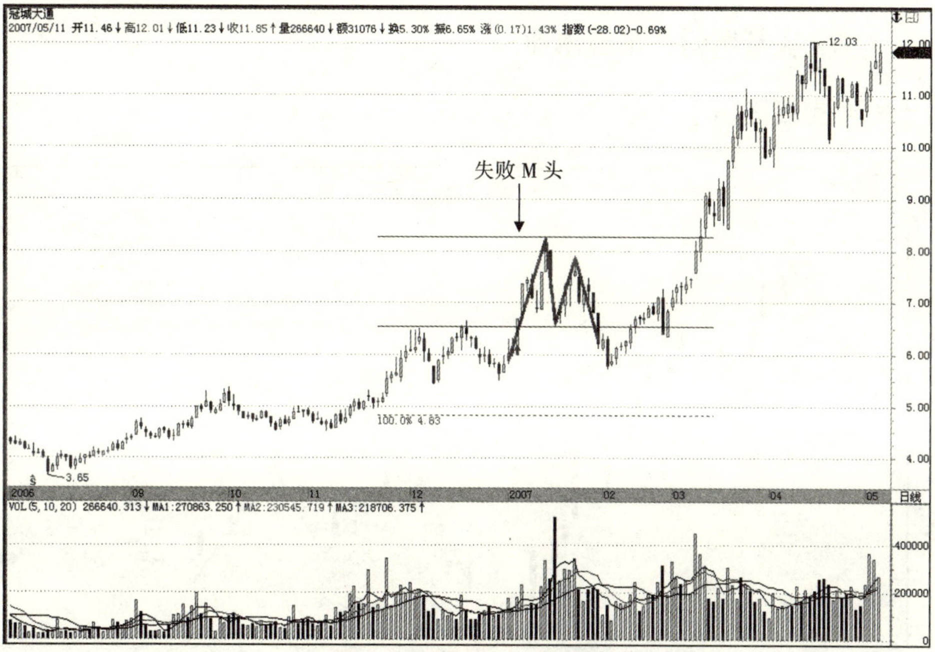

图 1–17　冠城大通　600067

看盘精要

M 头形成后的 K 线走势解读：

（1）后来股价在 M 头高点上方稍作整理，就延续了以往的上升趋势，越走越高。

（2）在长期走势中，失败的 M 头做头不成反成了腰，后市涨幅值得期待。

（3）投资者要学会利用失败的 M 头来进行操作，不可过于僵化地运用形态分析。

3. 下降趋势中的 M 头形态应对技巧

↗ 实战解析：金健米业

【K 线实战图谱】

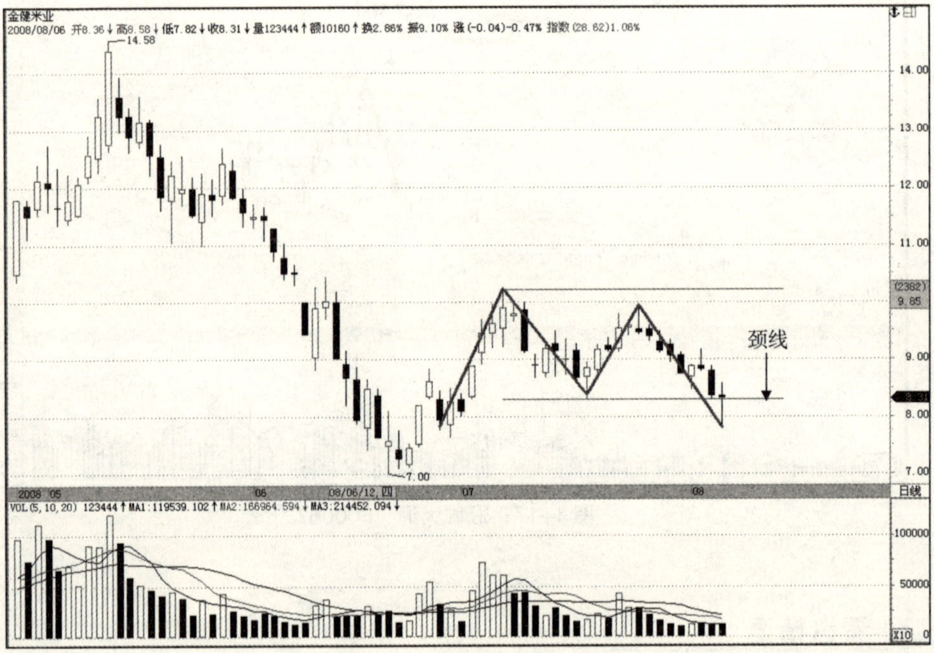

图 1–18　金健米业　600127

◣ 看盘精要

M 头形成时的 K 线走势分析：

（1）图 1–18 是金健米业 2008 年 4 月 28 日至 2008 年 5 月 9 日的日线图。

（2）从前期的走势来看，股价一直处在下跌趋势中。

（3）当股价跌破颈线位置 8.30 元时，M 头构筑成功。

【K 线实战图谱】

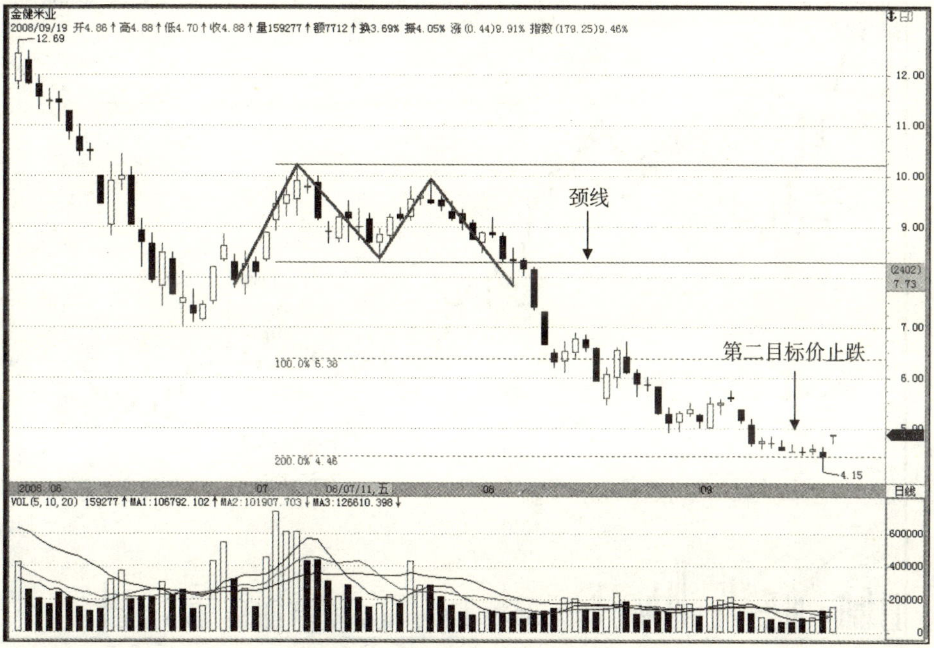

图 1–19　金健米业　600127

看盘精要

M 头形成后的 K 线走势解读：

（1）根据 M 头形态测量，第一目标价位为 6.68 元，第二目标价位为 4.46 元。第三目标价位为 3.50 元。

（2）股价在跌至第一目标价位时稍作整理，此处未有明显的投资机会。

（3）股价在第一目标价位整理之后，跌至第二目标价位，在第二目标价位附近，连续以小阴小阳线整理，成交明显缩量，股价有企稳迹象。

（4）短线投资者可适当关注，但下跌市中为了控制风险，只适合轻仓参与，而且盈利目标也不能定太高。

【K线实战图谱】

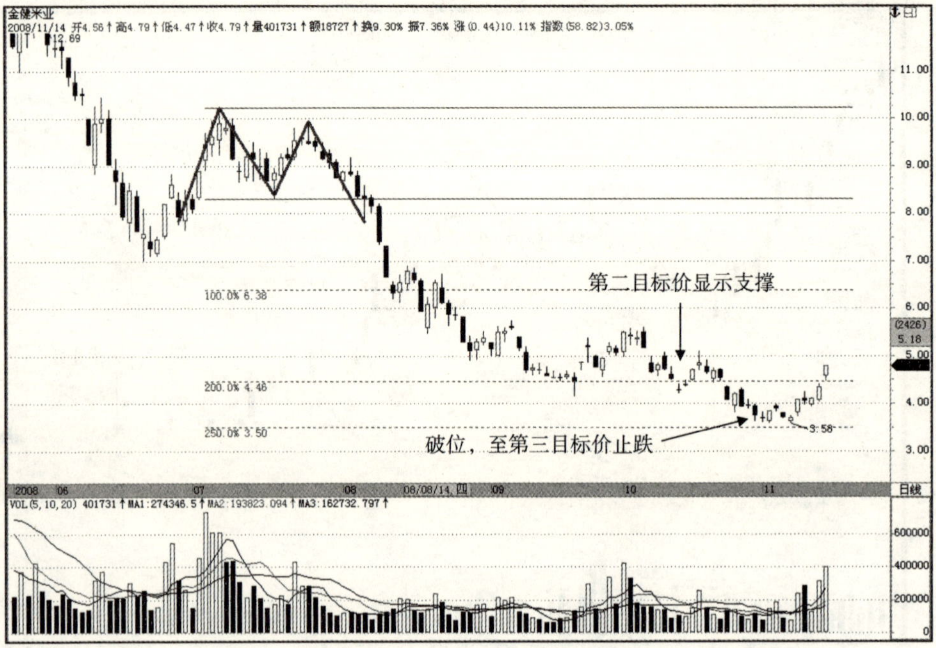

图 1-20 金健米业 600127

看盘精要

M 头形成后的 K 线走势解读：

（1）由于股价跌破第二目标价位，根据 M 头形态测量，计算第三目标价位为 3.50 元。

（2）股价在第三目标价位附近止跌，并迅速反弹至第二目标价位上方。

（3）投资者要关注股价在第二目标价位处能否有效获得支撑。

（4）股价从 M 头高点处跌至第三目标价位附近 3.58 元，跌幅达到 65%，成功利用 M 头形态来指导操作，将可免受惨重的损失。

第2章

W底形态操练

第一节 W 底形态的识别

1. W 底的图形特征

【K 线实战图谱】

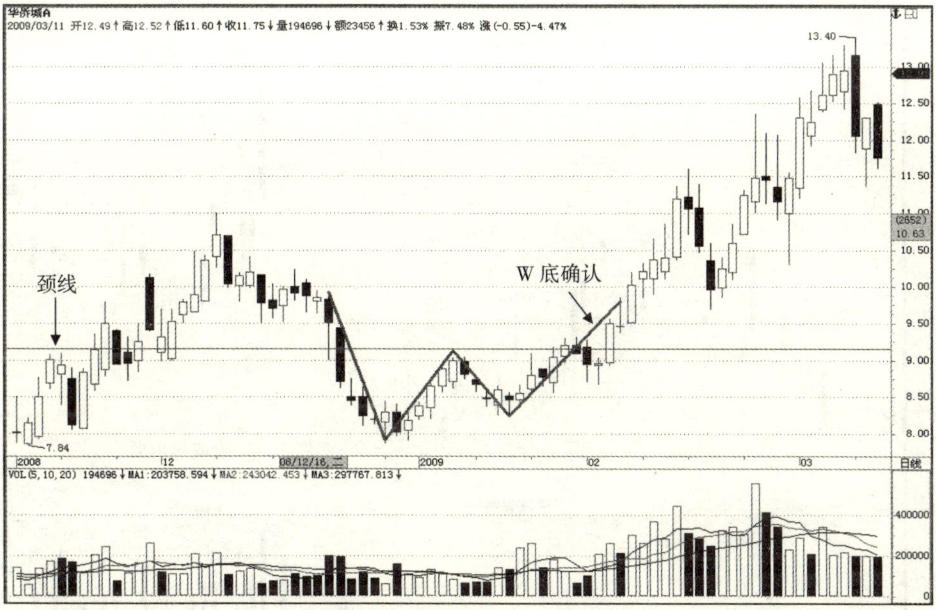

图 2-1 华侨城 A 000069

看盘精要

W 底形态的 K 线走势分析：

（1）从图 2-1 可以看出，W 底由两个价位相近的低点构成，其形状类似于英文字母“W”，因而得名。

（2）通常而言，左侧低点要低于右侧低点，两者之间的落差在3%左右。

（3）W底形态形成的原理：在下降趋势过程的末期，股价在第一个低点附近建立了新低点，之后股价反弹，受下降趋势线的反压，这次回抽在一个高点停止。随后继续下跌，但是支撑有力，下降空间不足，在前期低点附近遇到有力支撑，股价向上，这样就形成两个底的形状，因此W底也常被称作双底。

2. W底形态的确认

【K线实战图谱】

图2-2 金融街 000402

看盘精要

W底形态的K线走势分析：

（1）W底确认的关键在于颈线的突破。所谓颈线，是指穿过两个低点之间的最高点的水平线，见图 2–2 中的横线。

（2）如果颈线没有被突破，即使 K 线形态看着类似 W 底，也不是 W 底形态。如图 2–2，W 底形态构筑失败，最后变为三角形。

（3）如果颈线被突破后，即可确认 W 底形态。但是，实际行情走势中，颈线被突破后经常还有个回抽确认的过程。如果回抽后，股价继续上升的趋势，同样意味 W 底形态成立。反之，则为假突破。

3. W 底形态重点提示

【K 线实战图谱】

图 2–3　中粮地产　000031

看盘精要

W 底形态的 K 线走势分析：

（1）W 底是重要的反转形态。

（2）W 底通常出现在低位。如果 W 底形态出现在高位，就不能按照反转形态进行操作。当然，凡事没有绝对。如图 2-3，W 底形态出现在高位，而且右侧低点低于左侧低点，但实际走势构筑 W 底成功。

（3）W 底形态之前，股价下跌的幅度越大，其相应的上涨幅度也会越大。

（4）W 底形态的两个低点应该有一定的时间间隔。通常而言，时间间隔越大，有效性越高。但是，如果日线 W 底的时间间隔超过半年，其判断的价值就很小了。

（5）W 底形态分为标准形和复合形两种。标准形就是只有两个底部，复合形除了两个明显低点之外，还会出现多个小底部。不管是标准形还是复合形，均为反转信号。

4. W 底形态实战意义

【K 线实战图谱】

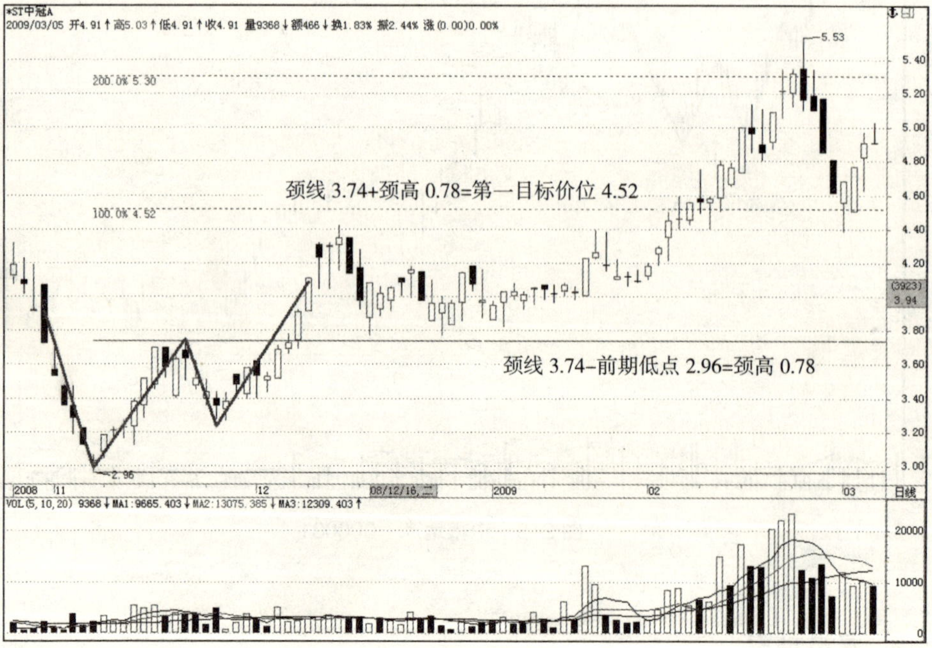

图 2-4 *ST 中冠 A（中冠 A） 000018

看盘精要

W 底形态的 K 线走势分析：

（1）当股价正式突破颈线压力，持币者进仓，持股者继续持股。所谓正式突破颈线压力，是指股票的收盘价在颈线之上，并且满足百分比原则和时间原则。百分比原则要求股价上升到一定的百分比数，时间原则要求突破颈线后保持多日（至少是两日）。

（2）如果只是上影线刺穿颈线，不算突破颈线，继续观察。

（3）在颈线没有被突破之前，不可先入为主将其断定为 W 底，盲目做多。潜在的 W 底形态，也可能会演化成三重底、矩形或者三角形形态。

（4）在颈线被突破之前，颈线属于压力线。在颈线被突破之后，颈线由压力线转变为支撑线。

（5）W 底形态一旦得到确认，就可以用它对后市进行测算。W 底形态突破后的涨幅常是形态本身颈高的 1 ~ 3 倍，参见图 2–4。所谓颈高，是指颈线与最低点之间的距离。

第二节 W底形态实战操练

1. W底形成过程中的应对技巧

【K线实战图谱】

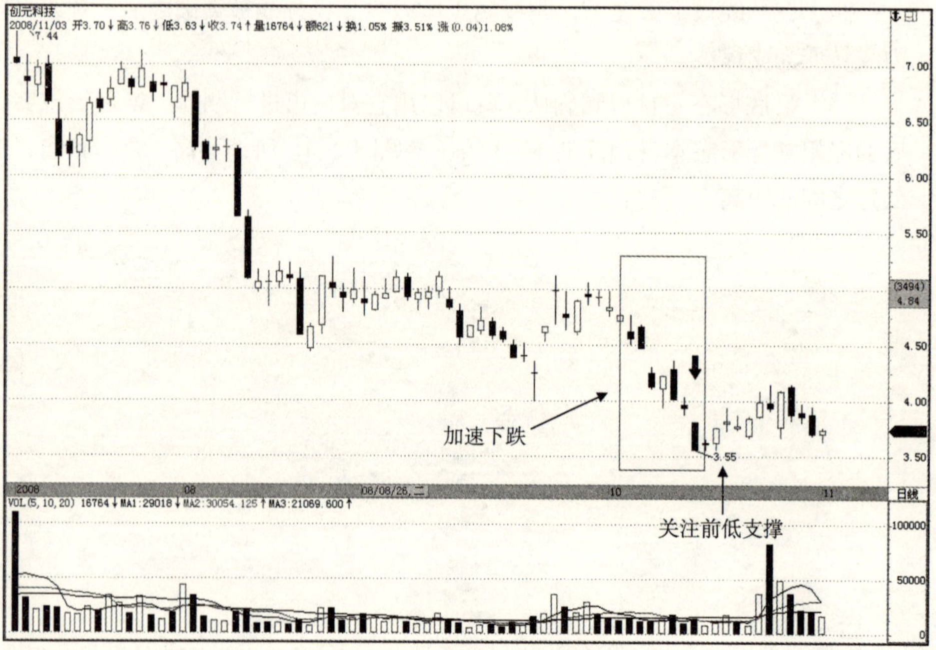

图 2-5 创元科技 000551

看盘精要

W底形成中的K线走势分析：

（1）图 2-5 是创元科技 2008 年 7 月 10 日至 2008 年 11 月 3 日的日线图。

（2）这 4 个月内，股价从 7.44 元下跌至 3.55 元，跌幅达到 52%。

（3）2008 年 10 月 8 日开始，股价缩量加速下行，参见图 2–5 中的矩形内。

（4）2008 年 10 月 16 日，股价创出新低 3.55 元，参见图 2–5 中的矩形内的下箭头。同时伴随明显的缩量，有见底迹象，此低点应重点关注。随后的几个交易日，股价快速回调，进一步确认该低点的支撑。

（5）11 月 3 日，股价再次回到前低附近，并以缩量小阳线出现，再次提醒前低附近的支撑，有可能形成 W 底形态。因此，投资者可以在此做轻仓介入的准备。

【K 线实战图谱】

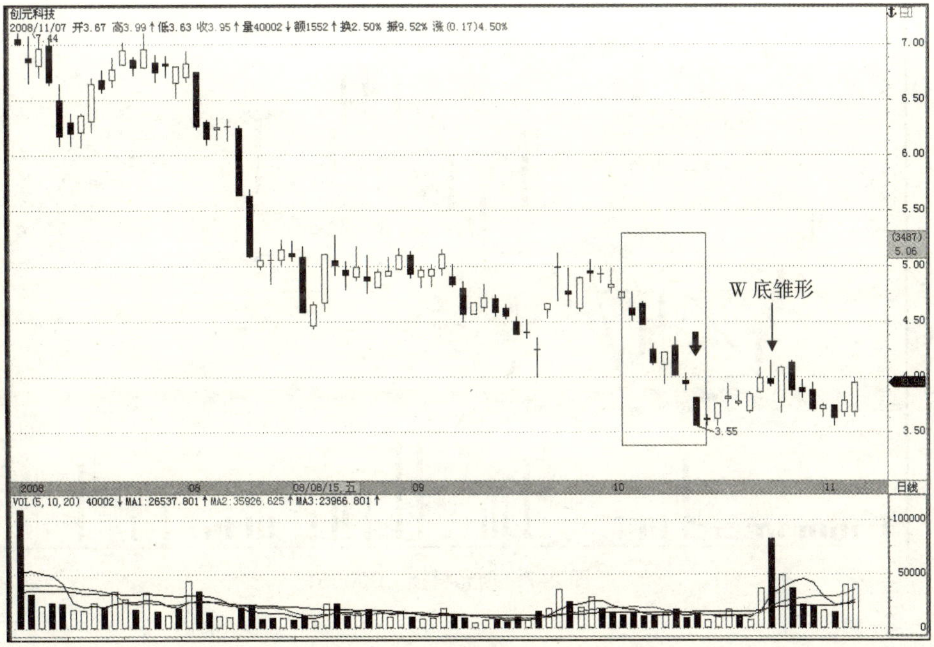

图 2–6　创元科技　000551

看盘精要

W 底形成中的 K 线走势分析：

（1）时间推移至 2008 年 11 月 8 日，双底雏形已经形成。当然，此时还不知道这是双底形态，它也有可能会发展成矩形、三重底或者三角形。

（2）由于前期跌幅巨大，而且形态还看不清楚，所以此处不宜重仓参与，激进的投资者可在前低附近轻仓介入，稳健的投资者可等形态确认后再行操作。

（3）为了应对后面的行情变化，应该形成三套交易策略：如果突破颈线形成W底，可大胆参与；如果向下跌破前低支撑，需果断清仓；如果形成矩形震荡，逢低吸纳，逢高清仓。

【K线实战图谱】

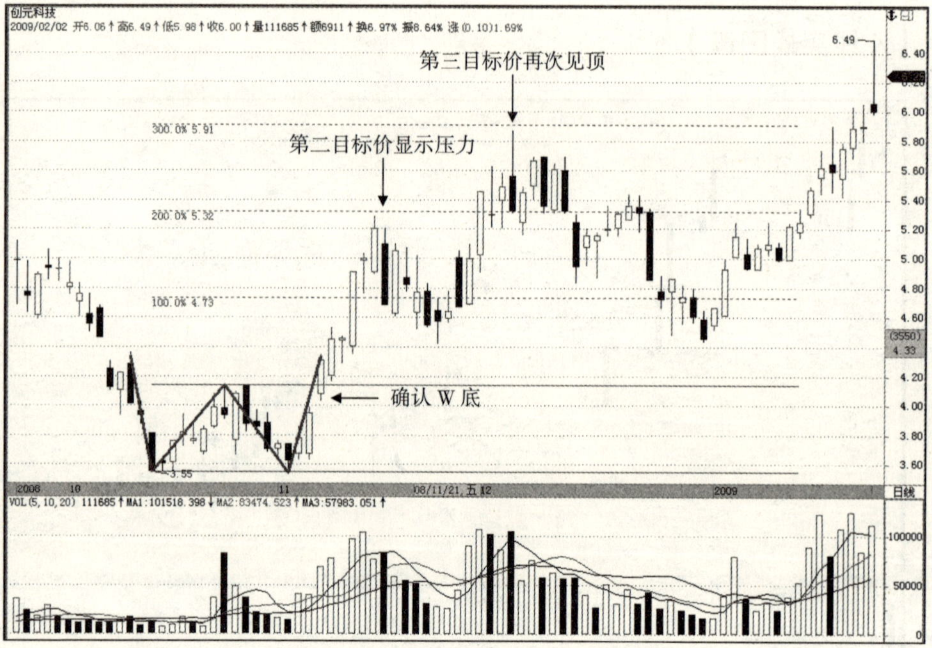

图2-7　创元科技　000551

看盘精要

W底形成后的K线走势解读：

（1）2008年11月10日，股价跳空高开，放量突破颈线，W底形态成立。

（2）轻仓者可在此处加仓，持币者进仓。

（3）测量上涨目标价位。颈线与最低点的价差为4.14（颈线价位）-3.55=0.59

元。因此，第一目标价位 4.14+0.59=4.73 元，第二目标价位 4.73+0.59=5.32 元，第三目标价位 5.32+0.59=5.91 元。

【K 线实战图谱】

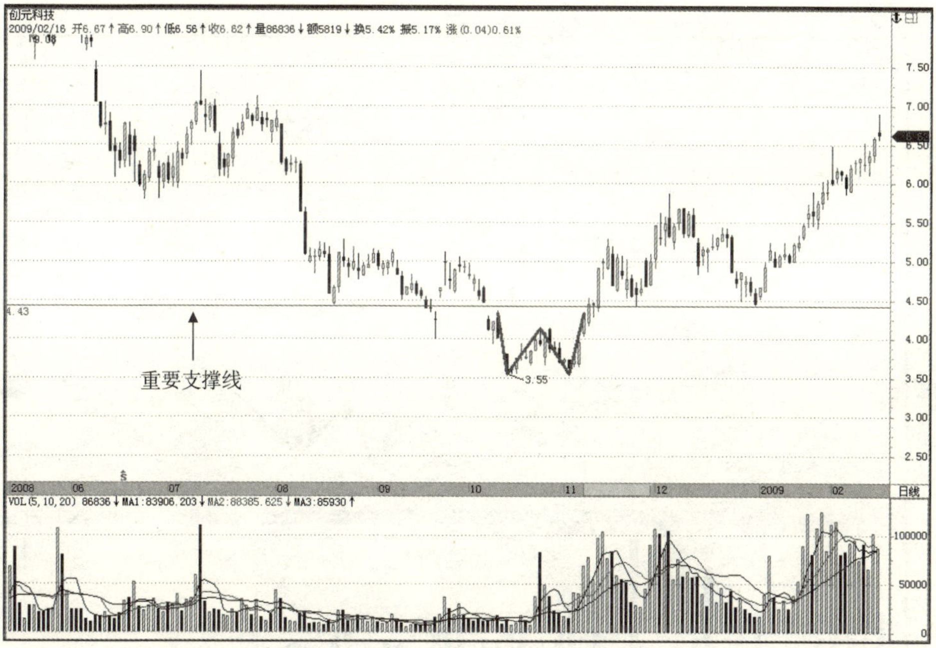

图 2–8　创元科技　000551

看盘精要

W 底形成后的 K 线走势解读：

（1）参见图 2–8，股价触摸到第一目标价后，密切关注随后的走势。

（2）观察前期走势，首先判断行情刚从底部启动。参见图 2–8 中的横线，会发现这条横线是重要的支撑线。从图中也可看出，股价多次回落到该支撑线后，随即反弹。

（3）股价上穿第一目标价位时做了减仓的投资者，当股价回落到支撑线时，回补仓位的时机来临，短线技术到位的投资者可以如此滚动操作。

2. 下降趋势中的W底形态应对技巧

↗ 实战解析：*ST威达

【K线实战图谱】

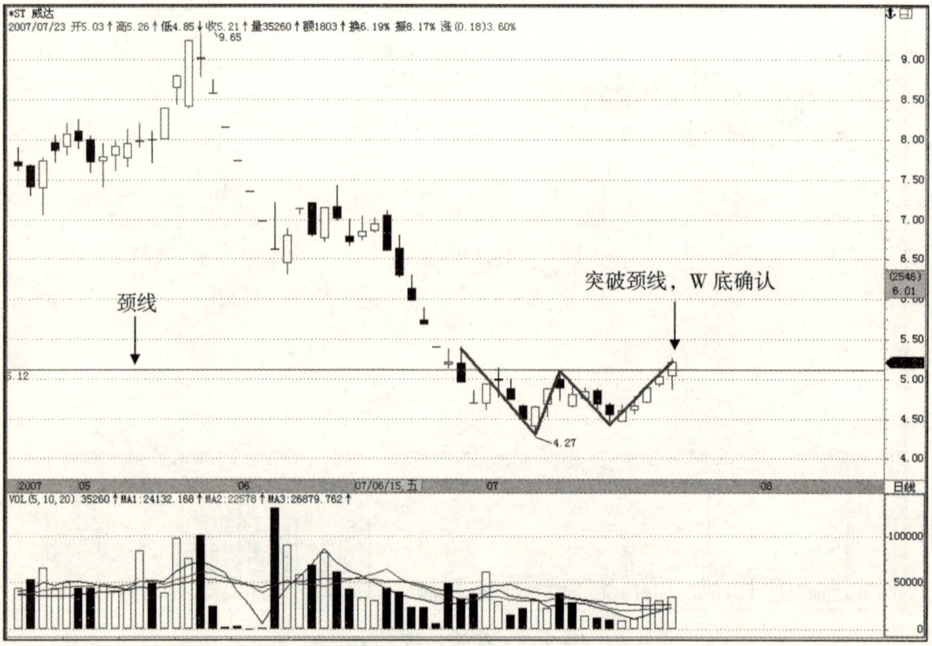

图 2–9　*ST威达（盛达矿业）　000603

◣ 看盘精要

W底形成时的K线走势分析：

（1）图2–9是*ST威达（现名“盛达矿业”）2007年4月23日至2007年7月23日的日线图。

（2）从图中可以看出，股价在前期一直处于下降趋势中。

（3）2007年7月23日，股价向上突破W底颈线，判断为W底构筑成功。

（4）当W底突破颈线时，投资者可买进股票。

【K 线实战图谱】

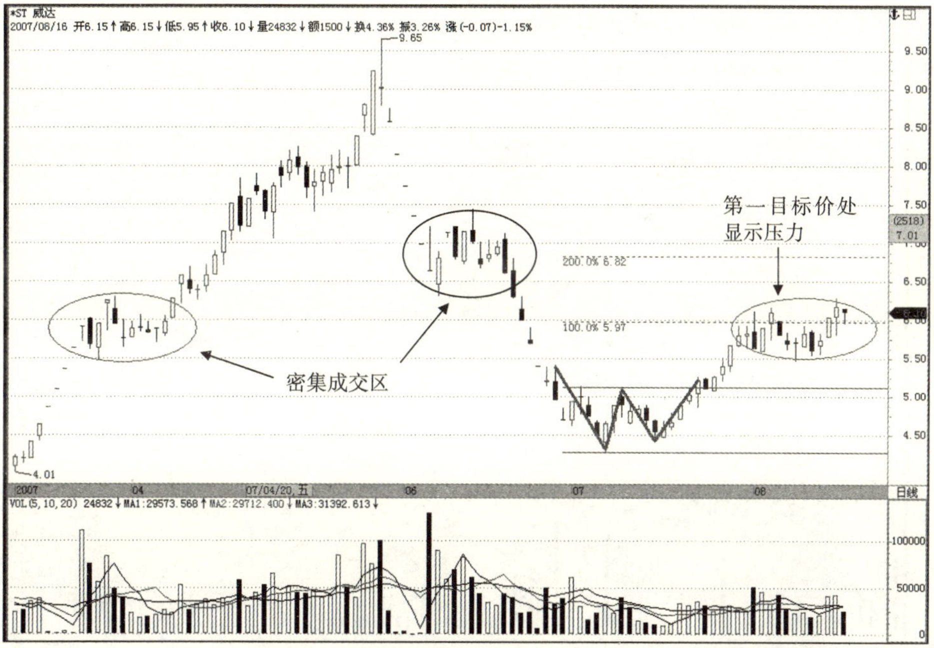

图 2-10　*ST 威达（盛达矿业）　000603

看盘精要

W 底形成后的 K 线走势解读：

（1）根据 W 底形态测量目标价，第一目标价 5.97 元，第二目标价 6.82 元。

（2）在突破颈线压力后，股价直接冲到 5.97 元的第一目标价，并且在第一目标价位处做反复休整，形成上升中继平台。

（3）研读前期走势，发现 5.97 元价格上下曾是前期的密集成交区，参见图 2-10 中的椭圆内，此处存在一定的压力。

（4）当股价突破颈线后买入的投资者，短短几天，到达第一目标价位附近，便可获利 18%左右。

（5）如果在之前还没有进仓的投资者，当股价在第一价位附近休整结束后，应实施买入操作。而中线投资者，亦可在此处进行加仓。

【K线实战图谱】

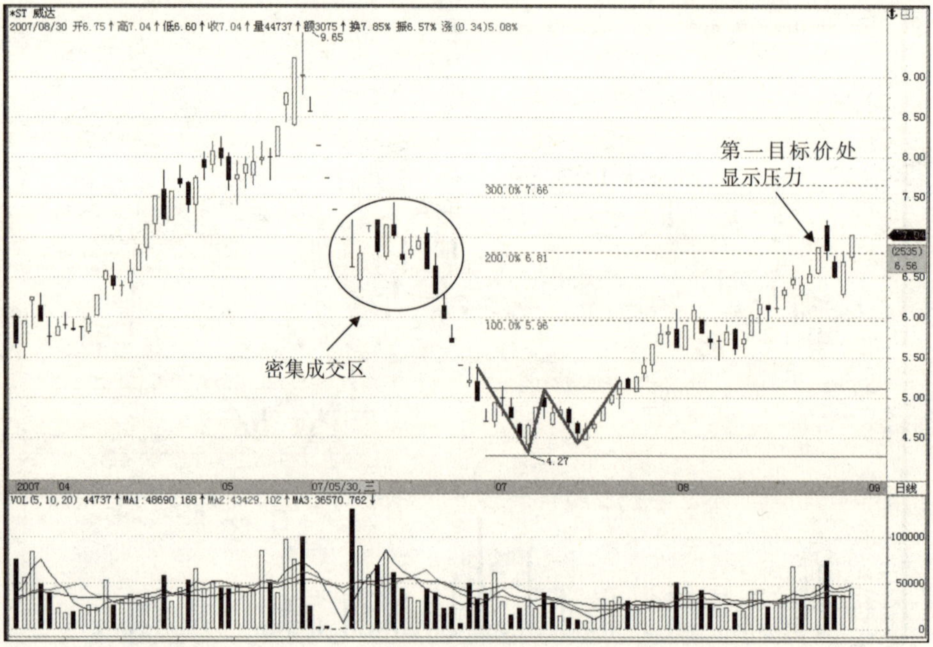

图 2-11 *ST 威达（盛达矿业） 000603

看盘精要

W 底形成后的 K 线走势解读：

（1）在第一目标价盘整后，股价又逐步上升，到达第二目标价。

（2）股价在第二目标价进行了强势整理，为随后的上升做准备。

（3）投资者可以按照分仓进出的原则在目标价位附近实施仓位的增减。

（4）至此，从突破 W 底的颈线开始计算，股价的涨幅已超过 40%。

【K 线实战图谱】

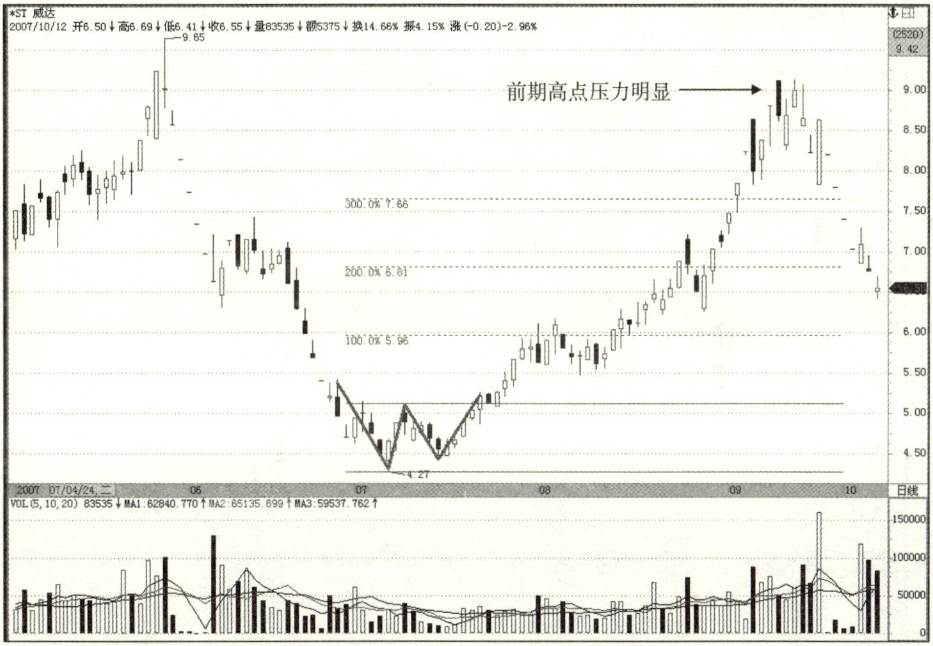

图 2-12　*ST 威达（盛达矿业）　000603

看盘精要

W 底形成后的 K 线走势解读：

（1）图 2-12 是*ST 威达（现名“盛达矿业”）2007 年 4 月至 2007 年 9 月的走势图，可以帮助我们从全局了解 W 底形态可能带来的上涨空间。

（2）该股最终在 9.14 元处见顶，该价格基本就是股价前期高位附近，前期的高点是 9.65 元。

（3）从 W 底形成开始，股价的涨幅达到 79%。

（4）掌握 W 底形态，可以帮助投资者获得非常丰厚的投资利润。

↗ 实战解析：大连友谊

【K线实战图谱】

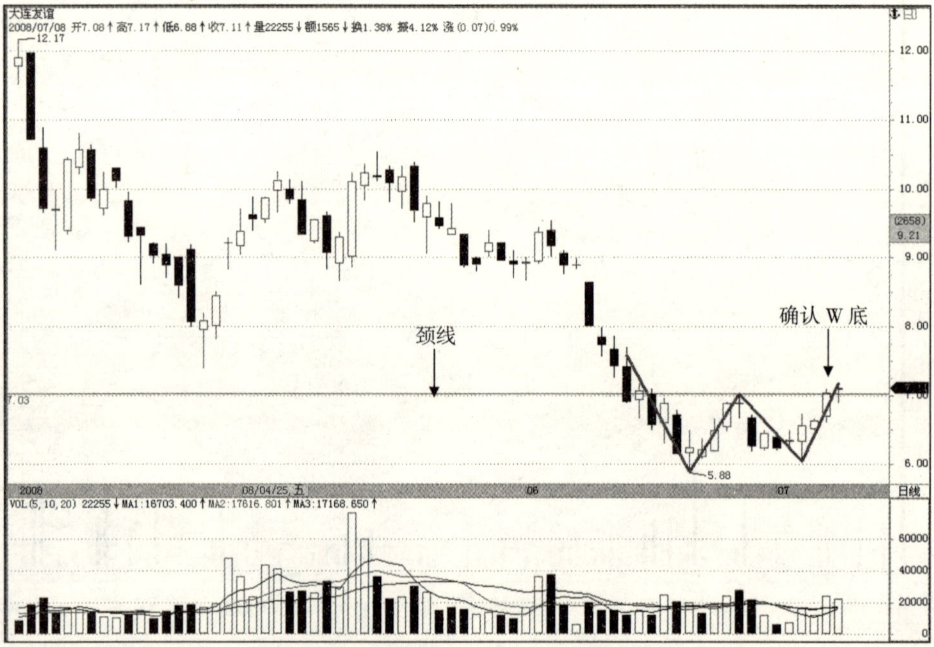

图 2–13 大连友谊 000679

看盘精要

W 底形成时的 K 线走势分析：

（1）图 2–13 是大连友谊 2008 年 3 月 31 日至 2008 年 7 月 8 日的日线图。

（2）从图中可以看出，股价在前期一直处于下降趋势中。

（3）2008 年 7 月 8 日，股价向上突破 W 底颈线，判断为 W 底构筑成功。

（4）当 W 底突破颈线时，投资者可买进股票。当然，短线也可在 W 底第二个低点形成时先轻仓进入，以第一个低点为止损点。

【K 线实战图谱】

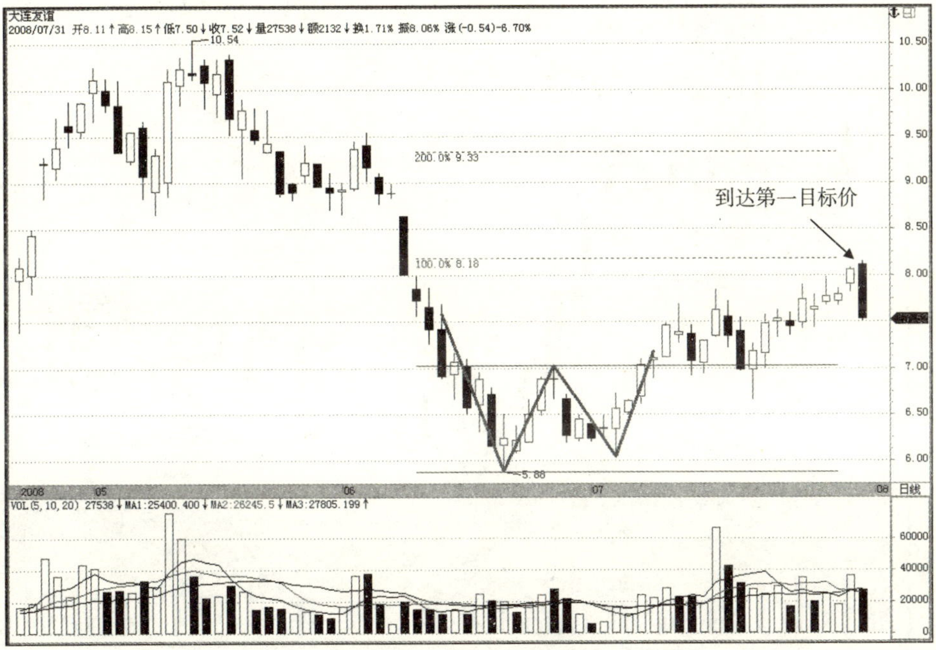

图 2-14　大连友谊　000679

看盘精要

W 底形成后的 K 线走势解读：

（1）根据 W 底形态测量目标价，第一目标价 8.18 元，第二目标价 9.33 元。

（2）在突破颈线压力后，我们就可发现股价在此处放量，却徘徊不前，投资者应注意轻仓操作。

（3）终于在基本达到第一目标价位后以长阴调头，这是一个很不利的信号，投资者如果还是重仓操作的话，现在一定要减至轻仓。

【K 线实战图谱】

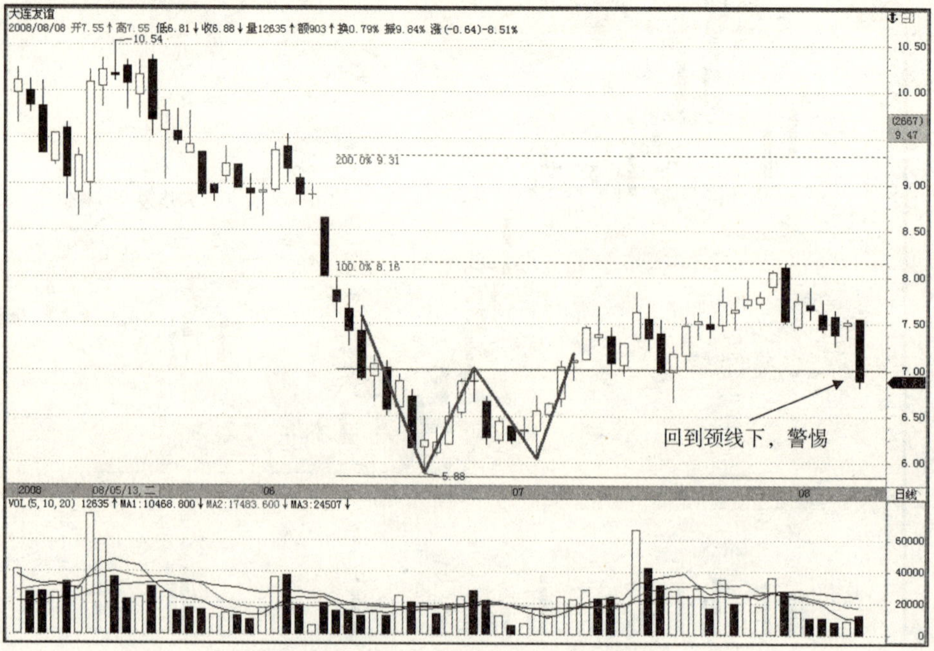

图 2-15 大连友谊 000679

看盘精要

W 底形成后的 K 线走势解读：

（1）在第一目标价位受压后，股价继续下跌。

（2）股价于 8 月 8 日跌破颈线，一般建议破颈线时减仓。

（3）此时应做好两手准备：一方面，当股价回抽颈线后，再次有效站上颈线时，加仓；另一方面，股价有效跌穿颈线，空头占尽优势时，减仓。

【K 线实战图谱】

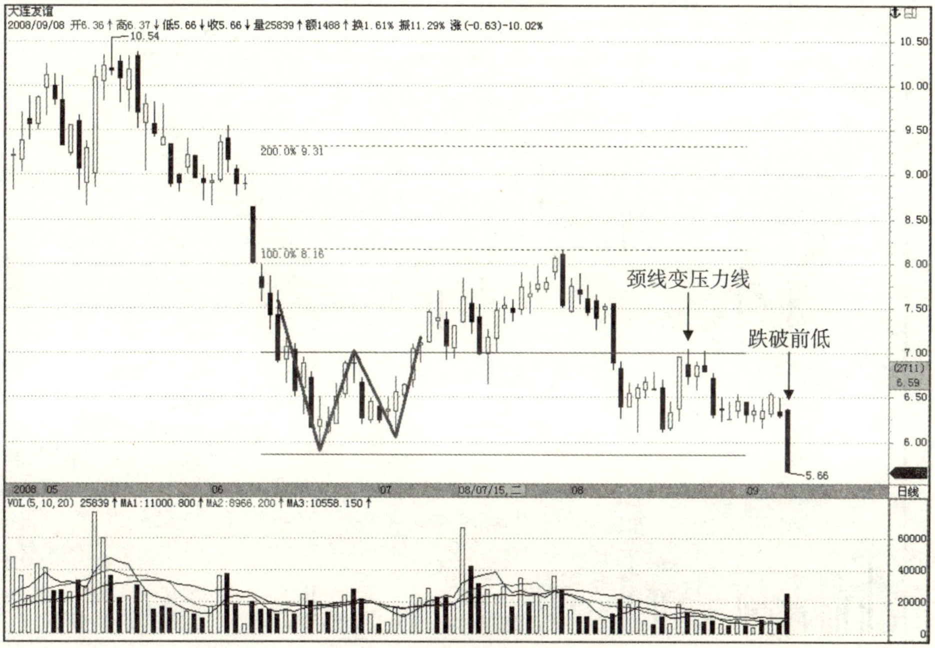

图 2–16　大连友谊　000679

看盘精要

W 底形成后的 K 线走势解读：

（1）股价在跌破颈线后，一直受颈线反压，没能再次上穿，可见在此阵地，空头占尽优势。

（2）股价在 W 底的低点与颈线之间徘徊，我们同样可以制订两手策略：当股价再次有效上穿颈线时，加仓；当股价跌破 W 底的低点时，清仓。

（3）2008 年 9 月 8 日，股价以长阴跌破 W 底，后市看跌。

（4）自从股价到达第一目标价位调头后，对于稳健的投资者来说，就几乎没有值得参与的行情了。

【K线实战图谱】

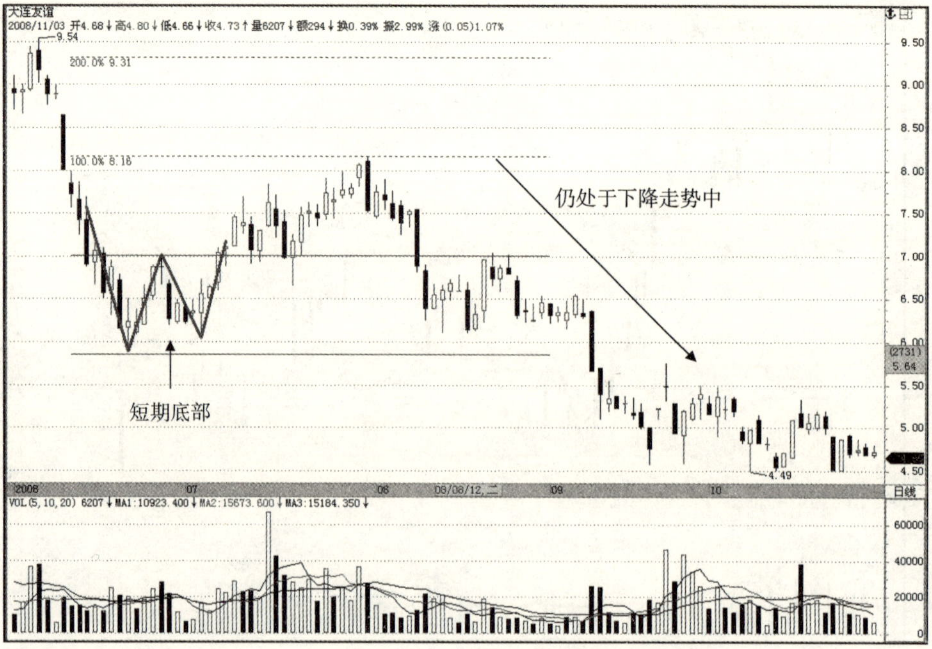

图 2-17 大连友谊 000679

看盘精要

W 底形成后的 K 线走势解读:

(1) 此处的 W 底构筑了短期底部，但长期而言该股仍处于下跌趋势中。

(2) 随着股价跌破 W 底的低点，一直下跌至 4.49 元，跌幅为 24%。

(3) 出现 W 底，并不意味着长期底部到来，投资者不可过于僵化地运用形态分析。

3. 上升趋势中的 W 底形态应对技巧

实战解析：中山公用

【K 线实战图谱】

图 2-18　中山公用　000685

看盘精要

W 底形成时 K 线走势分析：

（1）图 2-18 是中山公用 2008 年 10 月 17 日至 2009 年 3 月 16 日的日线图。

（2）从图中可以看出，股价在前期一直处于上升趋势中。

（3）2009 年 3 月 16 日，股价向上突破 W 底颈线，判断为 W 底构筑成功。

（4）当 W 底突破颈线时，投资者可买进股票。

【K线实战图谱】

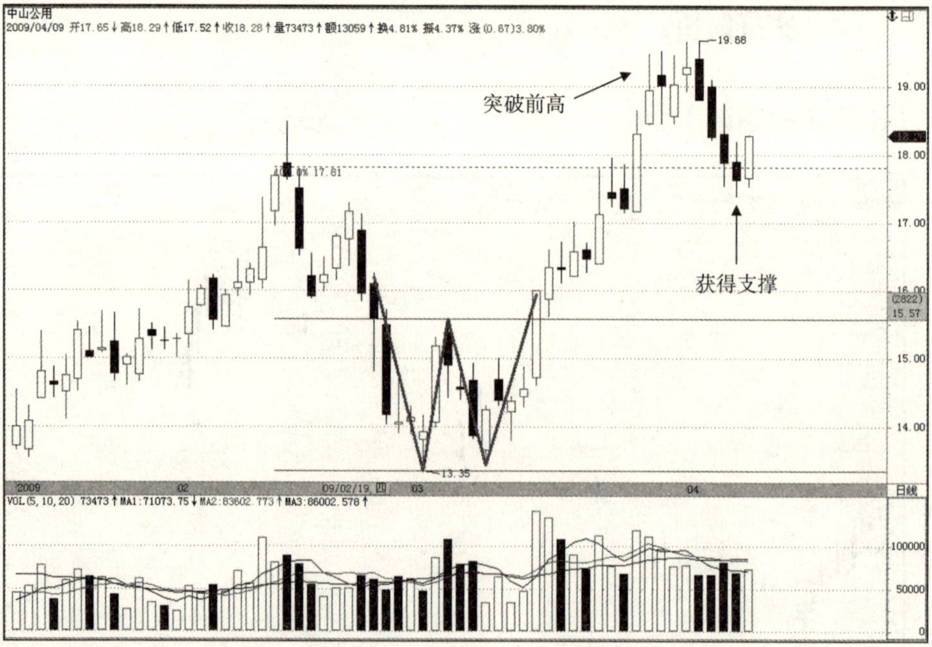

图 2-19　中山公用　000685

看盘精要

W 底形成后的 K 线走势解读：

（1）根据 W 底形态测量目标价，第一目标价 17.81 元，第二目标价 20.40 元。

（2）在突破颈线压力后，股价很快到达 17.81 元的第一目标价，并且在第一目标价位处稍作停顿后，继续上涨。

（3）然而在 19.68 元，还没到达第二目标价位处，股价就开始回调。

（4）投资者在突破 W 底颈线时买入的话，上涨幅度也达到了 20%。

第3章

三重顶形态操练

第一节　三重顶形态的识别

1. 三重顶的图形特征

【K 线实战图谱】

图 3–1　旭飞投资（银润投资）　000526

看盘精要

三重顶形态的 K 线走势分析：

（1）从图 3–1 可以看出，三重顶由三个价位相近的高点构成，形成三个顶部的形态，三重顶又被称为三尊头。

（2）通常而言，三个顶部的高点应大致在一水平上，不能相差太大。

（3）三重顶三个顶部之间应有一定的间隔，间隔大的有效性会更高。两顶之间的间隔一般应不少于三根K线。

（4）三重顶形态出现在股价上涨一段之后的高位，具有较高的有效研判性。

【K线实战图谱】

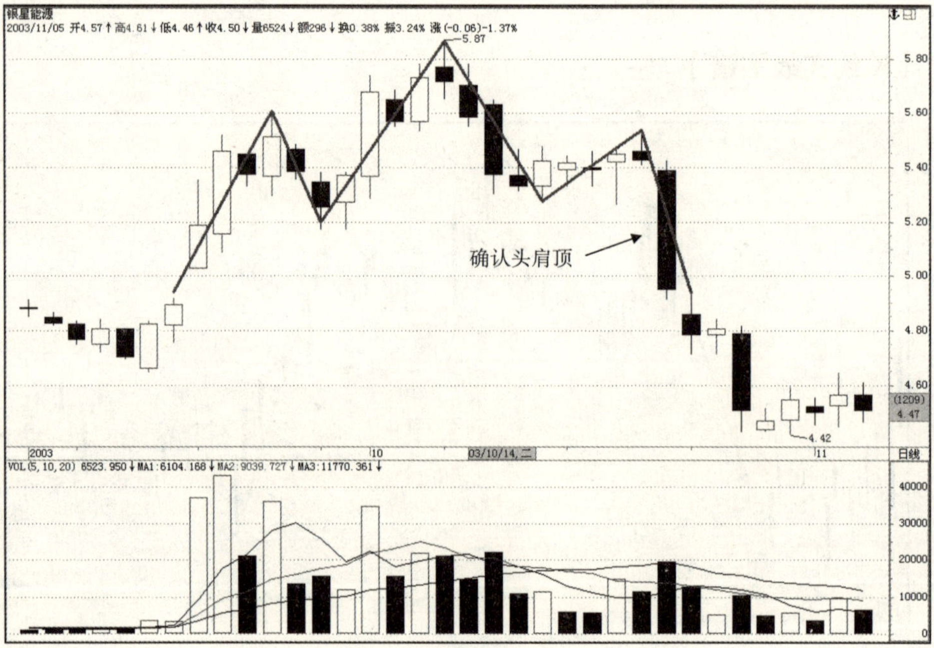

图3-2　银星能源　000862

看盘精要

头肩顶形态的K线走势分析：

（1）图3-2为头肩顶形态，它是三重顶的一个特例。从图中可以看出，顶部出现三个连续峰顶的形态，其中中间的峰顶较高，被称为头，其他两个峰顶比中间的峰顶低一些，称为左肩和右肩，头和左肩之间的谷底与头和右肩之间的谷底连成的直线称为头肩顶的颈线。

（2）头肩顶是强烈的见顶信号，股价向下跌破颈线后，其跌幅至少是颈高的一倍。

（3）头肩顶形态有两个卖点：一是右肩的高点附近，这里应卖出大部分的仓位；另一是股价跌破颈线时的颈线位，这里应清仓。

（4）头肩顶形态出现在股价上涨一段之后的高位才是可信的见顶信号。

2. 三重顶形态的确认

【K 线实战图谱】

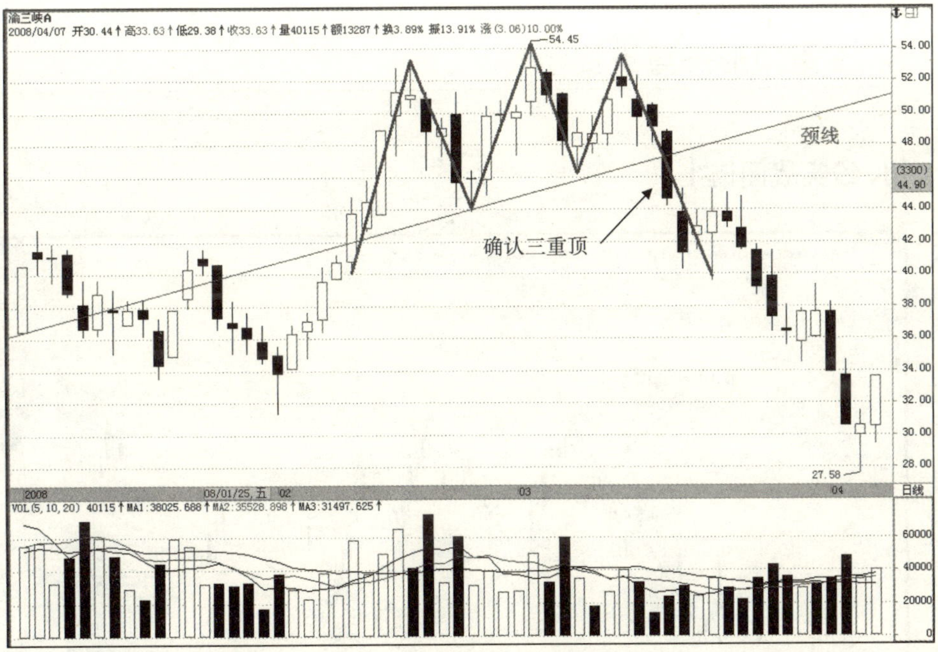

图 3–3　渝三峡 A　000565

看盘精要

三重顶形态的K线走势分析：

（1）三重顶确认的关键在于颈线的突破。所谓颈线，是指穿过两个低点之间的最低点的连线，见图3–3文字标记的横线。

（2）如果颈线没有被突破，即使K线形态看着类似三重顶，也不是三重顶形态。

（3）如果颈线被突破后，即可确认三重顶形态。但是，实际行情走势中，颈线被突破后经常还有个回抽确认的过程。如果回抽后，股价继续呈下跌的趋势，同样意味三重顶形态成立。反之，则为假突破。

3. 三重顶形态重点提示

【K线实战图谱】

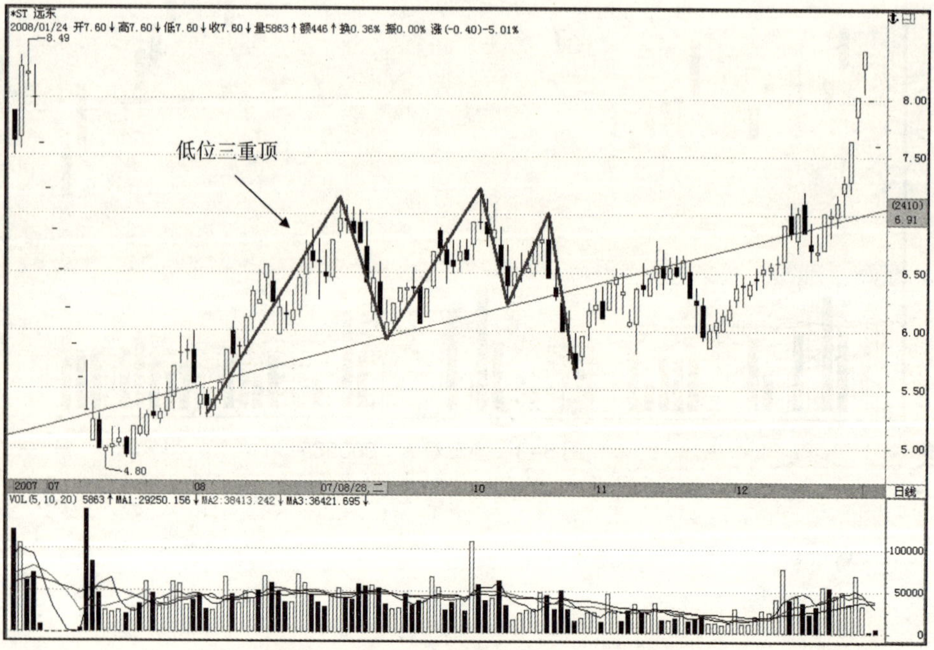

图3–4 *ST远东（视觉中国） 000681

看盘精要

三重顶形态的 K 线走势分析：

（1）三重顶是重要的反转形态。

（2）三重顶通常出现在高位。如果三重顶形态出现在低位，就不能按照反转形态进行操作，如图 3–4。

（3）三重顶形态之前，股价上涨的幅度越大，其相应的下跌幅度也会越大。

（4）三重顶形态分为标准形和复合形两种。标准形就是只有三个顶部，复合形除了三个明显高点之外，还会出现多个小顶部。

（5）不管是标准形还是复合形，均为反转信号。

4. 三重顶形态实战意义

【K 线实战图谱】

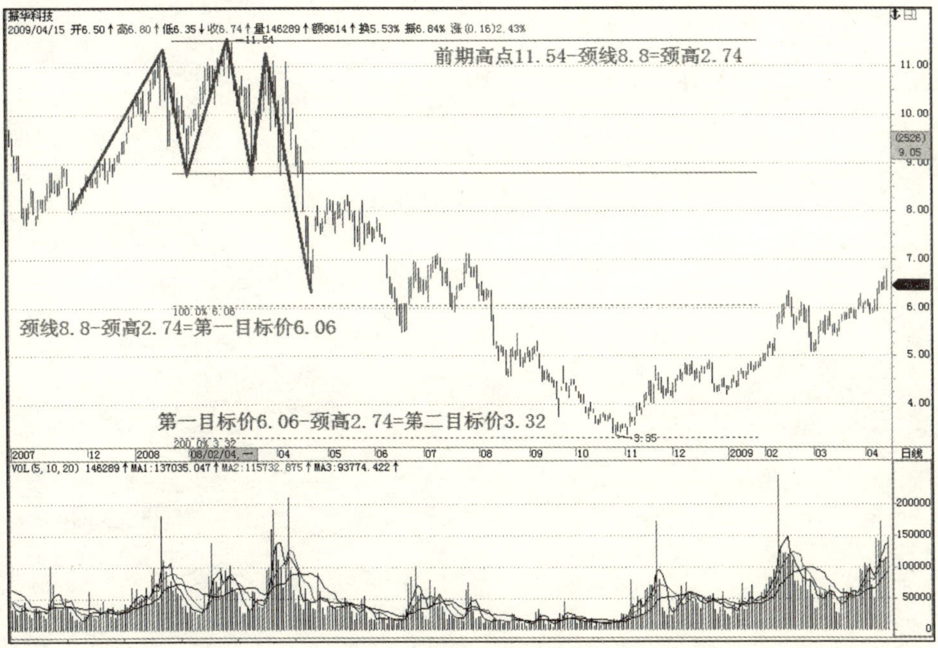

图 3–5　振华科技　000733

◣ 看盘精要

三重顶形态的K线走势分析：

（1）当股价正式跌破颈线支撑，持股者清仓，持币者继续持币。所谓正式跌破颈线支撑，是指股票的收盘价在颈线之下，并且满足百分比原则和时间原则。百分比原则要求股价跌破到一定的百分比数，时间原则要求跌破颈线后保持多日（至少是两日）。

（2）如果只是下影线刺穿颈线，不算跌破颈线，继续观察。

（3）在颈线没有被突破之前，不可先入为主将其断定为三重顶，盲目放空。潜在的三重顶形态，也可能会演化成多重顶、矩形或者三角形形态。

（4）在颈线被突破之前，颈线属于支撑线。在颈线被突破之后，颈线由支撑线转变为压力线。

（5）三重顶形态一旦得到确认，就可以用它对后市进行测算。三重顶形态突破后的跌幅常是形态本身颈高的1～3倍，参见图3–5。所谓颈高，是指颈线与最高点之间的距离。

第二节　三重顶形态实战操练

1. 三重顶形成过程中的应对技巧

【K 线实战图谱】

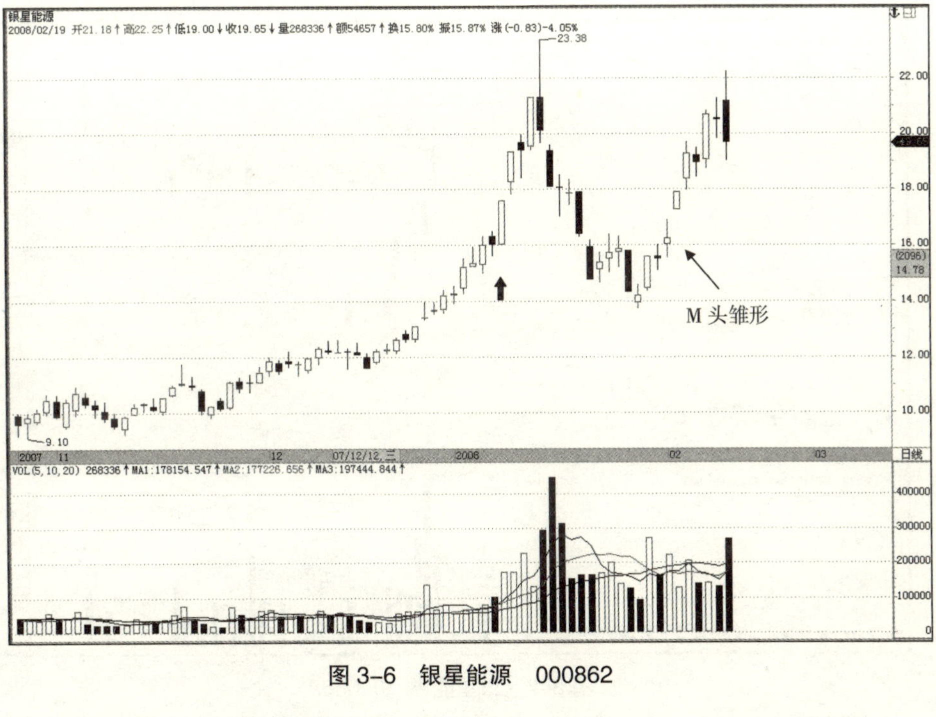

图 3-6　银星能源　000862

看盘精要

三重顶形成中的 K 线走势分析：

（1）图 3-6 是银星能源 2007 年 10 月 26 日至 2008 年 2 月 19 日的日线图。

（2）在三个月的时间里，股价从 9.10 元上涨至最高 23.38 元，涨幅达到 160%。

（3）2008 年 1 月 9 日（见图 3–6 中的向上箭头处）开始，伴随着成交量快速放大，股价也在加速上行。

（4）2008 年 1 月 15 日，股价创出新高 23.38 元，并伴有巨量，有见顶迹象，此高点应重点关注。随后的几个交易日，股价快速回调，进一步确认该高点的压力。

（5）2 月 19 日，股价再次回到前高附近，以长上影线的阴线收盘，再次提醒前高附近的压力，有可能形成第二个顶部形态，这时投资者应密切关注股价运行。

【K 线实战图谱】

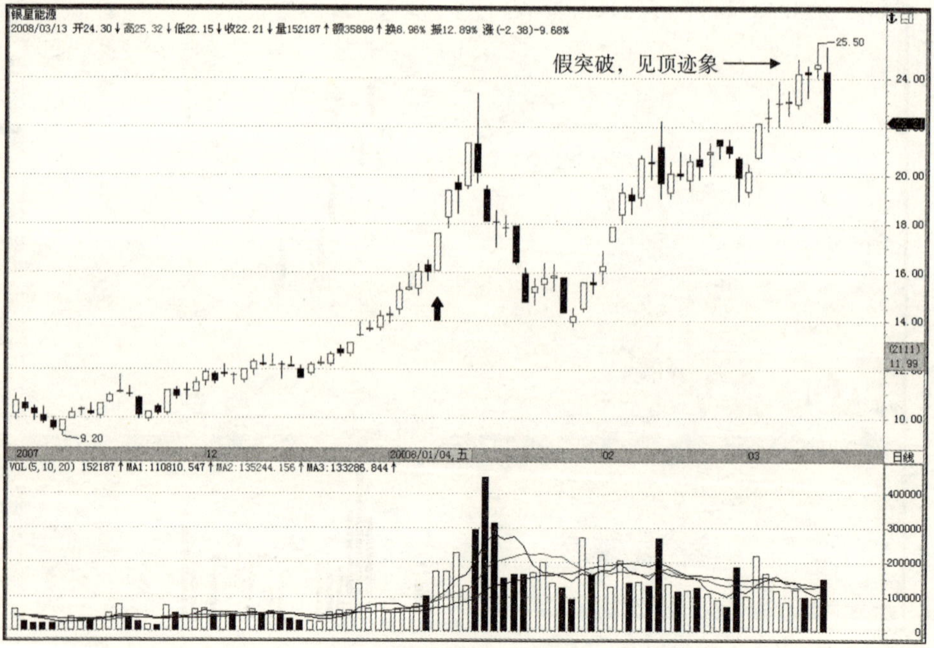

图 3–7 银星能源 000862

看盘精要

三重顶形成中的 K 线走势分析：

（1）股价在前高位置徘徊了几天之后，一举突破前高。然而我们可以发现，股价在突破前高后，伴随着明显的缩量，在 3 月 12 日创出 25.50 元的新高后，次日以一根带长上影线的光脚大阴线收盘。

（2）虽然此时仍然不能判断股价将走出何种形态，但这里又一次显示了前高附近的压力。

（3）如果在前高还没有减仓的投资者，此处应果断减至轻仓，谨防股价快速下跌。

【K 线实战图谱】

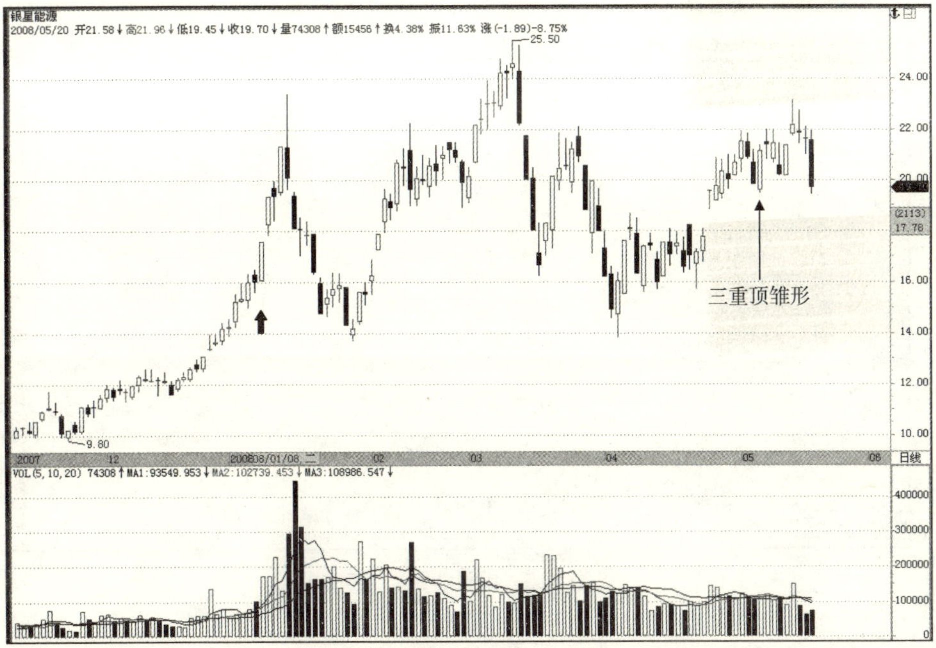

图 3–8　银星能源　000862

看盘精要

三重顶形成中的 K 线走势分析：

（1）时间推移至 2008 年 5 月 20 日，三重顶雏形已经形成。当然，此时还不知道这是三重顶形态，它也有可能会发展成矩形、旗形或者三角形。

（2）由于前期涨幅巨大，而且形态还看不清楚，所以稳健者逢高减仓或者清仓后，不宜再进行建仓或者加仓，静观其变为妙。

（3）为了应对后面的行情变化，应该形成三套交易策略：如果跌破颈线形成三重顶，清仓出局；如果股价再度成功突破前面两个高点压力，再次追进；如果形成矩形、旗形或三角形震荡，逢低吸纳，逢高出局。

【K线实战图谱】

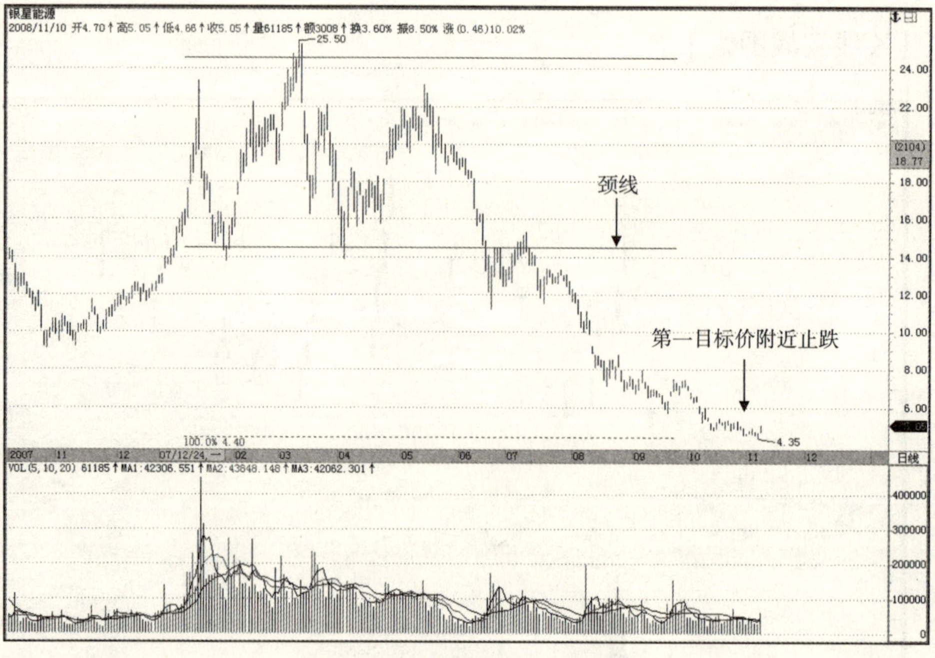

图 3-9　银星能源　000862

看盘精要

三重顶形成后的K线走势解读：

（1）2008年6月16日，股价延续跌势，向下一举跌破颈线。至此，三重顶构筑成功。

（2）如果此日还没有清仓，应果断清仓。

（3）测量下跌目标价位。颈线与最高点的价差为24.60–14.50=10.10元。因此，第一目标价位14.50（颈线价位）–10.10=4.40元。

（4）在股市里，价位测量不是精确科学。投资者可根据个人的经验喜好，设定测量是使用最高价、最低价，或用当根 K 线的收盘价。

（5）如果为了摒弃极端价格，相对于长上影线或长下影线的价格，投资者可选择收盘价或一些关键 K 线的关键价位。

2. 三重顶形态应对技巧

↗ 实战解析：泸州老窖

【K 线实战图谱】

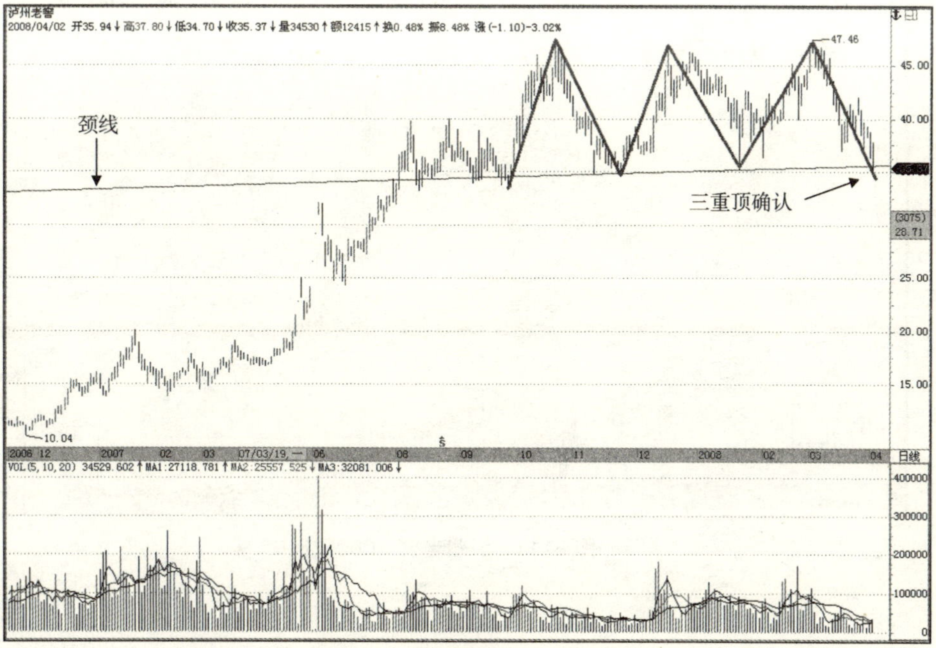

图 3–10　泸州老窖　000568

看盘精要

三重顶形成时的 K 线走势分析：

（1）图 3–10 是泸州老窖 2006 年 11 月 17 日至 2008 年 4 月 2 日的日线图。

（2）从图中可以看出，股价在前期一直处于良好的上升趋势中，并且在一年多以来，股价涨了4倍多。

（3）2008年4月2日，股价穿破三重顶颈线，判断为三重顶构筑成功。

（4）当三重顶穿破颈线时，如果从三重顶的右侧高点开始一直未做减仓的投资者，需果断减仓，甚至清仓。

【K线实战图谱】

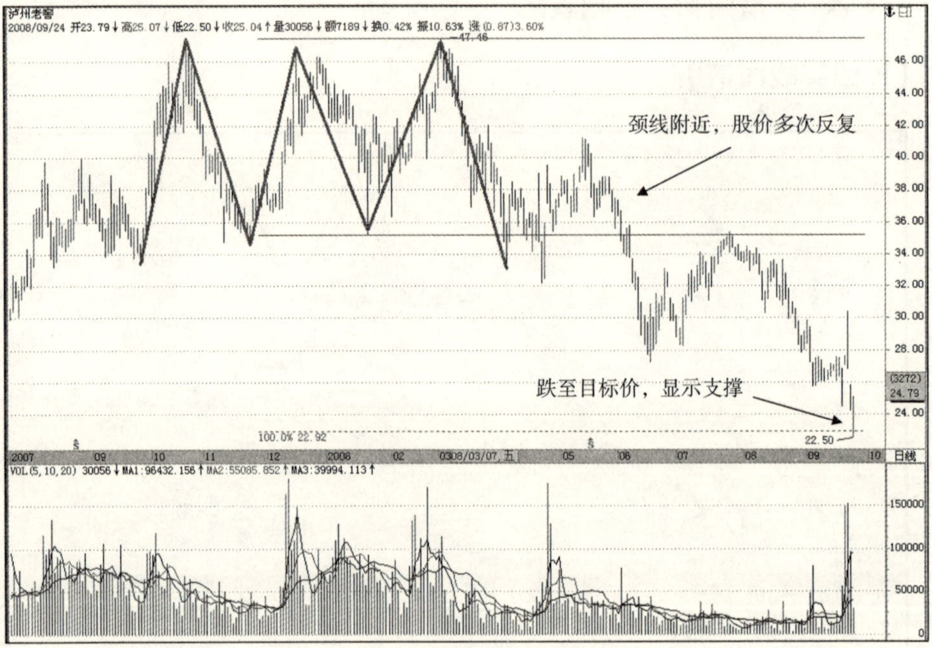

图3-11 泸州老窖 000568

看盘精要

三重顶形成后的K线走势解读：

（1）根据三重顶形态测量目标价，第一目标价为22.92元。

（2）在突破颈线支撑后，股价并没有直接滑落到22.92元的第一目标价，而是在颈线附近反复震荡。

（3）在经过两次下穿颈线后，股价跌至颈线与第一目标价的中间区域，随后再反抽至颈线处，这一次没有再上穿颈线，如果还有心存侥幸的投资者没有出场的话，这里是最后的逃命机会了。

（4）随后股价一泻而落，跌至第一价位附近的 22.50 元，从顶部至此，已跌去了股价的 53%。

【K 线实战图谱】

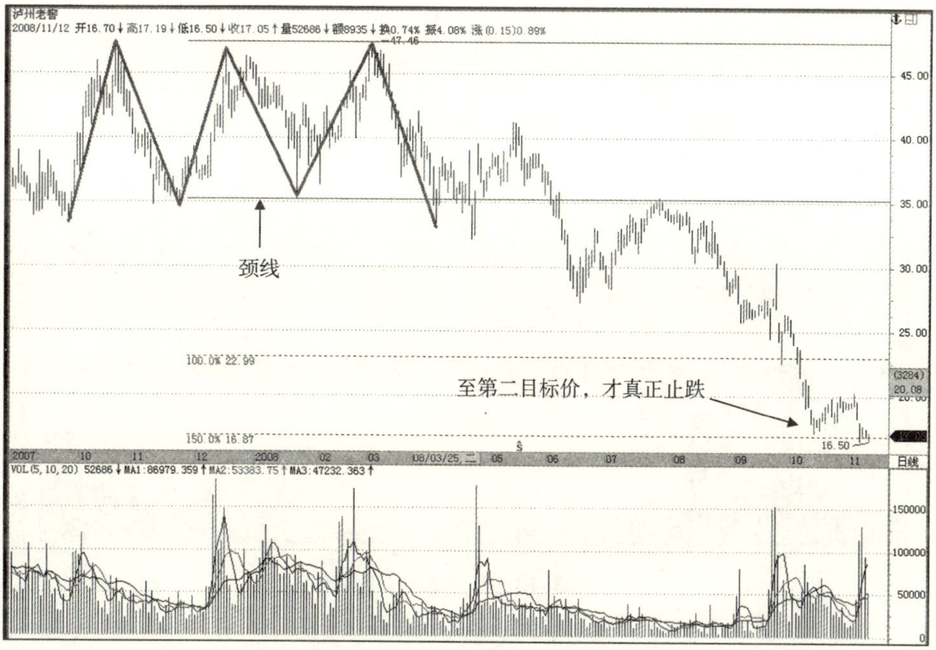

图 3–12　泸州老窖　000568

看盘精要

三重顶形成后的 K 线走势解读：

（1）股价跌至第一目标价后，稍作震荡，又延续跌势。

（2）对于股价目标测量的计算，通常为 1 ~ 3 倍。在这 1 ~ 3 倍的价格当中，我们要注意一些关键的百分比价位。比如：0.5、0.618、1、1.5、1.618、2、2.5、2.618、3。

（3）对于此案例，当股价到达第一目标价位后仍延续下跌势时，我们需要计算第二目标价，如果以 1.5 倍来计算，第二目标价位为 16.87 元。

（4）股价这一轮的下跌至 16.50 元止，是我们计算的第二目标价位附近。

【K 线实战图谱】

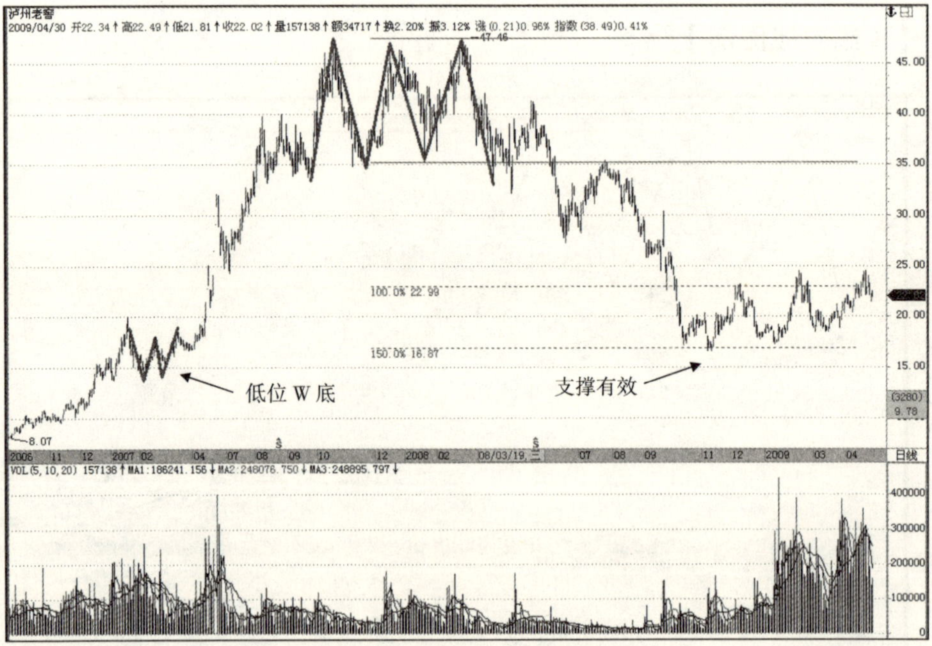

图 3-13　泸州老窖　000568

看盘精要

三重顶形成后的 K 线走势解读：

（1）图 3-13 是泸州老窖 2006 年 9 月至 2009 年 4 月的走势图，可以帮助我们从全局了解股价运行中 K 线形态的作用。

（2）从三重顶形成到股价跌至最低点 16.50 元，股价的跌幅达到 53%。

（3）股价在第二目标价位附近止跌并震荡企稳，研读前期走势，我们可以发现，股价所企稳的位置就是前期 W 底的颈线附近。

（4）掌握三重顶形态，可以帮助投资者回避熊市带来的损失。

↗ 实战解析：福星股份

【K 线实战图谱】

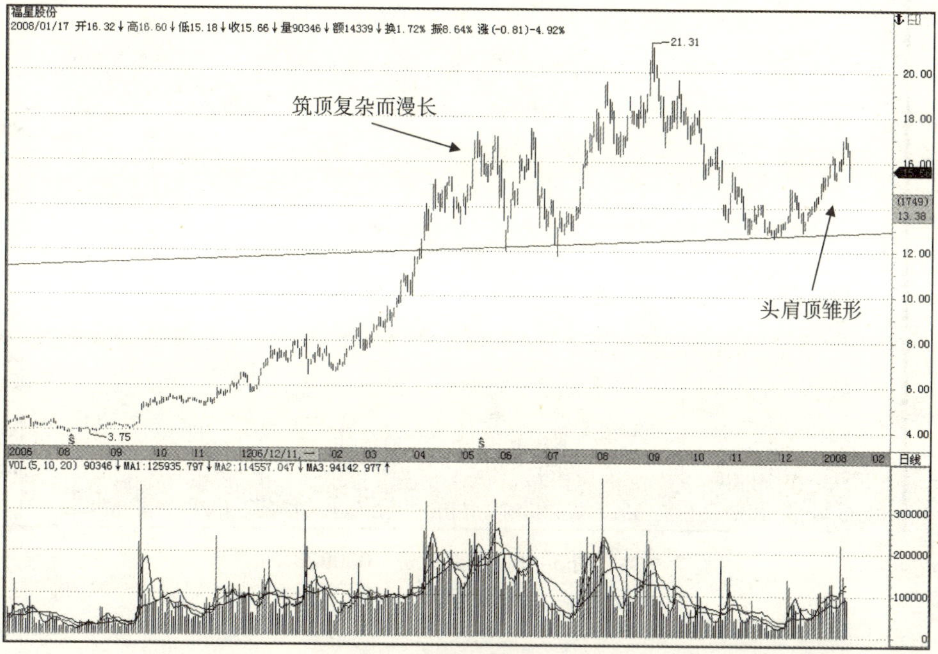

图 3–14　福星股份　000926

◣ 看盘精要

头肩顶形成中的 K 线走势分析：

（1）图 3–14 是福星股份 2006 年 6 月 29 日至 2008 年 1 月 17 日的日线图。

（2）从图中可以看出，股价在前期一直处于上升趋势中。

（3）2008 年 1 月 17 日，股价没有超过左肩就开始调头向下，投资者需警惕股价走出头肩顶的走势。

（4）此时，如果仍然保持重仓的投资者，需减至轻仓。

【K 线实战图谱】

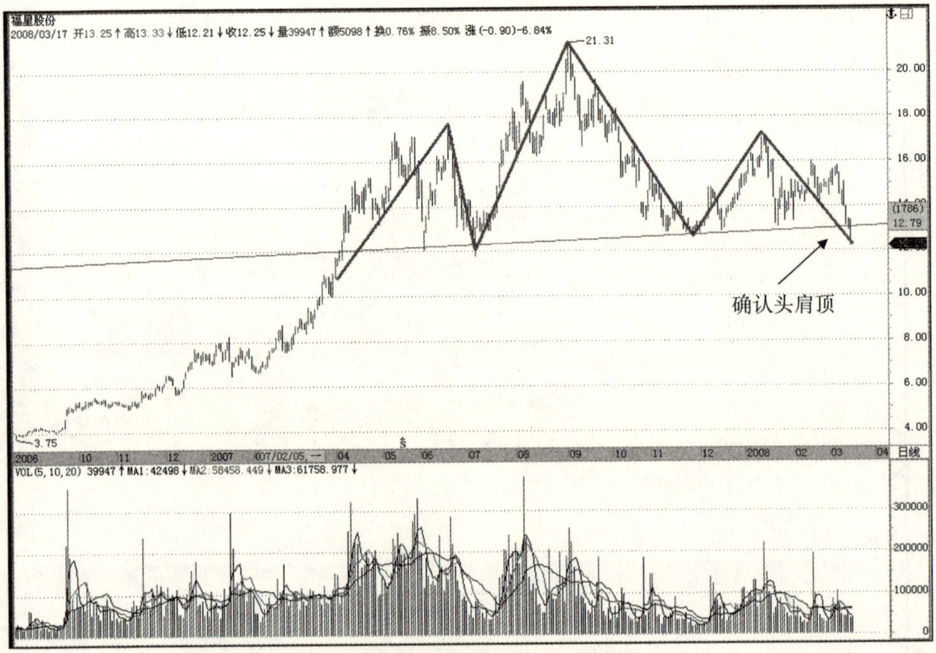

图 3-15 福星股份 000926

看盘精要

头肩顶形成时的 K 线走势分析：

（1）从图 3-15 可以看出，股价从右肩跌至颈线，显示了支撑有力，并且在颈线处维持了一个多月之久。这段时间，投资者应以观望为主。

（2）时间来到了 2008 年 3 月 17 日，股价一举向下突破颈线，至此，头肩顶构筑成功。

（3）不论重仓还是轻仓的投资者，此处应一律清仓。

【K 线实战图谱】

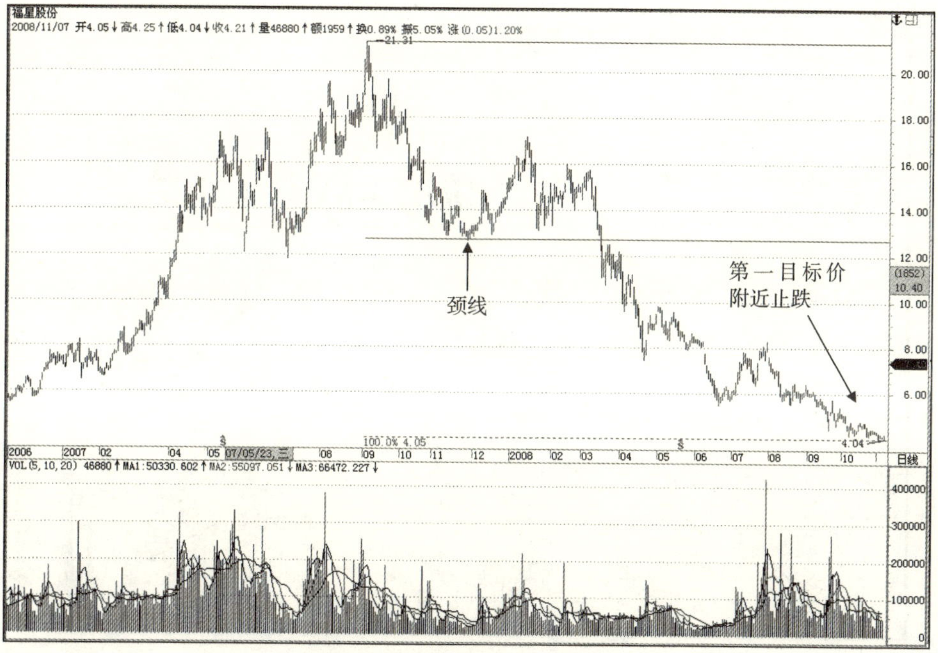

图 3–16　福星股份　000926

看盘精要

头肩顶形成后的 K 线走势解读：

（1）根据头肩顶形态测量目标价，第一目标价为 4.05 元。

（2）在突破颈线支撑后，股价几乎没有参与价值，当然不排除一些超短线的投资者在价格起伏中做高抛低吸，但如此操作风险很高。

（3）自从股价跌破颈线，在半年的时间里，就到达了第一目标价，并于 2008 年 11 月 7 日创出 4.04 元的历史低点。

【K线实战图谱】

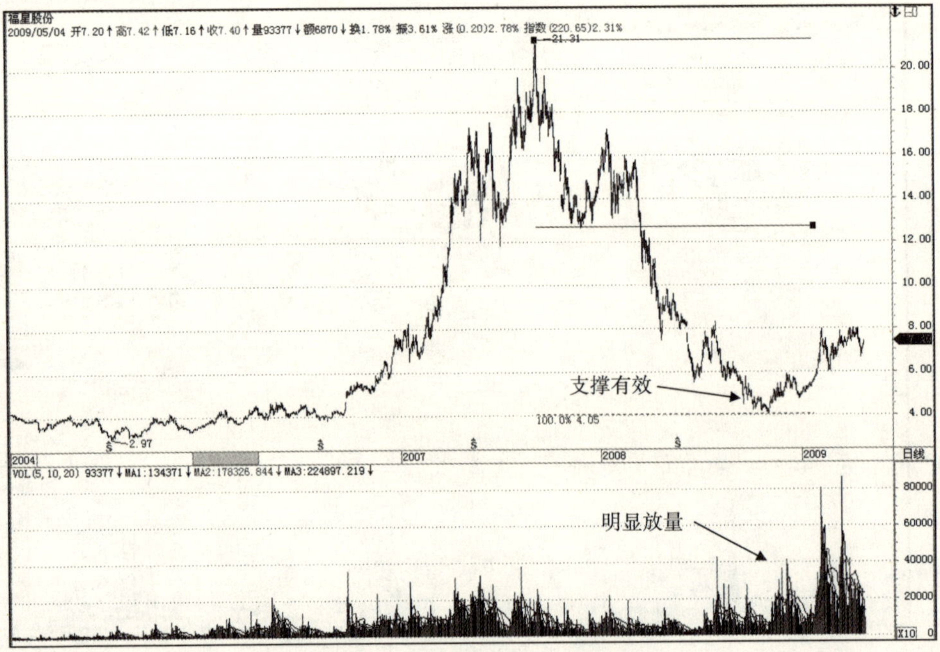

图 3–17 福星股份 000926

看盘精要

头肩顶形成后的K线走势解读：

（1）股价跌至第一目标价后，有明显的企稳迹象。

（2）然而，从头肩顶的形成到跌至第一目标价，股价已达到了68%的跌幅。

（3）掌握头肩顶形态的操作，将可以避免严重亏损。

（4）2008 年 11 月，股价随着大盘环境的向好，在低位出现明显放量，投资者可根据这些信号，做中线入场的考虑。

↗ 实战解析：宝商集团

【K 线实战图谱】

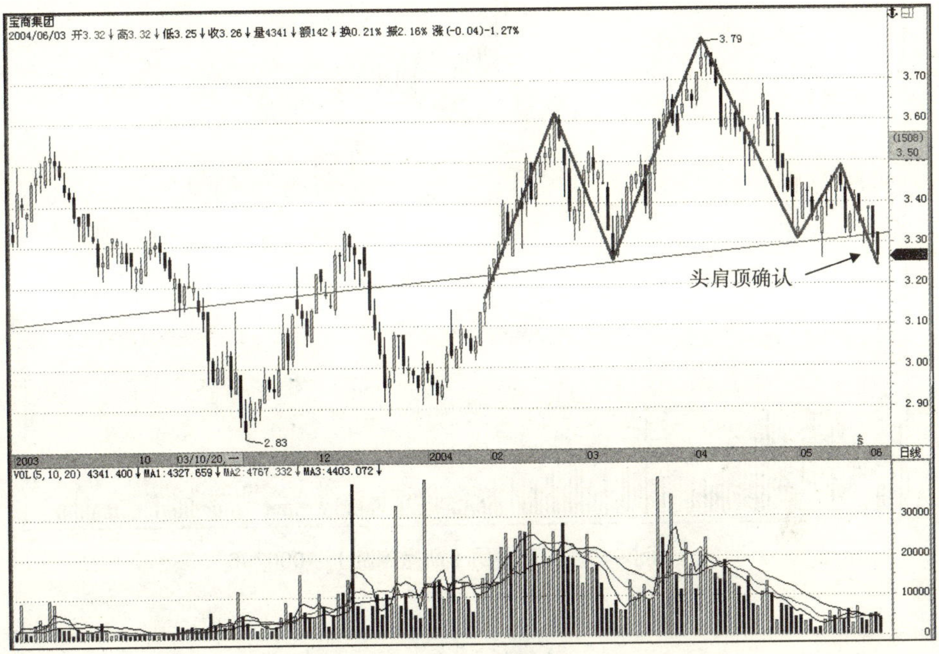

图 3–18　宝商集团（凯撒旅游）　000796

◣ 看盘精要

头肩顶形成时的 K 线走势分析：

（1）图 3–18 是宝商集团（现名“凯撒旅游”）2003 年 8 月 26 日至 2004 年 6 月 3 日的日线图。

（2）2004 年 6 月 3 日股价向下突破颈线，判断头肩顶构筑成功。

（3）其实，在形成“头”的时候，稳健的投资者就应减仓。

（4）在右肩上攻无力，开始调头向下时，投资者需警惕股价走出头肩顶的走势。

（5）2004 年 6 月 3 日，头肩顶构筑成功时，需清仓操作。

【K线实战图谱】

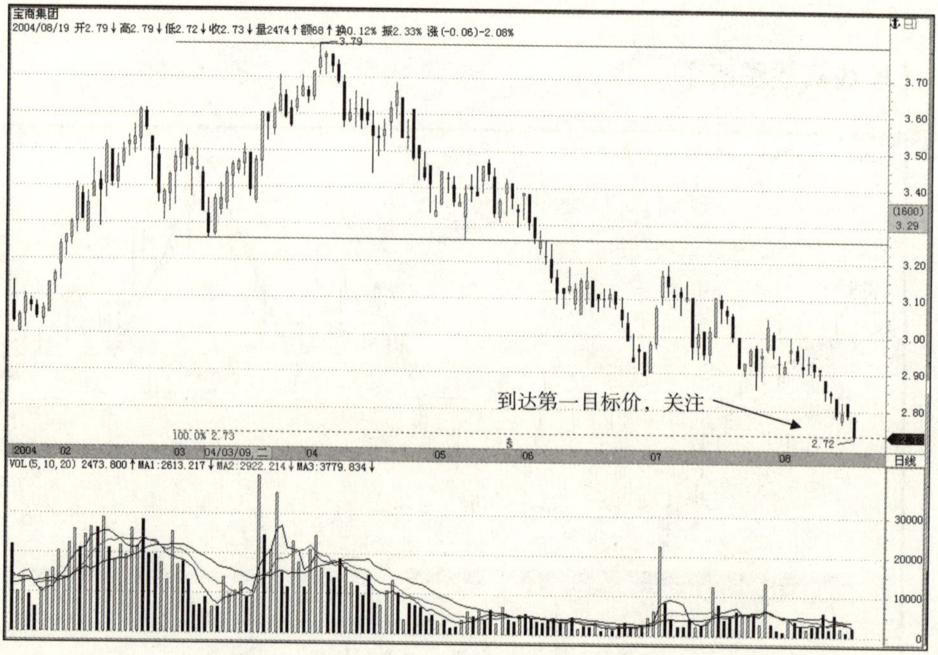

图 3–19　宝商集团（凯撒旅游）　000796

看盘精要

头肩顶形成后的K线走势解读：

（1）根据头肩顶测量第一目标价位为：3.26–（3.79–3.26）=2.73元。

（2）时间来到了2004年8月19日，到达第一目标价位。期间虽有反复，但是明显空头强势。

（3）时隔两个月，股价已跌去17%。

【K 线实战图谱】

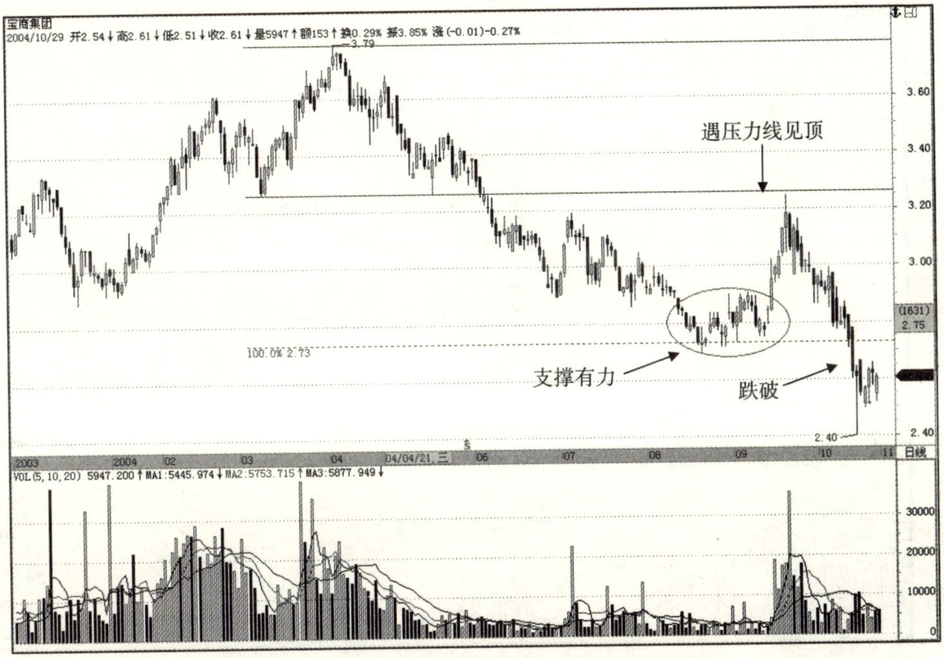

图 3-20　宝商集团（凯撒旅游）　000796

看盘精要

头肩顶形成后的 K 线走势解读：

（1）股价在跌至第一目标价位后，并没有接着下跌，而是在第一价位处显示短期的企稳迹象，见图 3-20 的椭圆处。

（2）在此，超短线投资者可轻仓参与，但要记住，通常这种情况下，颈线的压力是非常大的，当股价反弹至颈线处，注意出局。

（3）当股价反弹至颈线附近，显示出巨大的压力，投资者应毫不犹豫进行清仓。

（4）股价一泻而落，并且有效跌破第一目标价位。

【K线实战图谱】

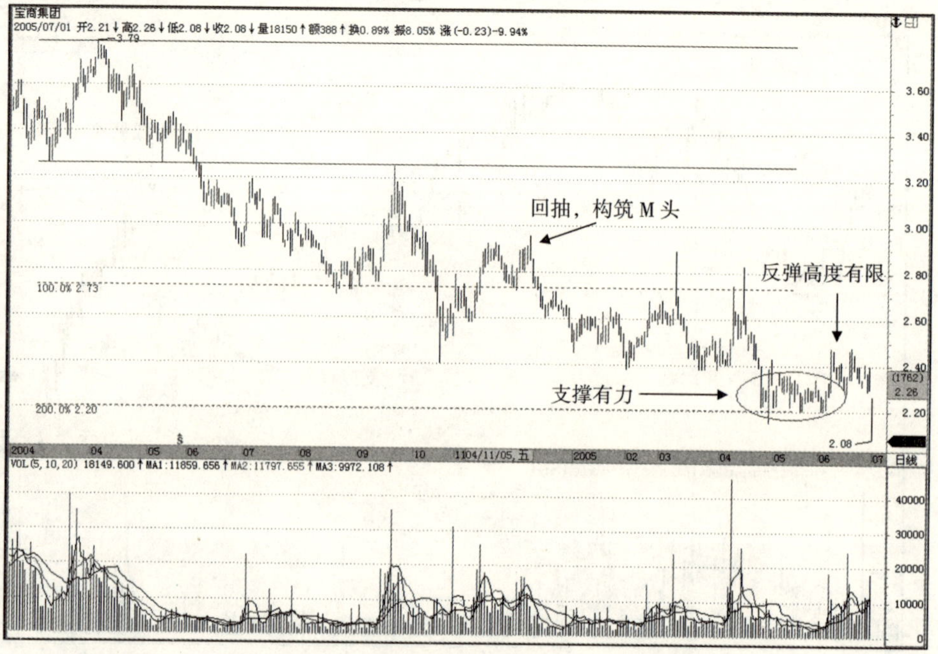

图 3–21 宝商集团（凯撒旅游） 000796

看盘精要

头肩顶形成后的K线走势解读：

（1）股价跌穿第一目标价后，继续震荡下跌。

（2）计算第二目标价为2.20元。

（3）股价在跌至第二目标价位后，又显示了第二目标价的支撑作用。超短线投资者可适度参与，但要注意，此时股价已处于明显的空头市场中，逆势而为，风险很大。

（4）2005年7月4日，股价有效跌穿第二目标价位，已光脚阴线收出新低2.08元。至此，把跌幅扩大至36%，继续看空。

【K 线实战图谱】

图 3-22　宝商集团（凯撒旅游）　000796

看盘精要

头肩顶形成后的 K 线走势解读：

（1）股价跌穿第二目标价后，计算颈线价格 2.618 的位置为第三目标价位，得 1.88 元。

（2）股价在 2005 年 7 月 18 日（见图 3-22 的下箭头处）跌至新低 1.80 元，基本和我们计算的第三目标价相符。

（3）至此，随着成交量的放大和大盘态势转好，投资者可重新考虑中线进场。

【K线实战图谱】

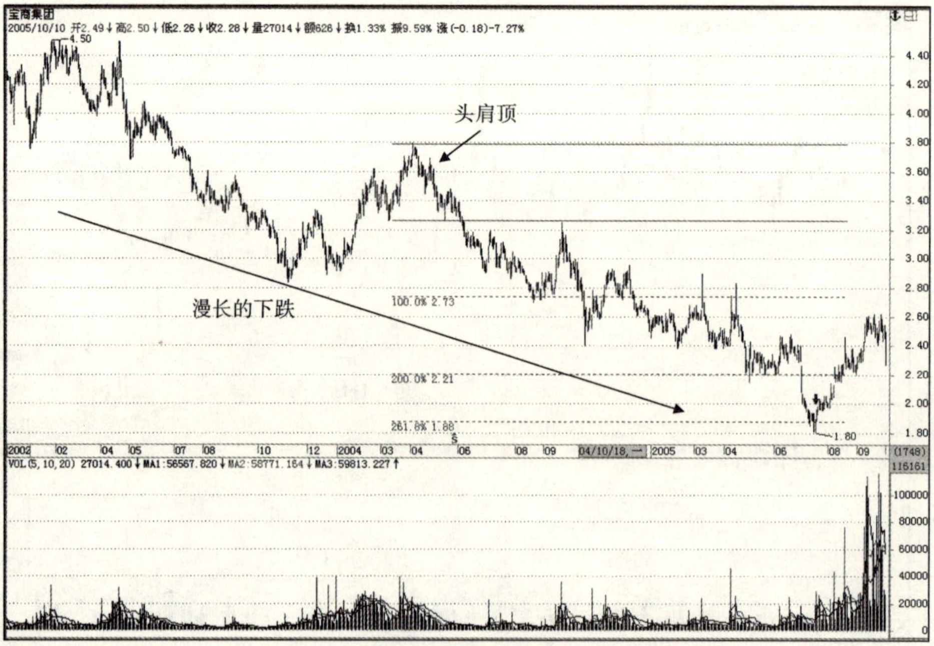

图 3-23　宝商集团（凯撒旅游）　000796

看盘精要

头肩顶形成后的 K 线走势解读：

（1）图 3-23 为宝商集团（现名“凯撒旅游”）2002 年冬至 2005 年秋的走势图，可以帮助投资者从全局了解头肩顶形态可能带来的下跌空间。

（2）这是一个出现在下跌趋势中的头肩顶形态，在这里，头肩顶所处的位置只能说是山腰，这就告诉我们，要灵活地运用形态来进行分析，不要以为只有在长期的上升趋势末端才会出现有效的头肩顶形态。

（3）掌握头肩顶形态，使投资者避免长期的巨大而惨痛的损失。

第4章

三重底形态操练

第一节　三重底形态的识别

1. 三重底的图形特征

【K 线实战图谱】

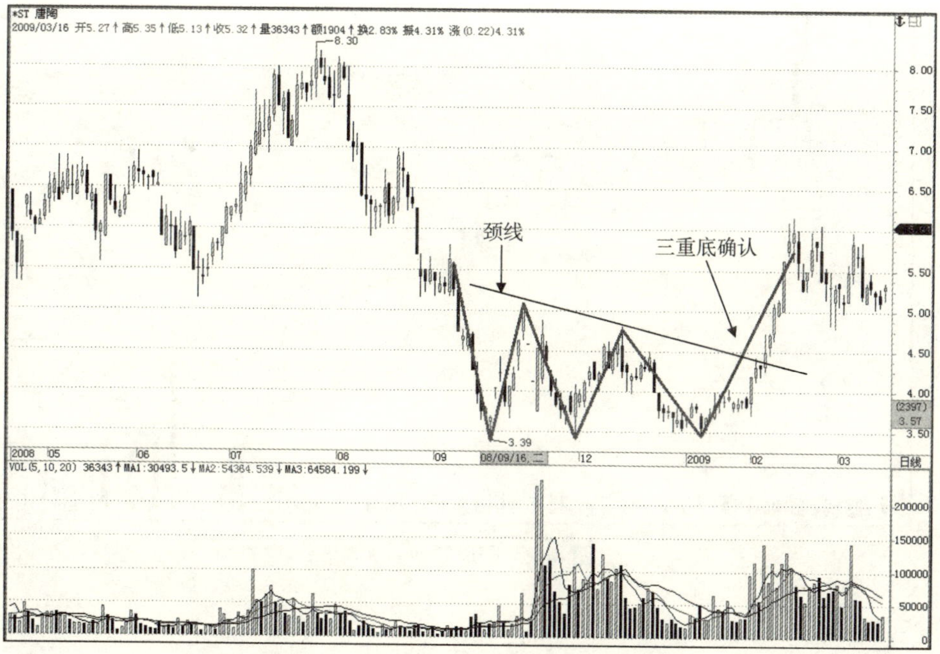

图 4-1　*ST 唐陶（冀东装备）　000856

看盘精要

三重底形态的 K 线走势分析：

（1）从图 4-1 可以看出，三重底由三个价位相近的低点构成，形成三个底部的形态，被称为三重底。

（2）通常而言，三个底部的低点应大致在一水平上，不能相差太大。

（3）三重底三个底部之间应有一定的间隔，间隔大的有效性会更高。两底之间的间隔一般应不少于三根K线。

（4）三重底形态出现在股价下跌一段之后的低位，具有较高的有效研判性。

【K线实战图谱】

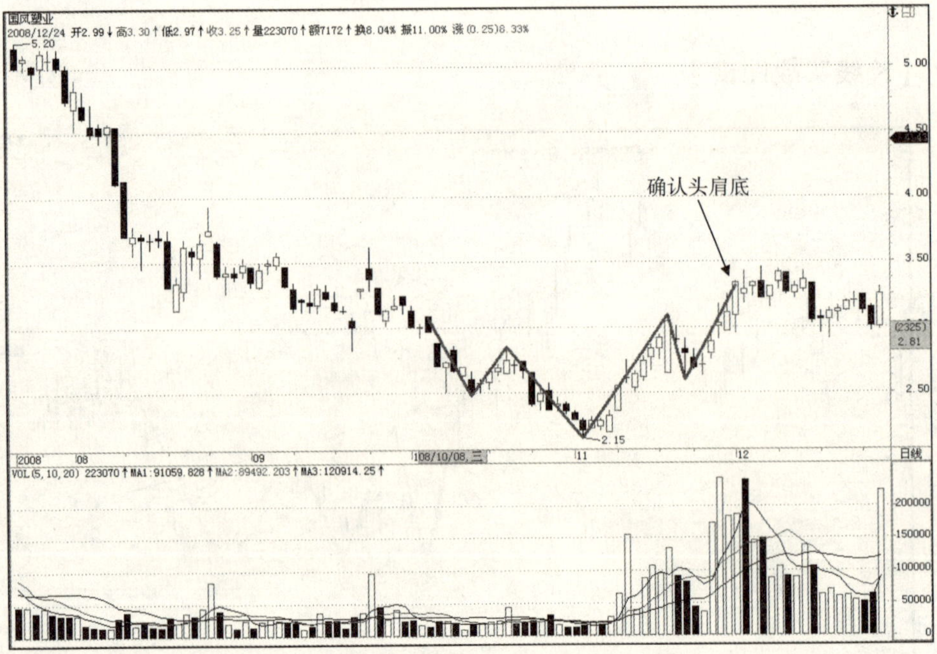

图4-2 国风塑业 000859

看盘精要

头肩底形态的K线走势分析：

（1）图4-2为头肩底形态，它是三重底的一个特例。从图中可以看出，底部出现三个连续底的形态，其中中间的底较低，被称为头，其他两个底比中间的底高一些，称为左肩和右肩，头和左肩之间的谷底与头和右肩之间的谷底连成的直线称为头肩底的颈线。

（2）头肩底是强烈的见底信号，股价向上跌破颈线后，其涨幅至少是颈高的一倍。

（3）头肩底形态有两个买点：一是底部低点附近，但这里只可作试探性买入；另一是股价突破颈线后又回到颈线处，经确认，再次向上突破颈线价位时，此时可全仓入市。

（4）头肩底形态出现在股价下跌一段之后的低位才是可信的见底信号。

2. 三重底形态的确认

【K 线实战图谱】

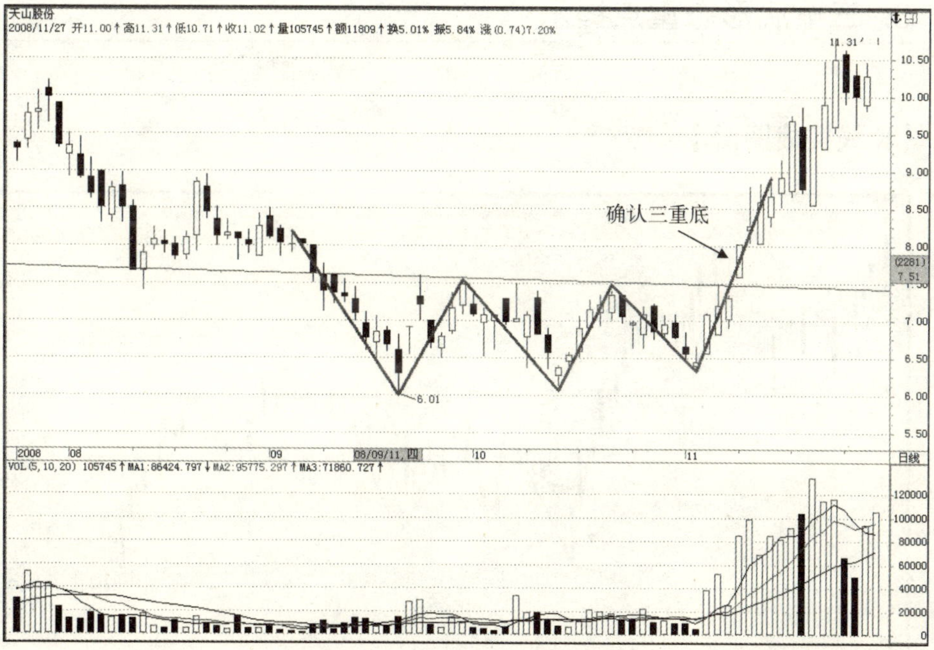

图 4–3　天山股份　000877

看盘精要

三重底形态的K线走势分析：

（1）三重底确认的关键在于颈线的突破。所谓颈线，是指穿过两个高点之间的连线，见图4–3中的横线。

（2）如果颈线没有被突破，即使K线形态看着类似三重底，也不是三重底形态。

（3）如果颈线被突破后，即可确认三重底形态。但是，实际行情走势中，颈线被突破后经常还有个回抽确认的过程。如果回抽后，股价继续呈上升的趋势，同样意味三重底形态成立。反之，则为假突破。

3. 三重底形态重点提示

【K线实战图谱】

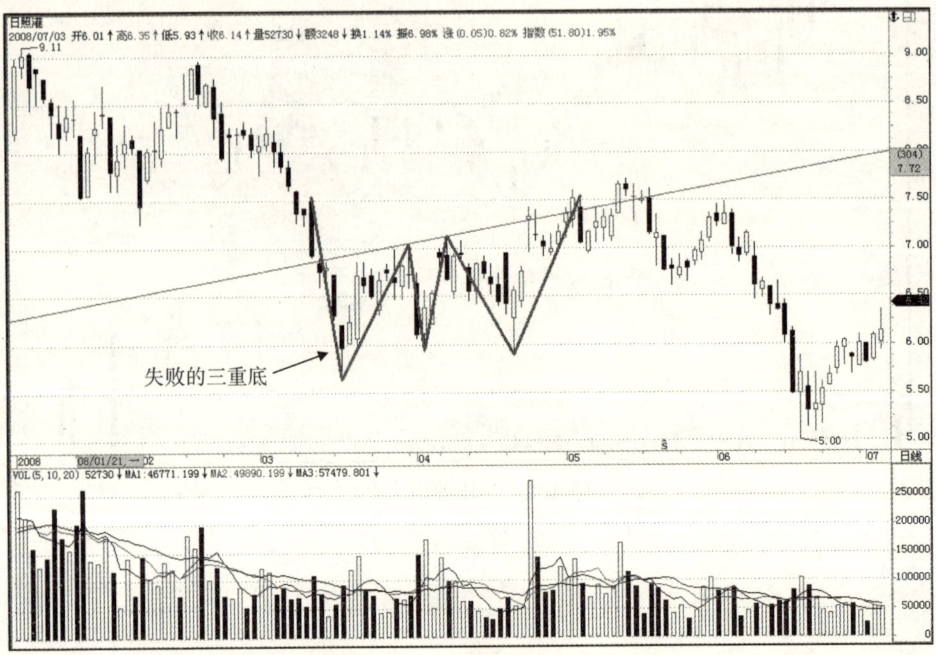

图4–4 日照港 600017

看盘精要

三重底形态的 K 线走势分析：

（1）三重底是重要的反转形态。

（2）三重底通常出现在低位。如果三重底形态出现在高位，就不能按照反转形态进行操作。如图 4-4。

（3）三重底形态之前，股价下跌的幅度越大，其相应的上涨幅度也会越大。

（4）三重底形态分为标准形和复合形两种。标准形就是只有三个底部，复合形除了三个明显低点之外，还会出现多个小底部。

（5）不管是标准形还是复合形，均为反转信号。

4. 三重底形态实战意义

【K 线实战图谱】

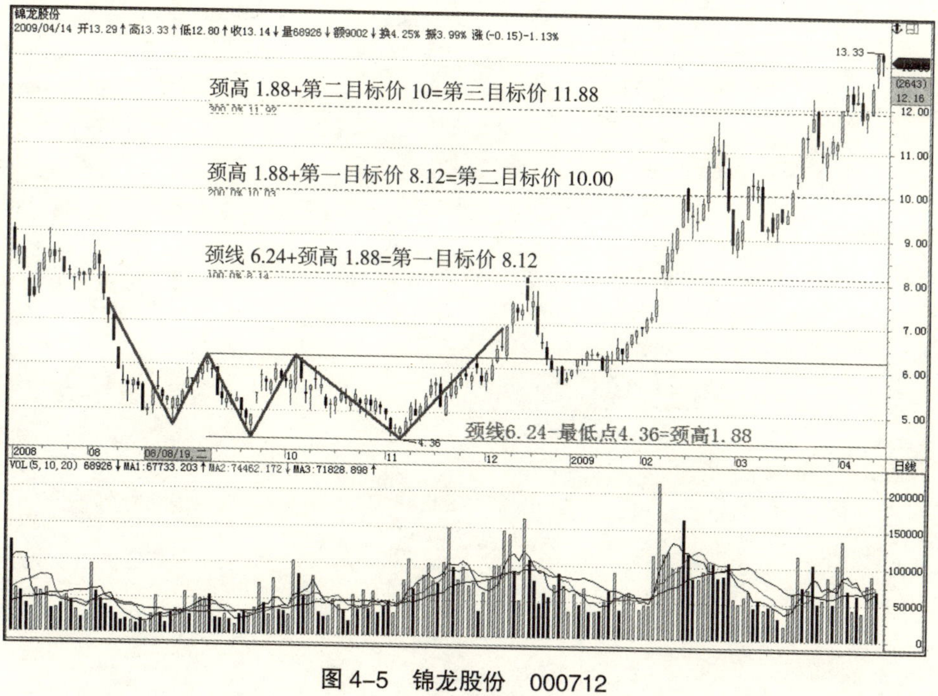

图 4-5　锦龙股份　000712

看盘精要

三重底形态的K线走势分析：

（1）当股价正式突破颈线压力，投资者进仓。所谓正式突破颈线压力，是指股票的收盘价在颈线之上。

（2）如果只是上影线穿破颈线，不算突破颈线，继续观察。

（3）在颈线没有被突破之前，不可先入为主将其断定为三重底，盲目做多。潜在的三重底形态，也可能会演化成多重底、矩形或者三角形形态。

（4）在颈线被突破之前，颈线属于压力线。在颈线被突破之后，颈线由压力线转变为支撑线。

（5）三重底形态一旦得到确认，就可以用它对后市进行测算。三重底形态突破后的涨幅常是形态本身颈高的1~3倍，参见图4-5。所谓颈高，是指颈线与最低点之间的距离。

第二节　三重底形态实战操练

1. 三重底形成过程中的应对技巧

【K 线实战图谱】

图 4–6　深发展 A（平安银行）　000001

看盘精要

三重底形成中的 K 线走势分析：

（1）图 4–6 是深发展 A（现名“平安银行”）2008 年 7 月 3 日至 2008 年 12

月3日的日线图。

（2）在过去一年的时间里，股价从最高的37.56元下跌至最低7.98元，跌幅达到79%。

（3）2008年11月至12月间，伴随着成交量的放大，显示了股价在此区域有见底迹象。

（4）当出现图4–6中的图形时，投资者要留意股价是否做双底，开始做好入场的准备。

【K线实战图谱】

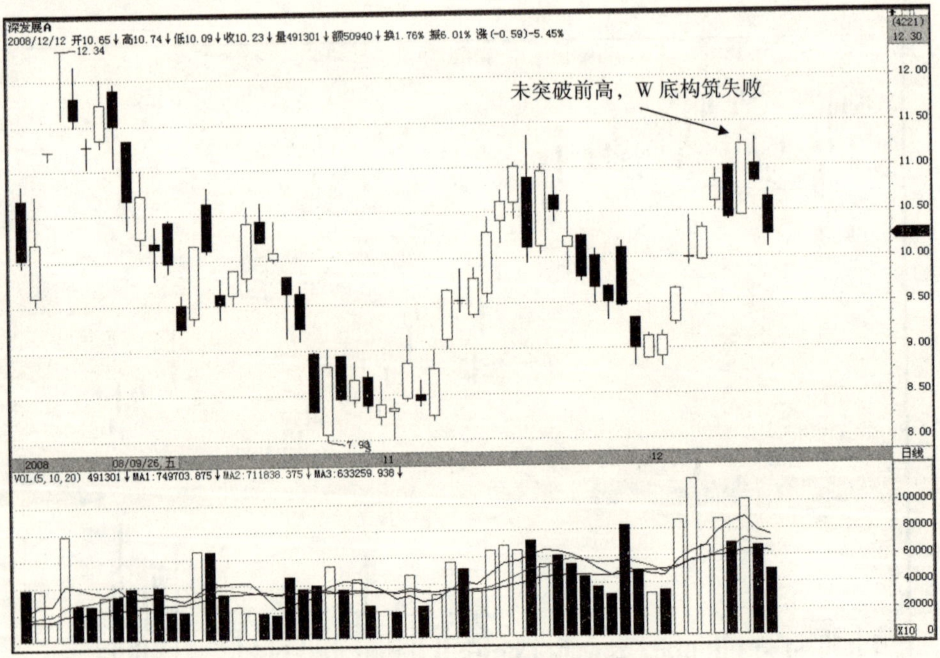

图4–7 深发展A（平安银行） A000001

看盘精要

三重底形成中的K线走势分析：

（1）时间来到了2008年12月12日，股价在做出双底后再次呈现下跌势。

（2）如果在双底初现时投资者有轻仓参与的话，现在要减仓了，股价会跌至前低附近才有支撑。

（3）成交量继续放大，可以更加确定一点，这里有资金接盘，中线投资者继续做入仓的准备。

【K 线实战图谱】

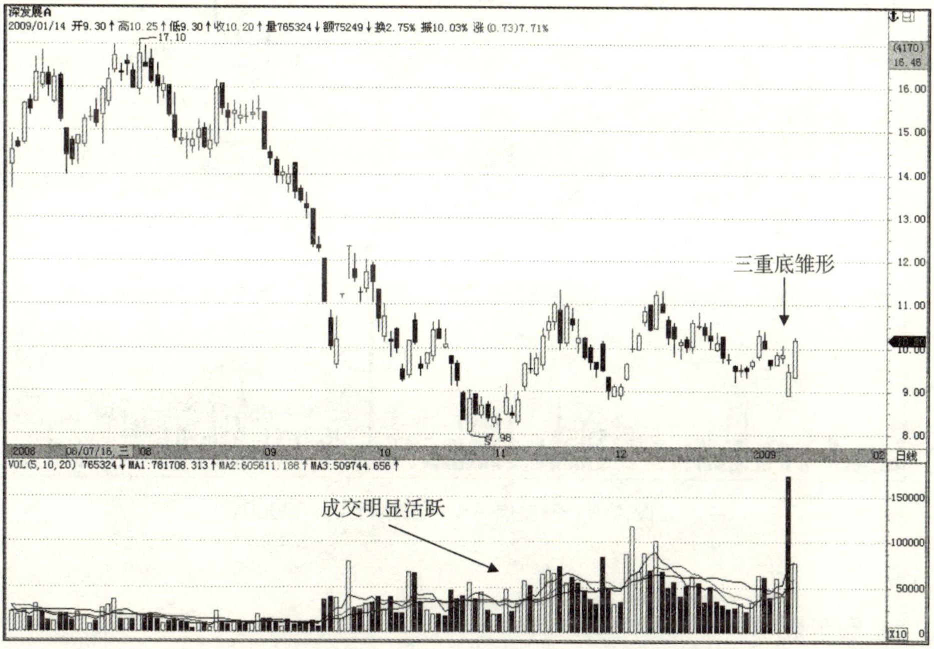

图 4–8　深发展 A（平安银行）　000001

看盘精要

三重底形成中的 K 线走势分析：

（1）时间再推移至 2009 年 1 月 14 日，三重底雏形已经形成。当然，此时还不知道这是三重底形态，它也有可能会发展成矩形、旗形或者三角形。

（2）在这一天，投资者可以入仓了，但是由于形态没有完全确定，稳健者需轻仓介入。

（3）为了应对后面的行情变化，应该形成三套交易策略：如果突破颈线形成三重底，全仓入市；如果股价没过颈线，再次掉头，减仓；如果形成矩形、旗形或三角形震荡，逢低吸纳，逢高出局。

【K线实战图谱】

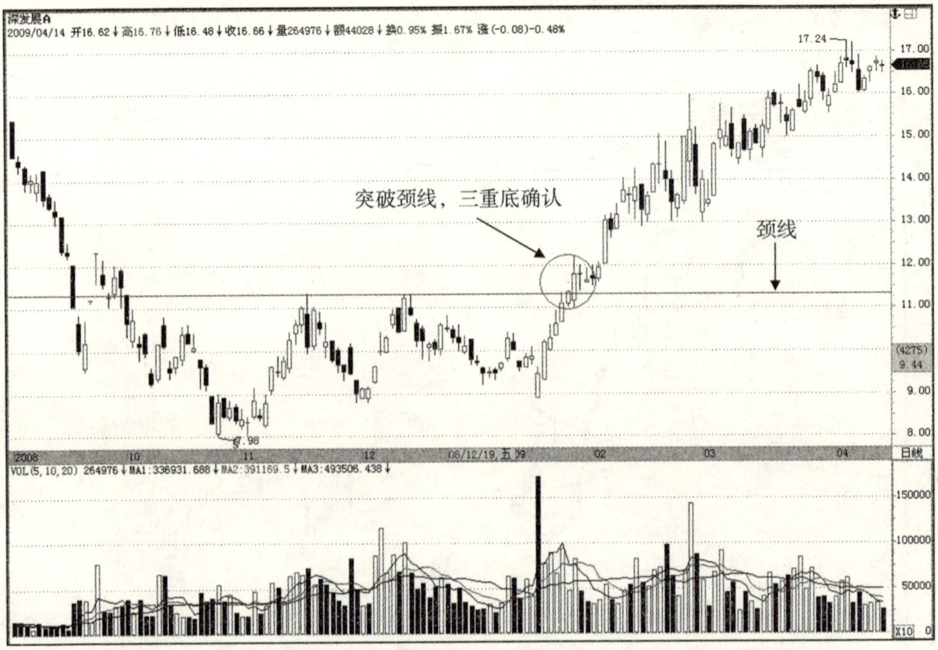

图 4-9　深发展 A（平安银行）　000001

看盘精要

三重底形成后的K线走势解读：

（1）2009 年 1 月 21 日，见图 4-9 圆圈内的中阳线，股价延续涨势，向上一举冲破颈线。至此，三重底构筑成功。

（2）如果之前还没有入市的投资者，应果断入市。

（3）测量上涨目标价位。颈线与最高点的价差为 11.35–7.98=3.37 元。因此，第一目标价位为 11.35+3.37=14.72 元，第二目标价位为 14.72+3.37=18.09 元。

2. 三重底形态应对技巧

↗ 实战解析：中核科技

【K 线实战图谱】

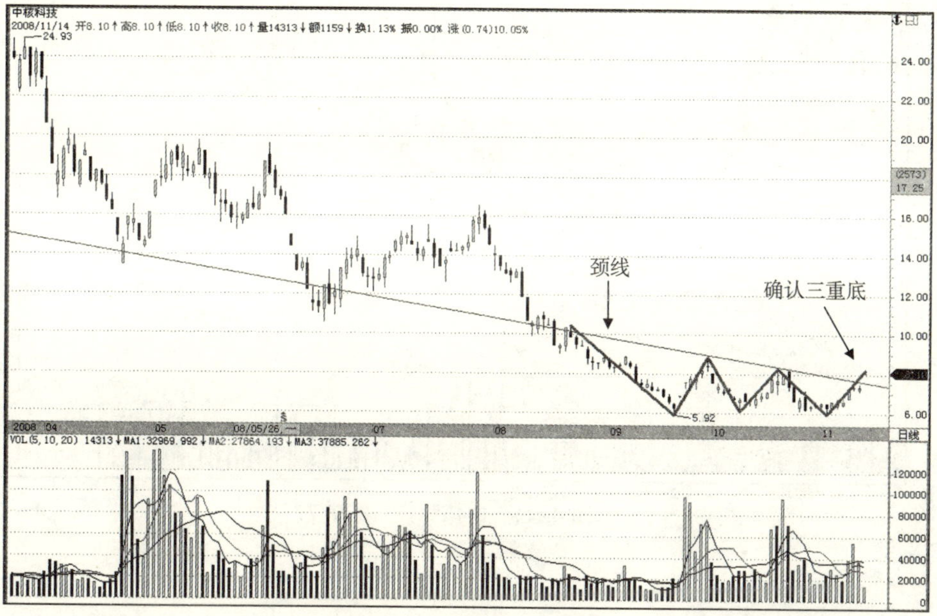

图 4-10 中核科技 000777

看盘精要

三重底形成时的 K 线走势分析：

（1）图 4-10 是中核科技 2008 年 3 月 24 日至 2008 年 11 月 14 日的日线图。

（2）从图中可以看出，股价在前期一直处于下降趋势中，并且在一年多以来，股价跌幅达到 85%。

（3）2008 年 11 月 14 日，股价穿破三重底颈线，判断为三重底构筑成功。

（4）当穿破三重底的颈线时，如果从三重底的第三个低点还没有入市的投资者，要抓紧入市。

【K线实战图谱】

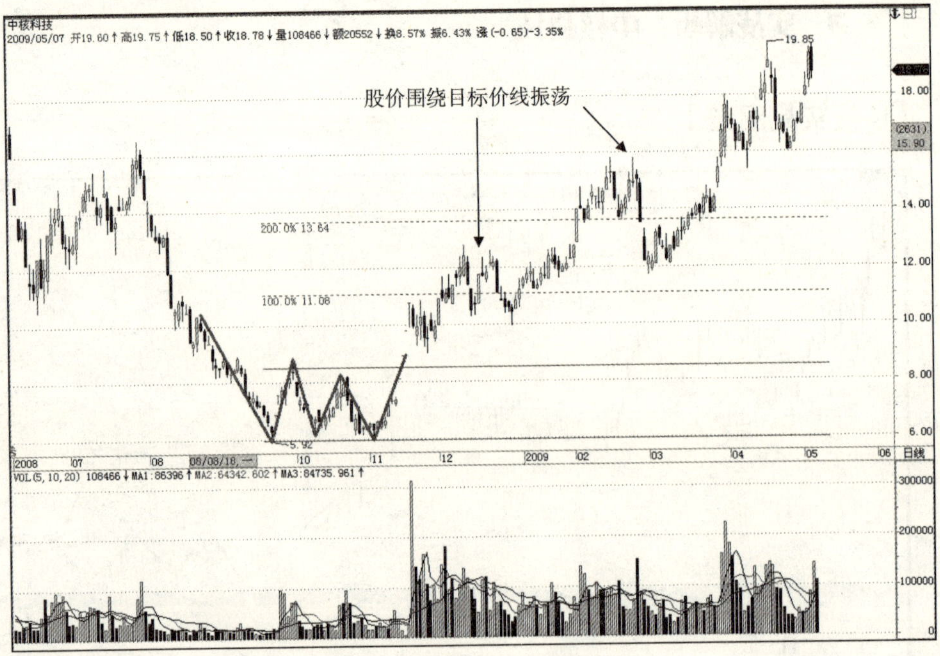

图 4-11　中核科技　000777

看盘精要

三重底形成后的K线走势解读：

（1）根据三重底形态测量目标价，第一目标价为 11.08 元，第二目标价为 13.64 元。

（2）在突破颈线压力后，股价直奔第一目标价，并且在第一目标价反复震荡。

（3）在第一目标价处震荡之后，股价上升到第二目标价。

【K 线实战图谱】

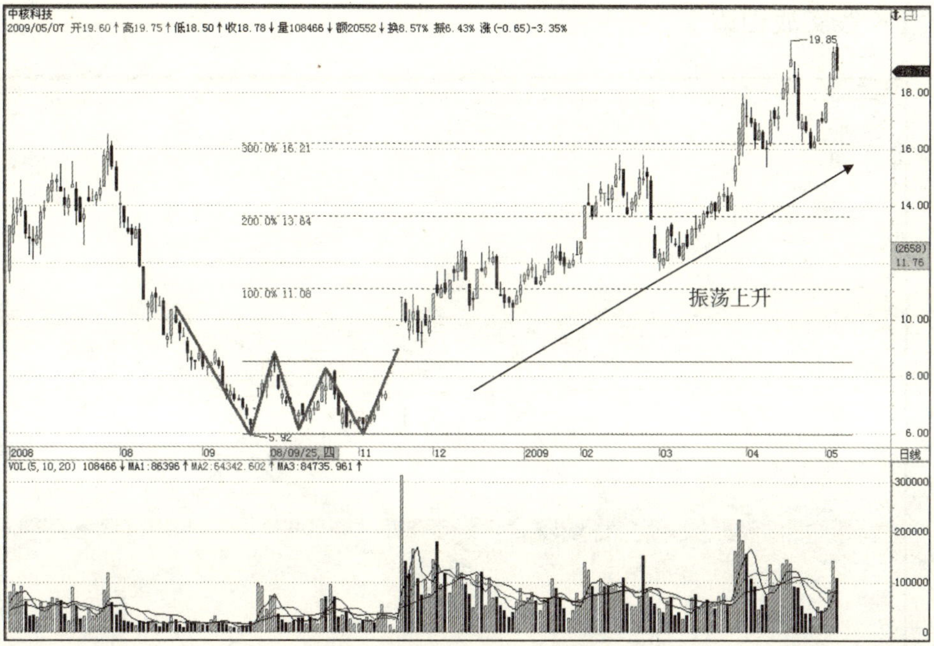

图 4–12　中核科技　000777

看盘精要

三重底形成后的 K 线走势解读：

（1）股价在第二目标价处震荡回调之后，继续呈涨势。

（2）在构筑三重底的两个重要买点踏空的投资者，可以关注第一目标价位的支撑，当股价显示出有力的支撑时，仍可介入。

（3）由图 4–12 可以看出，三重底是强烈的见底信号，把握好三重底形态，可以帮助投资者在上升之初入市，获取丰厚的利润回报。

↗ 实战解析：世纪星源

【K线实战图谱】

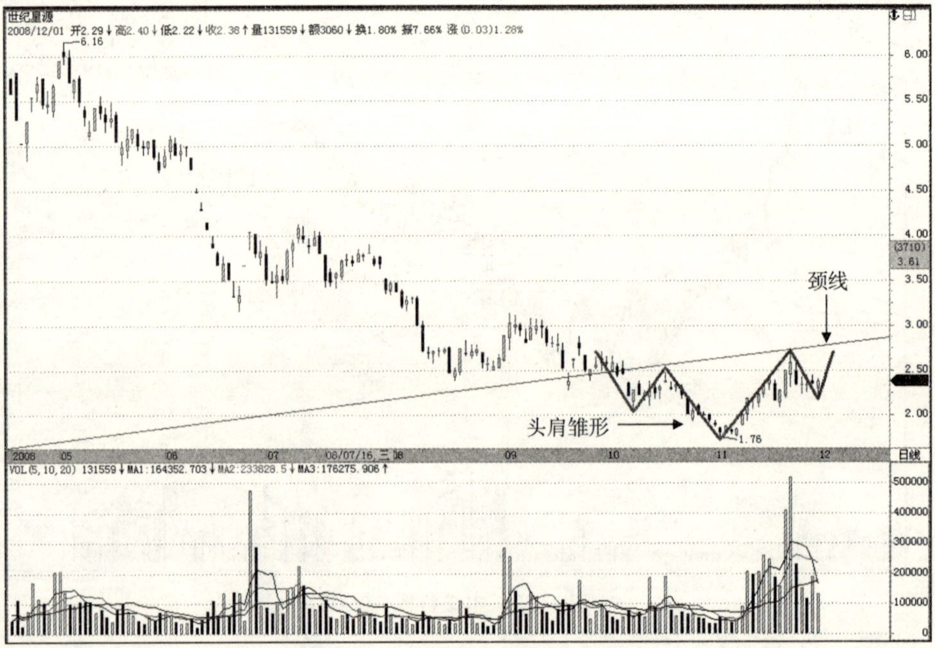

图 4-13　世纪星源　000005

◣ 看盘精要

头肩底形成时的 K 线走势分析：

（1）图 4-13 是世纪星源 2008 年 4 月 18 日至 2008 年 12 月 1 日的日线图。

（2）从图中可以看出，股价在前期一直处于下跌趋势中。

（3）2008 年 12 月 1 日，股价没有跌破左肩价位就随即回升，形成头肩底形态雏形，然而，此时股价仍未向上突破颈线，还不能确认为头肩底。

【K线实战图谱】

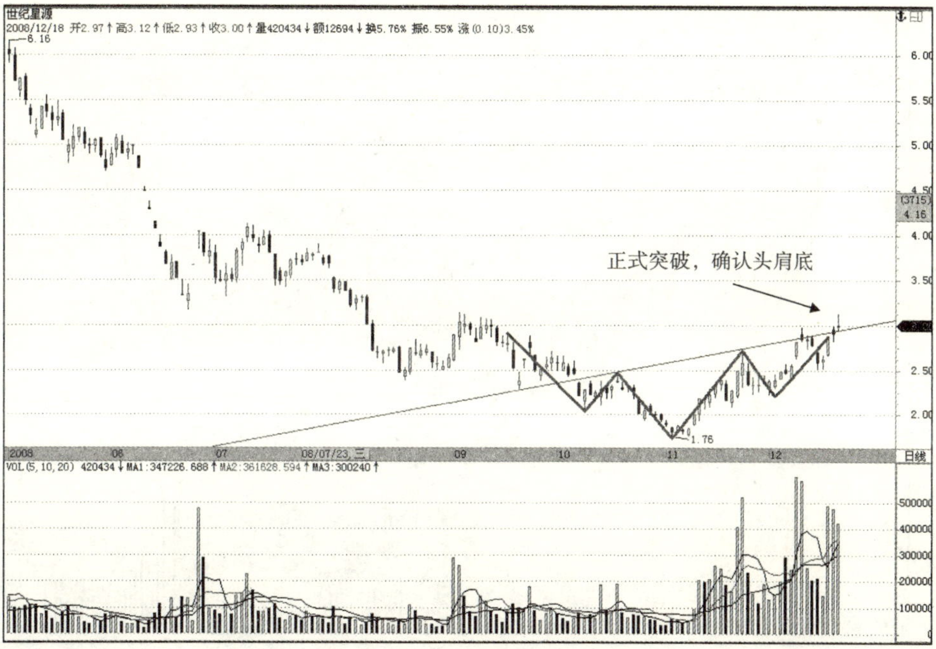

图4–14　世纪星源　000005

看盘精要

头肩底形成后的K线走势解读：

（1）时间来到2008年12月18日，股价有效突破颈线，确认头肩底构筑成功。

（2）结合K线来看，这是一根有着长影线的小阳线，伴随着成交量的萎缩，上攻力度减弱。

（3）本来突破颈线可入市，然而在这种情况下，投资者要预防股价突破后的回抽。

【K线实战图谱】

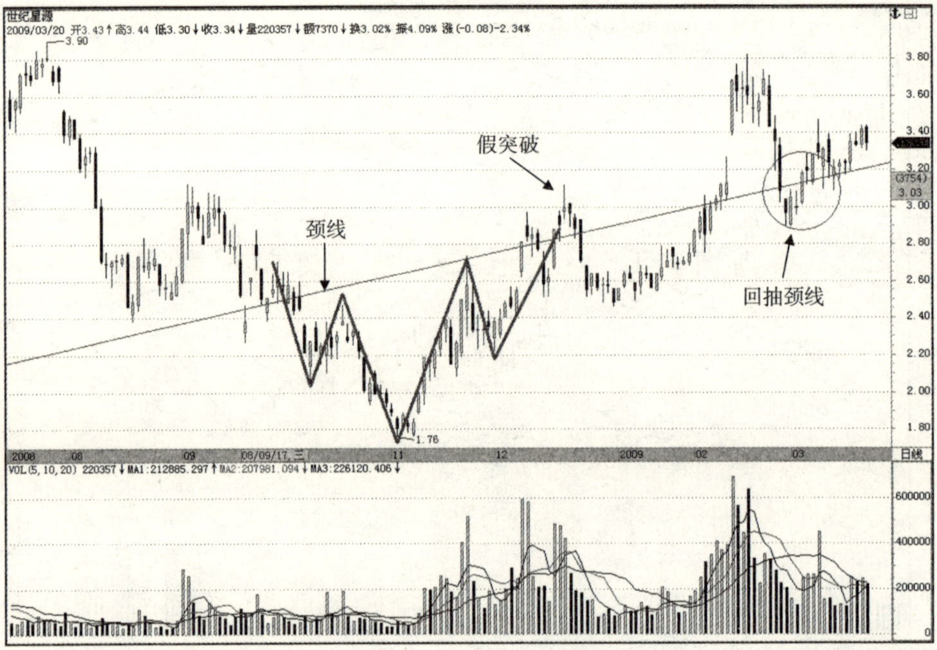

图 4-15　世纪星源　000005

看盘精要

头肩底形成后的K线走势解读：

（1）股价随后回落至颈线下方，伴随着缩量的调整，股价在颈线的第一个高点附近企稳，而后再次上攻颈线，投资者可在此位置入市。

（2）仍然持币的投资者，在第三次上攻颈线时，见图 4-15 的圆圈中，可以大胆入市了。

（3）在实际的行情走势中，很多情况是只经历一次回抽的。

【K 线实战图谱】

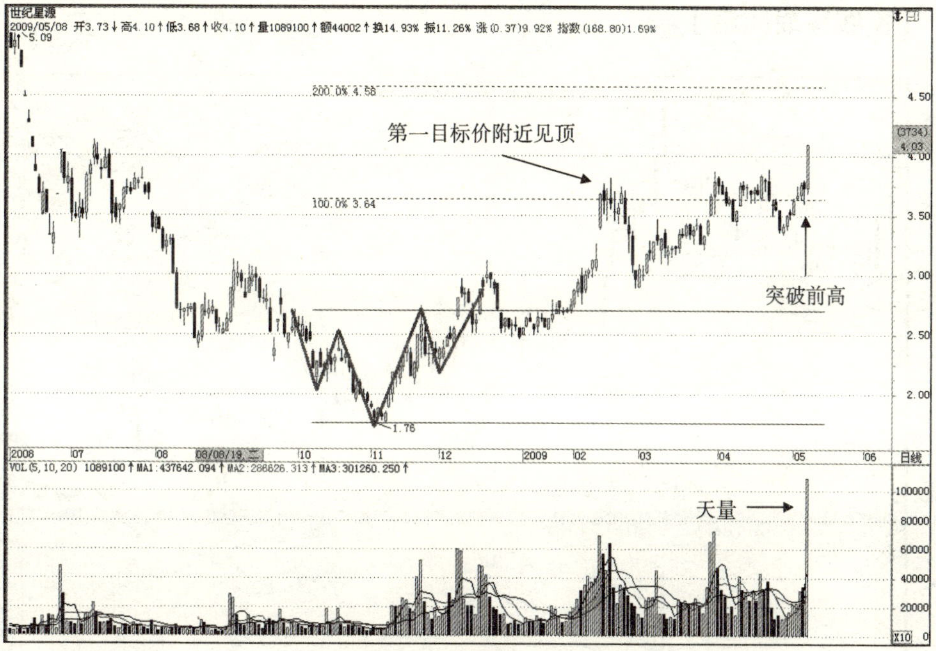

图 4-16　世纪星源　000005

看盘精要

头肩底形成后的 K 线走势解读：

（1）根据头肩底计算股价的第一目标价位为 3.64 元，第二目标价为 4.58 元。

（2）至 2009 年 5 月，股价涨幅达到了 130%。

（3）掌握头肩底形态，可以给投资者带来丰厚的利润回报。

实战解析：三房巷

【K线实战图谱】

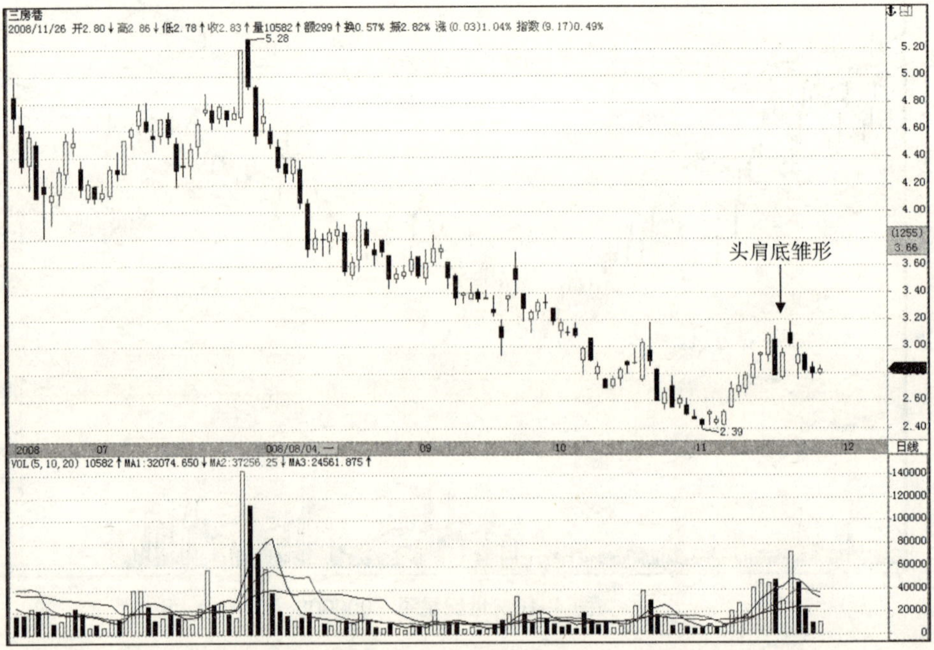

图 4–17　三房巷　600370

看盘精要

头肩底形成中的K线走势分析：

（1）图 4–17 是三房巷 2008 年 6 月 16 日至 2008 年 11 月 26 日的日线图。

（2）从图中可以看出，股价在前期一直处于下跌趋势中，可以说经历了漫漫熊市。

（3）2008 年 11 月 26 日，股价没有跌破左肩价位就企稳，形成头肩底形态雏形，然而，此时股价仍未向上突破颈线，还不能确认为头肩底。

【K 线实战图谱】

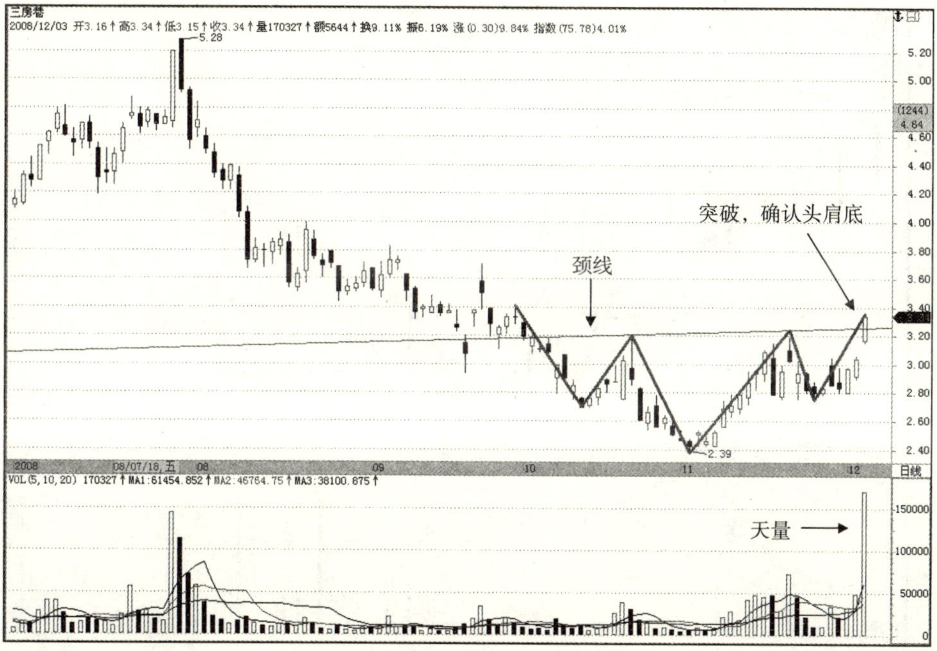

图 4–18　三房巷　600370

看盘精要

头肩底形成时的 K 线走势分析：

（1）时间来到 2008 年 12 月 3 日，股价有效突破颈线，确认头肩底构筑成功。

（2）由于股价放巨量上升，考虑有回调的需要，可暂时观望，等回抽颈线再入市。

（3）如果有在头肩底的最底部入市的头寸，中线可继续持有待涨。

【K线实战图谱】

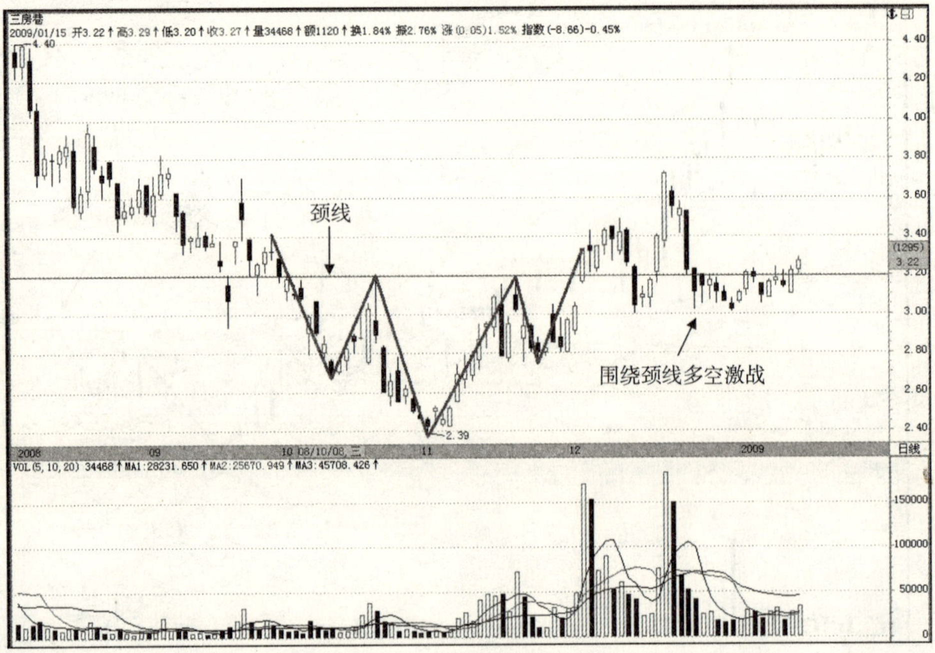

图 4-19 三房巷 600370

看盘精要

头肩底形成后的K线走势分析：

（1）股价随后进行了两次回抽，第一次回抽后迅速拉回，显示颈线处的支撑很足。第二次缩量调整，蓄势待发。

（2）投资者在两处回抽颈线时均可买入。

（3）经过两次在颈线处的反复整固，构筑坚强支撑，后市涨幅可期。

【K 线实战图谱】

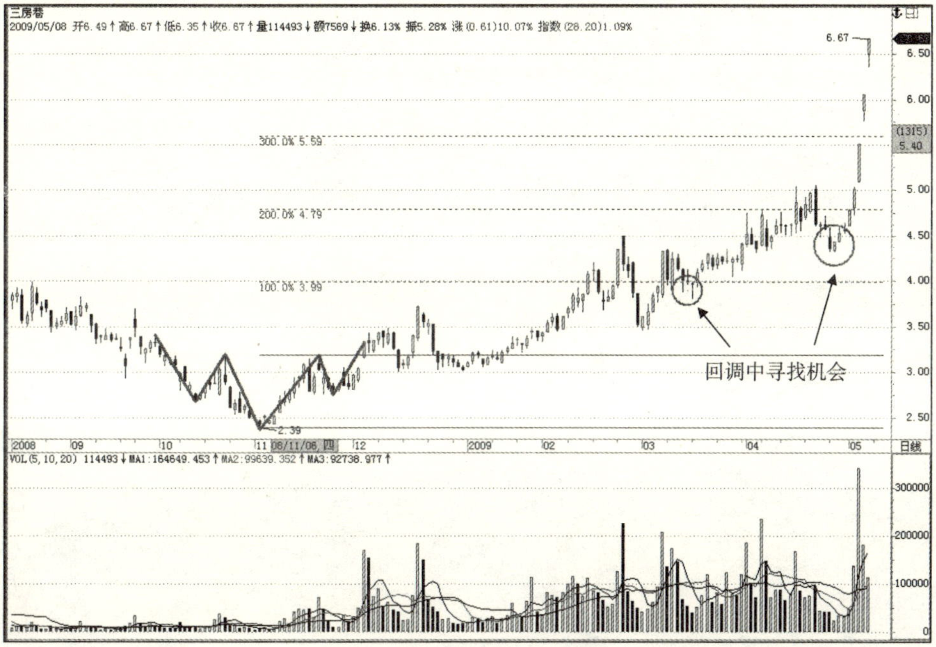

图 4–20　三房巷　600370

看盘精要

头肩底形成后的 K 线走势解读：

（1）根据头肩底计算股价的第一目标价位为 3.19+（3.19–2.39）=3.99 元，第二目标价为 3.99+0.8=4.79 元，第三目标价为 4.79+0.8=5.59 元。

（2）如果踏空的投资者，可在第一和第二目标价位附近等调整完毕、蓄势充分时进入，见图 4–20 中的圆圈处。

（3）2009 年 5 月，股价涨至 6.67 元，涨幅达到了 110%。

第5章

圆弧顶形态操练

第一节　圆弧顶形态的识别

1. 圆弧顶的图形特征

【K 线实战图谱】

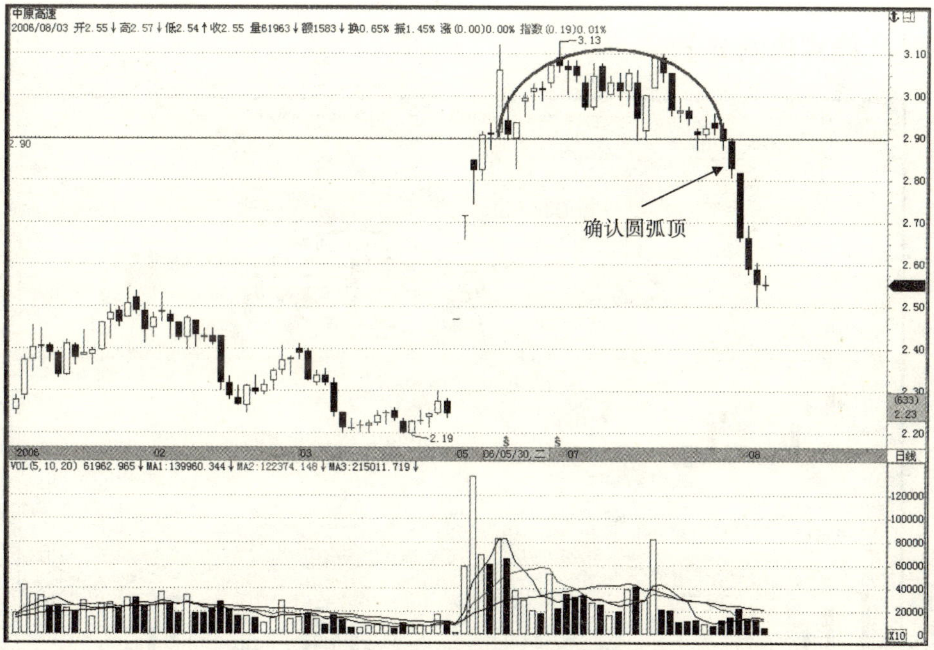

图 5-1　中原高速　600020

看盘精要

圆弧顶形态的 K 线走势分析：

（1）从图 5-1 可以看出，圆弧顶形态中股价呈弧形上升，虽然顶部不断升高，但每次都是微升即回落，出现新高点后股价转为弧形下跌，回升点略低于前点，把短期高点相连接，就可形成一个圆弧顶状。

（2）圆弧顶形态形成的原理：多方在维持一段股价或指数的升势之后，力量逐步趋弱，难以维持原来的购买力，使涨势缓和，而空方力量却有所加强。导致双方力量均衡，此时股价保持平台整理的静止状态。一旦空方力量超过多方，股价开始回落，起初只是慢慢改变，跌势不明显，但后来空方完全控制市场，跌势转急，表明一轮跌势已经来临。

2. 圆弧顶形态的确认

【K线实战图谱】

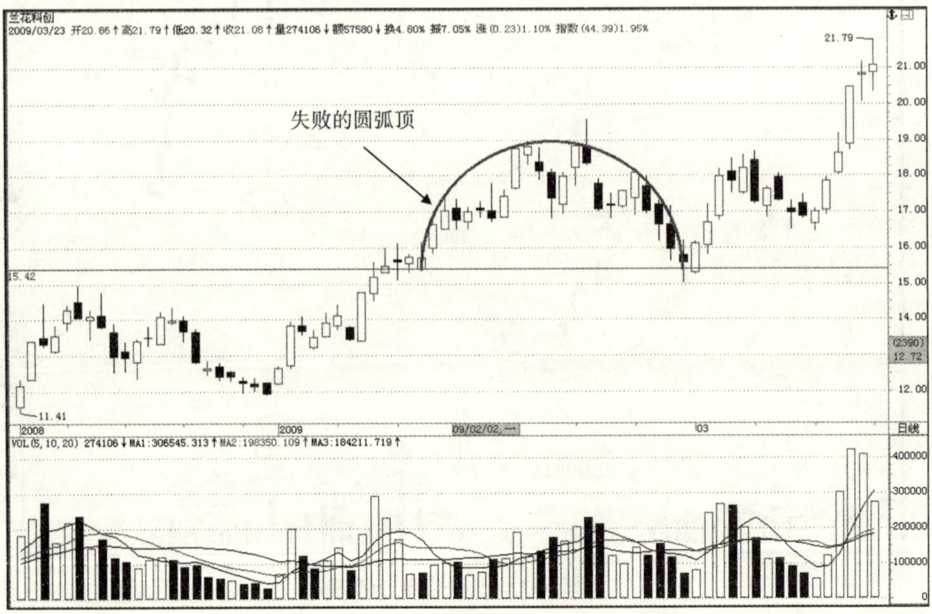

图5-2 兰花科创 600123

看盘精要

圆弧顶形态的 K 线走势分析：

（1）圆弧顶确认的关键在于颈线的突破。所谓颈线，是指圆弧两端的连线。

（2）如果颈线没有被突破，即使 K 线形态看着类似圆弧顶，也不是圆弧顶形态。如图 5-2，圆弧顶形态构筑失败。

（3）如果颈线被突破后，即可确认圆弧顶形态。但是，实际行情走势中，颈线被突破后经常还有个回抽确认的过程。如果回抽后，股价继续呈下跌的趋势，同样意味圆弧顶形态成立。反之，则为假突破。

3. 圆弧顶形态重点提示

【K 线实战图谱】

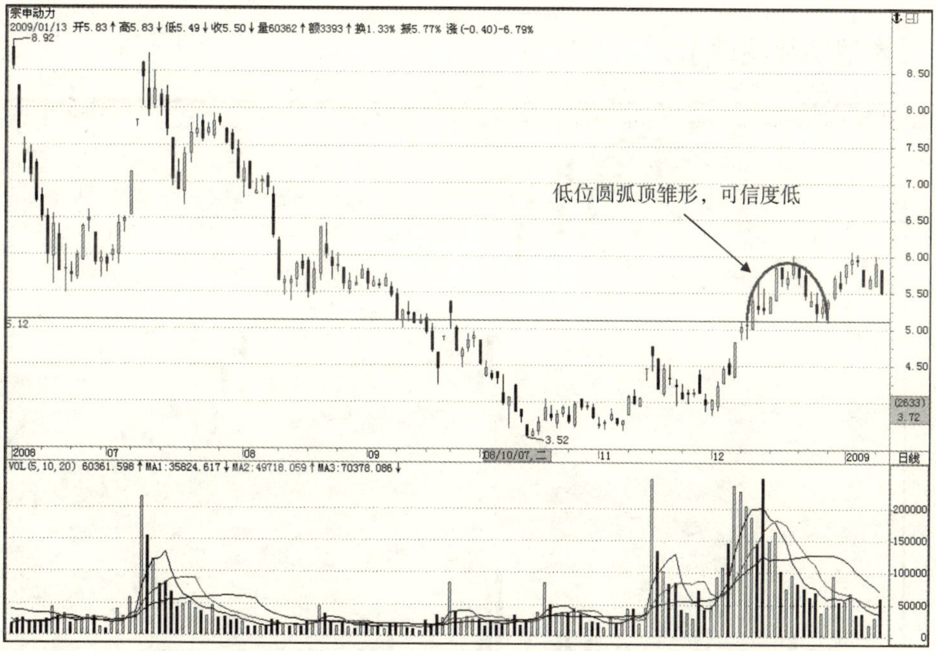

图 5-3　宗申动力　001696

看盘精要

圆弧顶形态的 K 线走势分析：

（1）圆弧顶是重要的反转形态。

（2）圆弧顶通常出现在高位。如果圆弧顶形态出现在低位，就不能按照反转形态进行操作。如图 5–3，圆弧顶形态出现在低位，而且股价没有跌破颈线，因此不能作为反转形态进行操作。

（3）圆弧顶形态之前，股价上涨的幅度越大，其相应的下跌幅度也会越大。

（4）圆弧顶形态的两个高点应该有一定的时间间隔。通常而言，时间间隔越大，有效性越高。

（5）圆弧顶形态的下跌空间不像前面提到的形态那样有规律，但其下跌幅度要更深。

4. 圆弧顶形态实战意义

【K 线实战图谱】

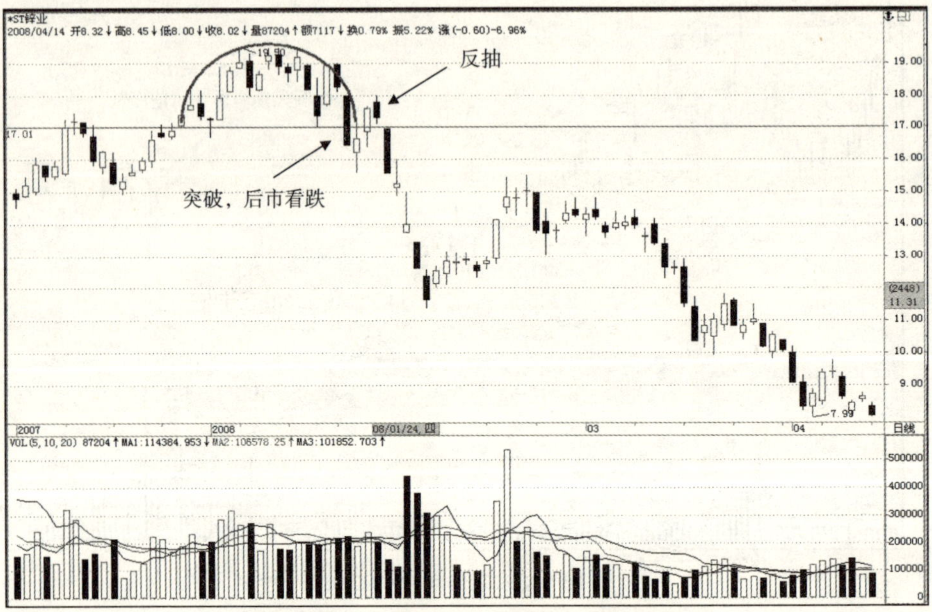

图 5–4 *ST 锌业（锌业股份） 000751

看盘精要

圆弧顶形态的 K 线走势分析：

（1）当股价正式跌破颈线支撑，持股者清仓，持币者继续持币。所谓正式跌破颈线支撑，是指股票的收盘价在颈线之下。

（2）如果只是下影线刺穿颈线，不算跌破颈线，继续观察。

（3）在颈线没有被突破之前，不可先入为主将其断定为圆弧顶，盲目放空。潜在的圆弧顶形态，也可能会演化成 M 头和旗形形态。

（4）在颈线被突破之前，颈线属于支撑线。在颈线被突破之后，颈线由支撑线转变为压力线。

第二节 圆弧顶形态实战操练

1. 圆弧顶形成过程中的应对技巧

【K线实战图谱】

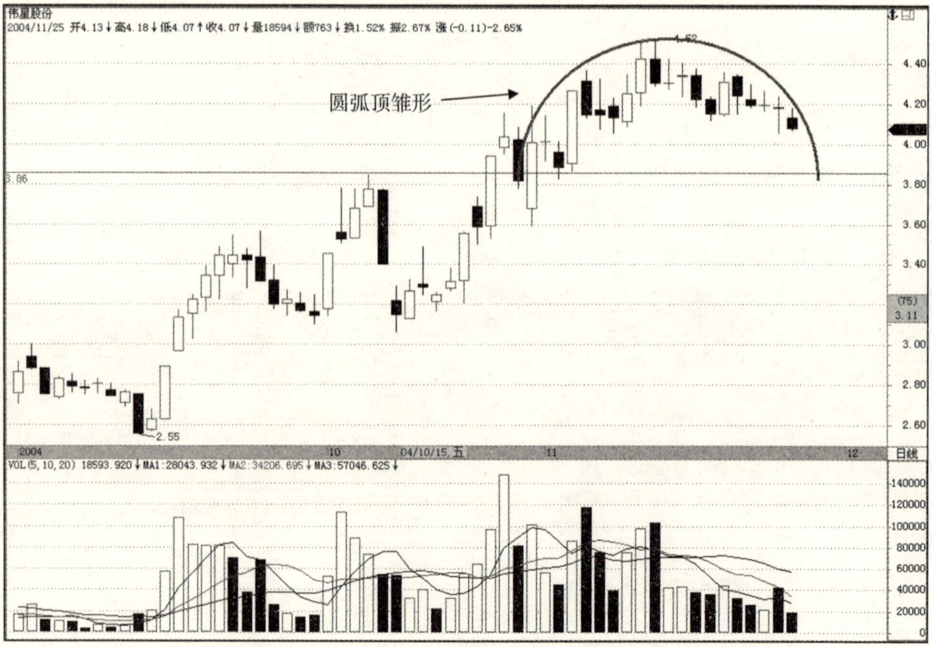

图 5–5 伟星股份 002003

（2004 年 8 月 30 日~2004 年 11 月 25 日）

看盘精要

圆弧顶形成中的 K 线走势分析：

（1）图 5–5 是伟星股份 2004 年 8 月 30 日至 2004 年 11 月 25 日的日线图。

（2）这三个月内，股价从 2.55 元上涨至 4.52 元，涨幅达到 77%。

（3）此时，股价已经走出圆弧顶的雏形，有经验的技术派投资者可能会实施减仓。

（4）当然，在股价没有跌破颈线之前，并不能确认圆弧顶构筑成功。

【K 线实战图谱】

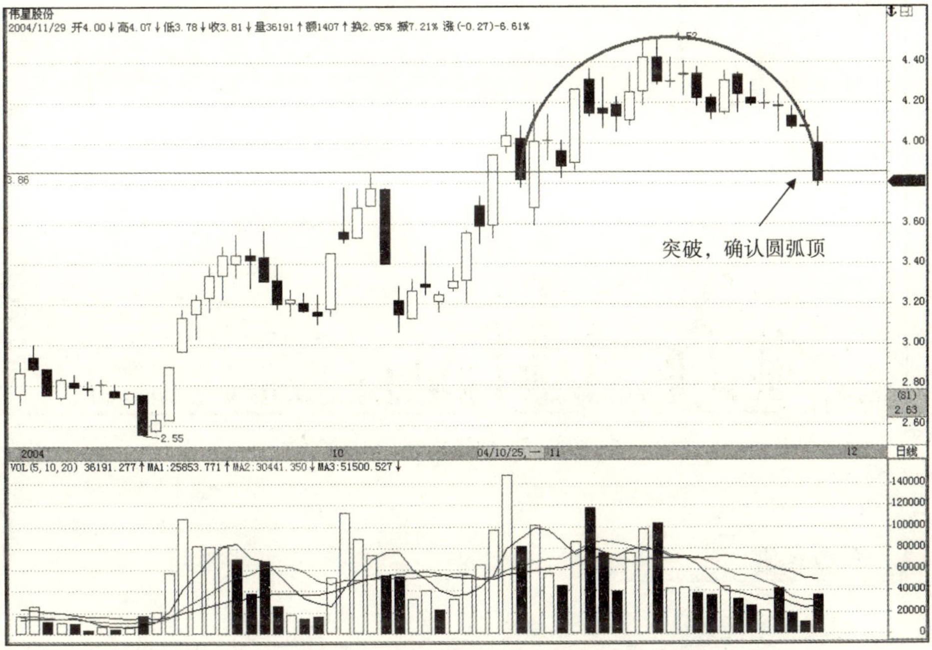

图 5-6　伟星股份　002003

看盘精要

圆弧顶形成时的 K 线走势分析：

（1）时间来到了 2004 年 11 月 29 日，股价以一根长阴 K 线有效跌穿颈线。

（2）至此，圆弧顶形态构筑成功。

（3）无论在之前有无减仓的投资者，此时都应果断清仓。

【K 线实战图谱】

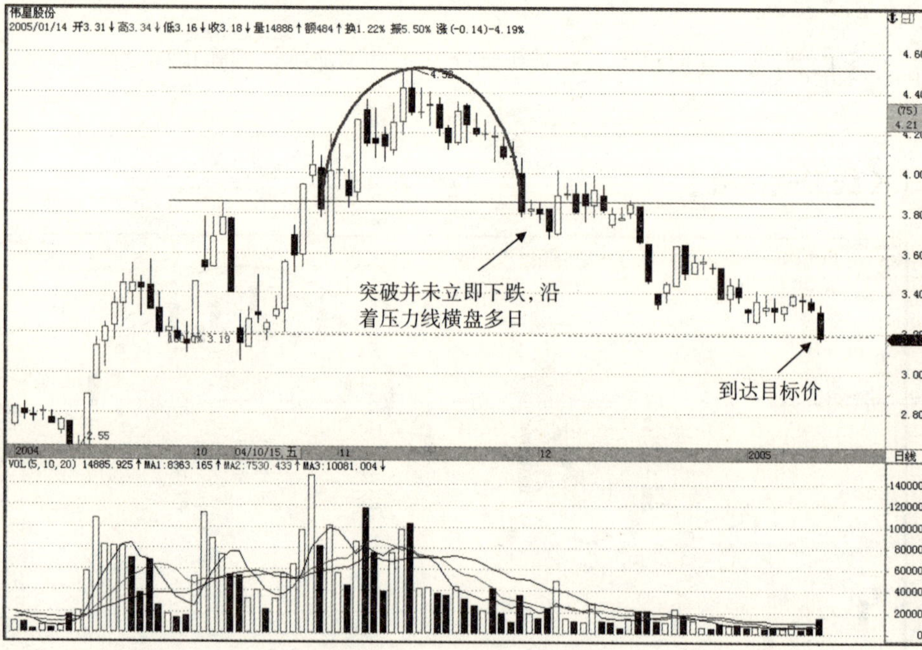

图 5–7 伟星股份 002003

看盘精要

圆弧顶形成后的 K 线走势解读：

（1）当圆弧顶构筑成功，我们首先计算第一目标价位，就是由最高点减颈线得到颈高，再用颈线减去颈高，即：颈高=4.52–3.86=0.66 元，第一目标价位=3.86–0.66=3.20 元。

（2）2005 年 1 月 14 日，股价没有悬念到达了第一目标价。

（3）在到达第一目标价后，投资者要观察是否获得支撑，如果没有，继续看空。

【K 线实战图谱】

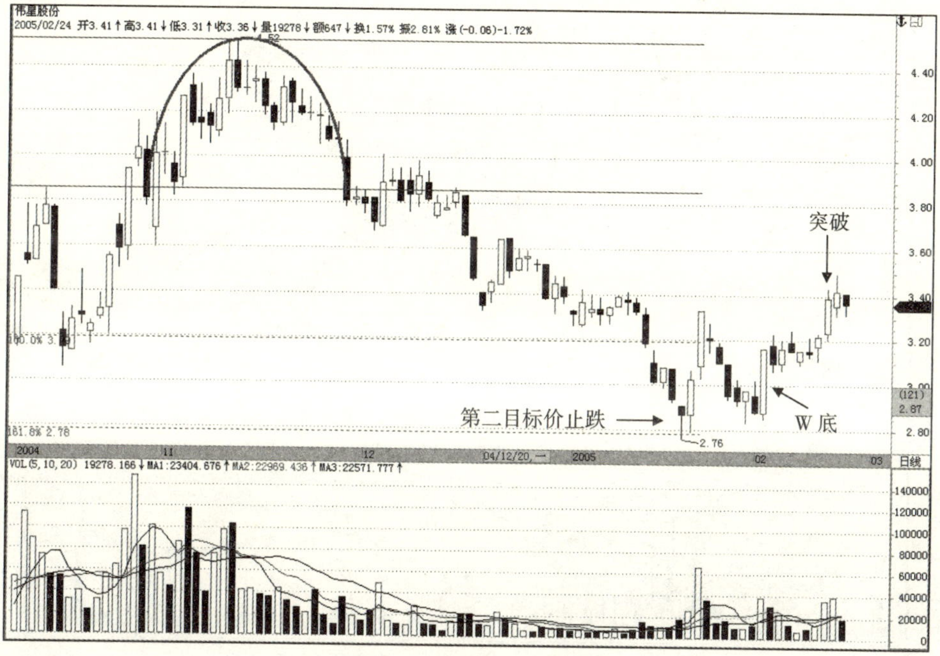

图 5-8　伟星股份　002003

看盘精要

圆弧顶形成后的 K 线走势解读：

（1）在到达第一目标价位后的次日，股价继续下挫，没有企稳迹象。

（2）计算颈高下跌的 1.618 位置为第二目标价，得价格为 3.86-0.66×1.618=2.79 元。

（3）股价迅速下跌至第二目标价位，并创出 2.76 元的新低，随后放量反弹，超短线技术高超的投资者可以实施抢反弹操作，但要求快进快出，而且风险较高。

（4）在第二目标价位稍显一定的支撑力，但仍然没有扭转下降趋势的迹象，稳健的投资者仍应以持币观望为主。

【K线实战图谱】

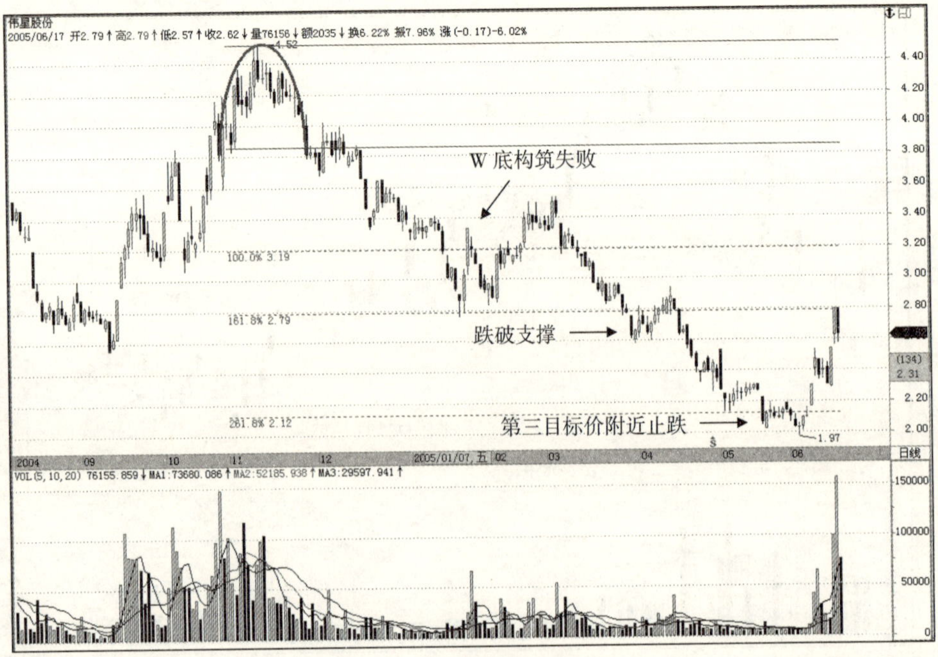

图 5-9 伟星股份 002003

看盘精要

圆弧顶形成后的 K 线走势解读:

（1）计算第三目标价位为 3.86–0.66×2.618=2.12 元。

（2）股价在跌至第三目标价位附近企稳，并随即放出巨量上涨，可初步判断低位有资金接盘，投资者做中线入场的准备。

（3）通过图 5-9，可全局了解圆弧顶形态后带来的跌幅，达到 49%。

（4）掌握圆弧顶形态的运用，可使投资者避免惨重的损失。

2. 圆弧顶形态应对技巧

↗ 实战解析：S*ST 兰光

【K 线实战图谱】

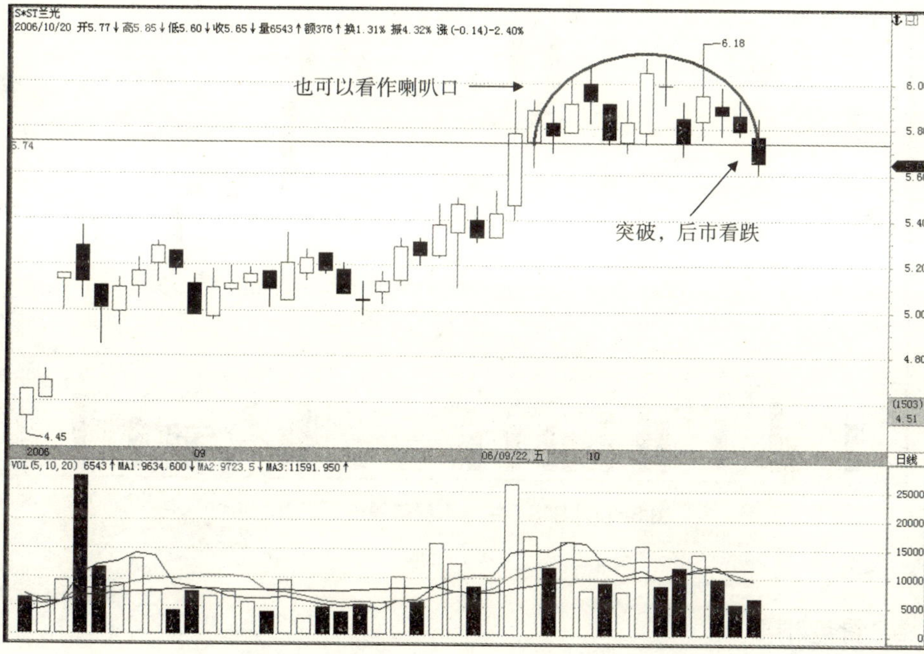

图 5–10　S*ST 兰光（银亿股份）　000981

看盘精要

圆弧顶形成时的 K 线走势分析：

（1）图 5–10 是 S*ST 兰光（现名“银亿股份”）2006 年 8 月 21 日至 2006 年 10 月 20 日的日线图。

（2）这两个月内，股价从 4.45 元上涨至 6.18 元，涨幅达到 39%。

（3）2006 年 10 月 20 日，股价跌破颈线，圆弧顶构筑成功。

（4）投资者实施清仓操作。

【K线实战图谱】

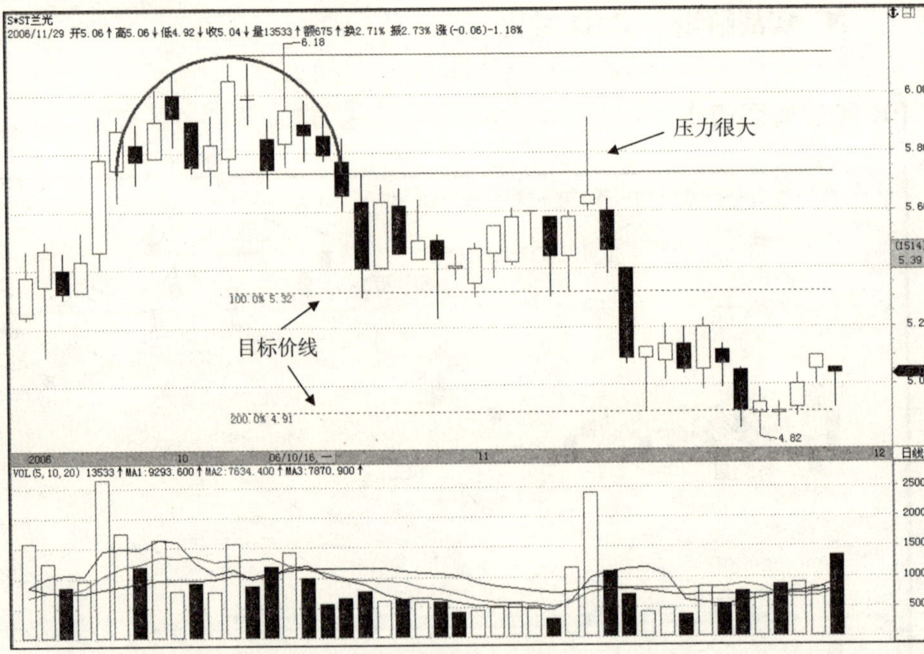

图 5-11　S*ST 兰光（银亿股份）　000981

看盘精要

圆弧顶形成后的K线走势解读：

（1）测量第一目标价为 5.32 元，第二目标价为 4.19 元。

（2）这是一个周期相对小一些的圆弧顶，颈高还不到颈线价的 10%。

（3）从图 5-11 也可以看到，由于第一目标价离颈线位置较小，一根 K 线的振幅与第一目标价到颈线的距离相当，但这并不影响我们对圆弧顶形态的判断。

（4）股价在到达第一目标价和第二目标价附近，都获得一点支撑，投资者在操作中也可据此获得一些参考。

【K 线实战图谱】

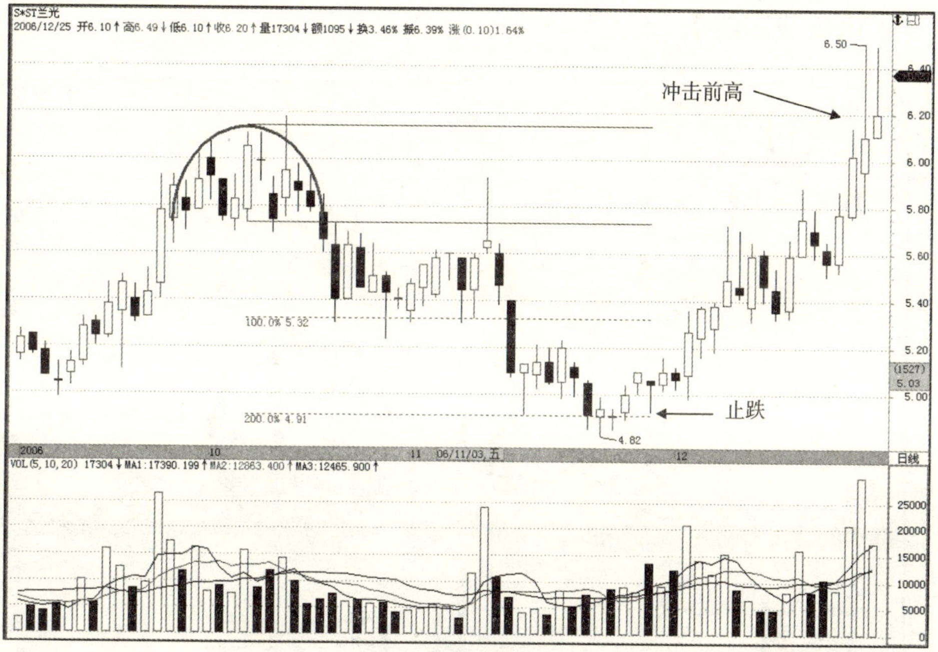

图 5-12　S*ST 兰光（银亿股份）　000981

看盘精要

圆弧顶形成后的 K 线走势解读：

（1）股价在到达第二目标价位后，随着成交量的温和放量，展开了一轮上升。

（2）由图 5-12 可见，构筑圆弧顶的周期越短，圆弧顶所产生的作用周期也越短，当然，幅度也越小。

（3）喜欢超短线操作的投资者，也可在小时图、30 分钟图、15 分钟图中寻找圆弧顶，圆弧顶形态构筑成功后，具有同样的形态预测效果。

↗ 实战解析：锡业股份

【K线实战图谱】

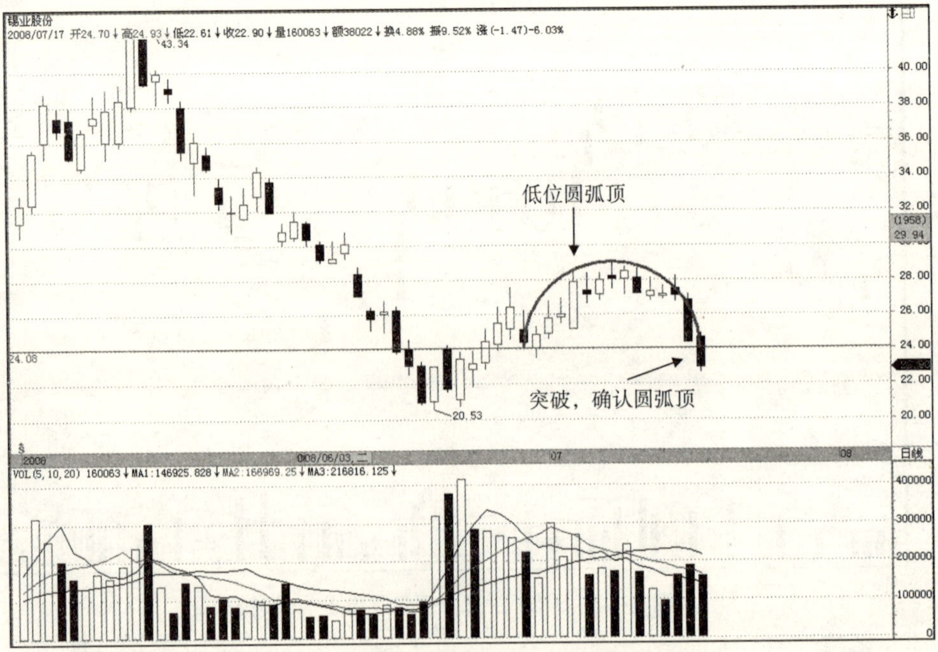

图 5-13 锡业股份 000960

◣ 看盘精要

圆弧顶形成时的 K 线走势分析：

（1）图 5-13 是锡业股份 2008 年 4 月 29 日至 2008 年 7 月 18 日的日线图。

（2）2008 年 7 月 18 日，股价有效跌破颈线，至此，确认圆弧顶形态构筑成功。

（3）我们可以看出，圆弧顶不一定发生在长期上涨趋势的顶部，它也会出现在下降趋势的中部。

（4）维持同样的操作策略，破颈线后持股者清仓，持币者继续持币。

【K 线实战图谱】

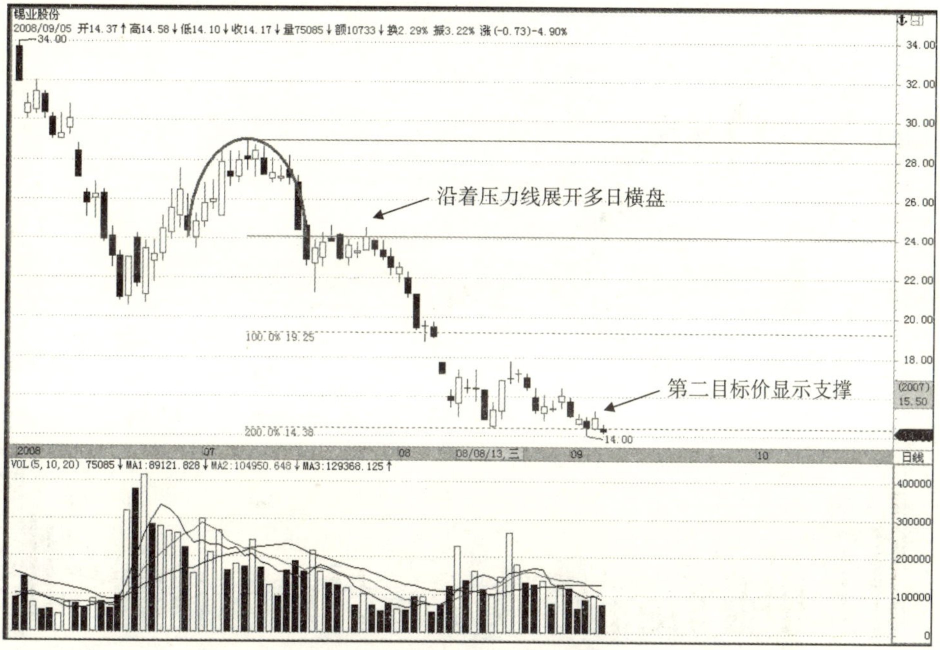

图 5–14　锡业股份　000960

看盘精要

圆弧顶形成后的 K 线走势分析：

（1）根据圆弧顶测量目标价位：第一目标价为 19.25 元，第二目标价为 14.38 元。

（2）从图 5–14 可以看出，在股价到达第一目标价位和第二目标价位处，都会有或短或长的停留，这都是投资者应重点关注的价位。

（3）如果在目标价位处有企稳反弹的行情，超短线投资者可以轻仓参与，但需警惕，风险很高。

【K线实战图谱】

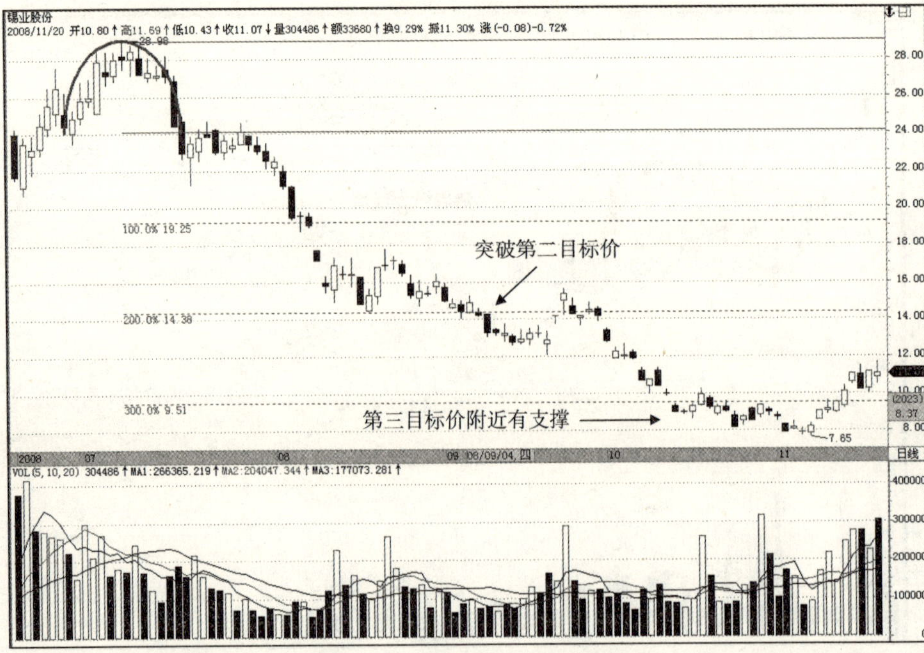

图 5-15 锡业股份 000960

看盘精要

圆弧顶形成后的 K 线走势解读：

（1）股价跌破第二目标价后，继续跌势，计算第三目标价为 9.51 元。

（2）股价一路下跌，最终创下 7.65 元的历史低点。

（3）从圆弧顶构筑成功到创下历史低点，最终跌幅达到了 68%。

【K 线实战图谱】

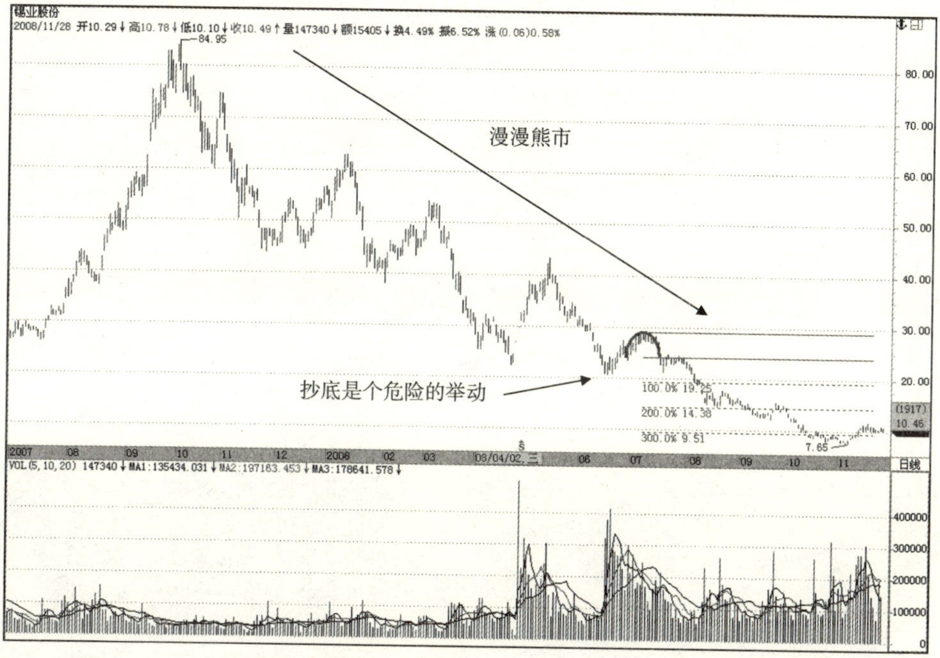

图 5–16　锡业股份　000960

看盘精要

圆弧顶形成后的 K 线走势解读：

（1）图 5–16 是锡业股份 2007 年 6 月 29 日至 2008 年 11 月 28 日的走势图，帮助我们从大局上了解圆弧顶形态。

（2）股价先从一轮大牛市涨至 84.95 元的高位，而后一路下跌，至最低点 7.65 元，经历了漫长的熊市。

（3）圆弧顶形态出现的时候，正处在漫漫熊市之中，它的出现给在熊市里做多的投资者一个警醒：熊市仍未到头，跌势仍将延续。

第6章

圆弧底形态操练

第一节　圆弧底形态的识别

1. 圆弧底的图形特征

【K 线实战图谱】

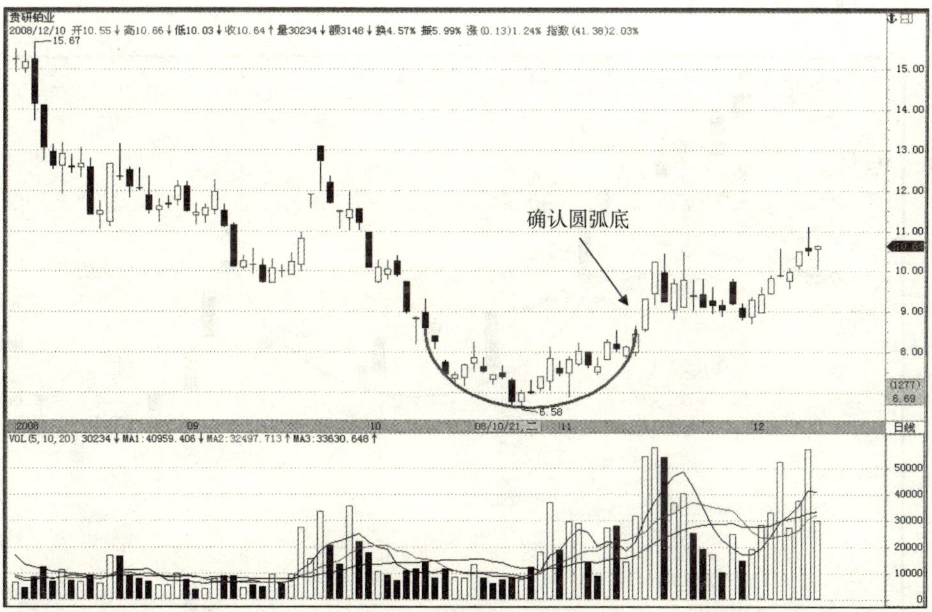

图 6-1　贵研铂业　600459

看盘精要

圆弧底形态的 K 线走势分析：

（1）从图 6-1 可以看出，圆弧底形态中股价呈弧形下降，虽然底部不断下降，但每次都是微跌即回升，出现新低点后股价呈弧形上升，回升点略高于前点，把短期低点相连接，就可形成一个圆弧底状。

（2）圆弧底形态形成的原理：空方在维持一段股价或指数的跌势之后，力量逐步趋弱，难以维持原来的做空力量，使跌势缓和，而多方力量却有所加强，导致双方力量均衡，此时股价保持平台整理的静止状态。一旦多方力量超过空方，股价开始回升，起初只是慢慢改变，升势不明显，但后来多方完全控制市场，升势转猛，表明一轮涨势已经来临。

2. 圆弧底形态的确认

【K线实战图谱】

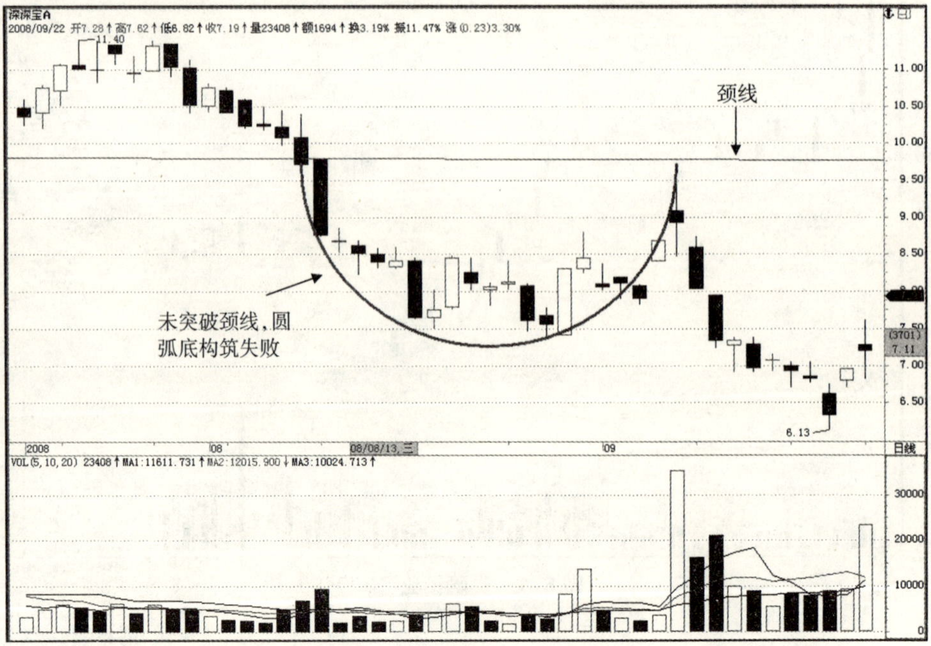

图6-2 深深宝A 000019

看盘精要

圆弧底形态的 K 线走势分析：

（1）圆弧底确认的关键在于颈线的突破。所谓颈线，是指圆弧两端的连线。

（2）如果颈线没有被突破，即使 K 线形态看起来类似圆弧底，也不是圆弧底形态。如图 6–2，圆弧底形态构筑失败。

（3）如果颈线被突破，即可确认圆弧底形态。但是，实际行情走势中，颈线被突破后经常还有个回抽确认的过程。如果回抽后，股价继续呈上升的趋势，同样意味圆弧底形态成立。反之，则为假突破。

3. 圆弧底形态重点提示

【K 线实战图谱】

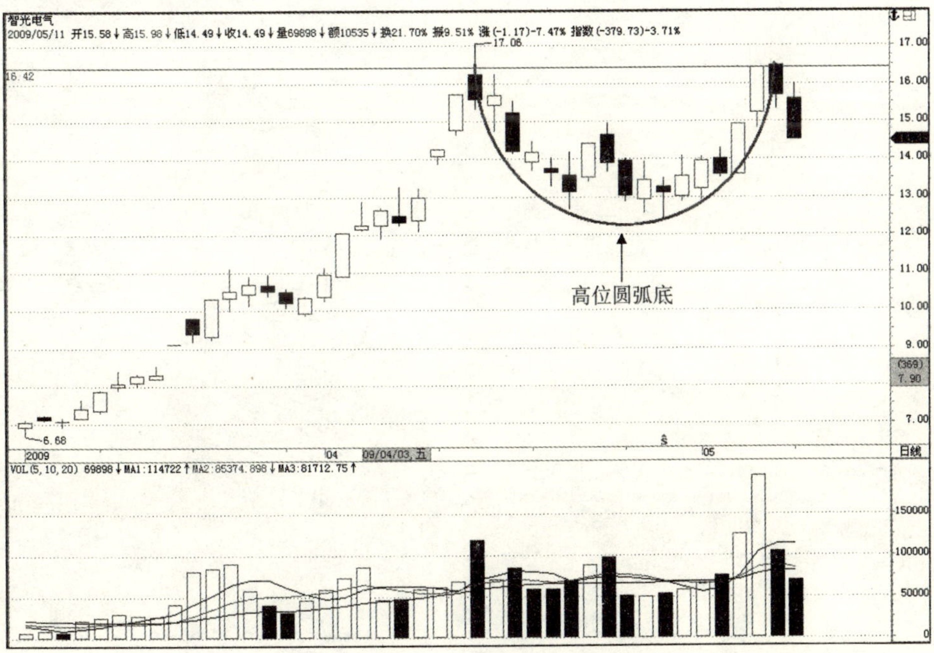

图 6–3　智光电气　002169

◣ 看盘精要

圆弧底形态的K线走势分析：

（1）圆弧底是重要的反转形态。

（2）圆弧底通常出现在低位。如果圆弧底形态出现在高位，就不能按照反转形态进行操作。如图6-3，圆弧底形态出现在高位，而且股价没有突破颈线，因此不能作为反转形态进行操作。

（3）圆弧底形态之前，股价下跌的幅度越大，其相应的上涨幅度也会越大。

（4）圆弧底形态的两个高点应该有一定的时间间隔。通常而言，时间间隔越大，有效性越高。

（5）圆弧底形态的上升空间不像前面提到的形态那样有规律，但其上升幅度要更深。

4. 圆弧底形态实战意义

【K 线实战图谱】

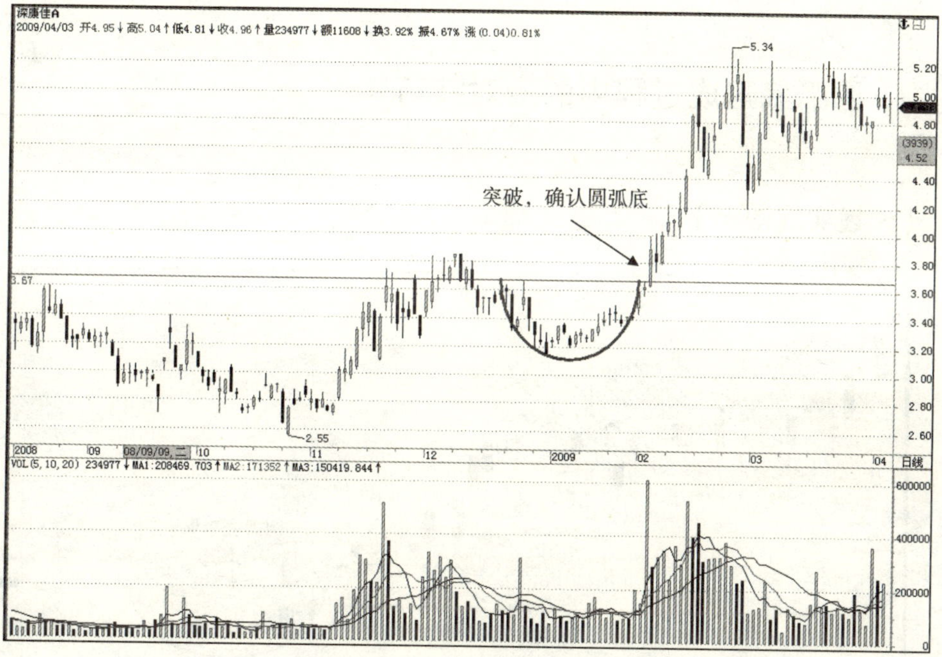

图 6–4　深康佳 A　000016

看盘精要

圆弧底形态的 K 线走势分析：

（1）当股价正式突破颈线压力，轻仓者加仓，空仓者进仓。所谓正式向上突破颈线压力，是指股票的收盘价在颈线之上。

（2）如果只是上影线刺穿颈线，不算突破颈线，继续观察。

（3）在颈线没有被突破之前，不可先入为主将其断定为圆弧底，盲目做多。潜在的圆弧底形态，也可能会演化成 W 底和旗形形态。

（4）在颈线被突破之前，颈线属于压力线。在颈线被突破之后，颈线由压力线转变为支撑线。

第二节 圆弧底形态实战操练

1. 圆弧底形成过程中的应对技巧

【K线实战图谱】

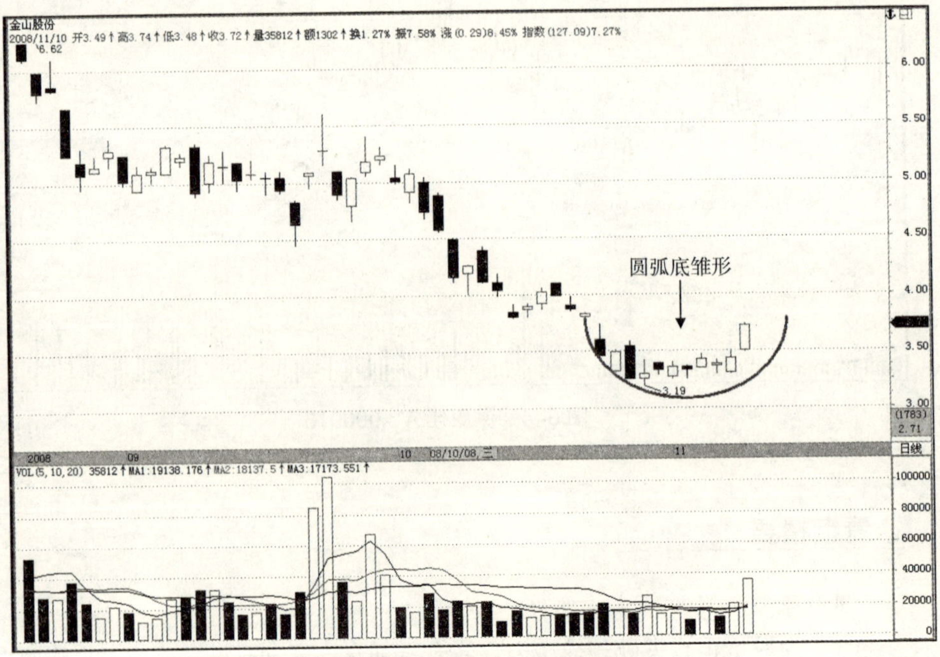

图 6-5 金山股份 600396

看盘精要

圆弧底形成中的K线走势分析：

（1）图6-5是金山股份2008年8月21日至2008年11月10日的日线图。

（2）从 2007 年 9 月 20 日开始，该股票走在熊市当中，股价从 23.05 元下跌至 3.19 元，跌幅达到 86%。

（3）此时，股价已经走出圆弧底的雏形，有经验的技术派投资者可能会开始实施进仓。

（4）当然，在股价没有突破颈线之前，并不能确认圆弧底构筑成功。

【K 线实战图谱】

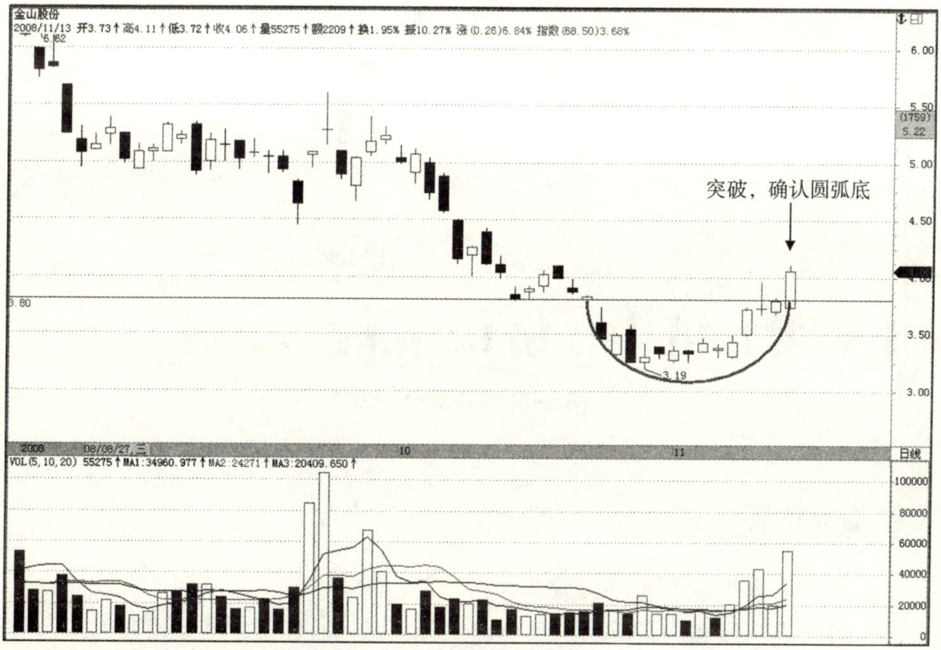

图 6–6　金山股份　600396

看盘精要

圆弧底形成时的 K 线走势分析：

（1）时间来到了 2008 年 11 月 13 日，股价以一根中阳 K 线有效突破颈线。

（2）至此，圆弧底形态构筑成功。

（3）无论在之前有无入仓的投资者，此时都应果断进场。

【K线实战图谱】

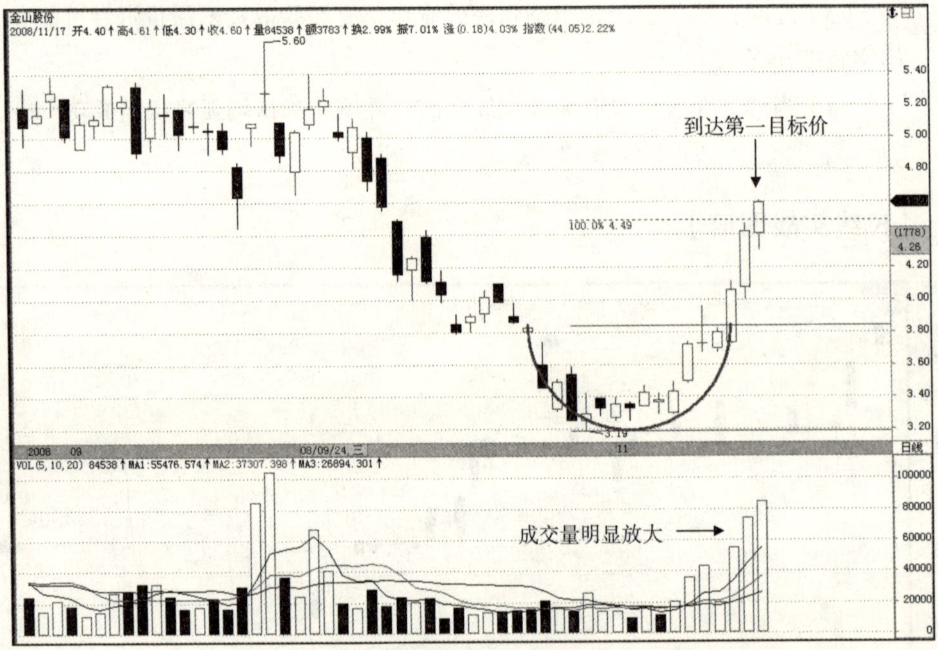

图 6–7　金山股份　600396

看盘精要

圆弧底形成后的 K 线走势解读：

（1）当圆弧底构筑成功，我们首先计算第一目标价，就是由颈线减最低点得到颈高，再用颈线加上颈高，即颈高=3.84–3.19=0.65 元，第一目标价=3.84+0.65=4.49 元。

（2）只两天的时间，股价就到达了第一目标价。

（3）在到达第一目标价后，投资者要观察是否存在压力，如果没有，继续看多。

【K 线实战图谱】

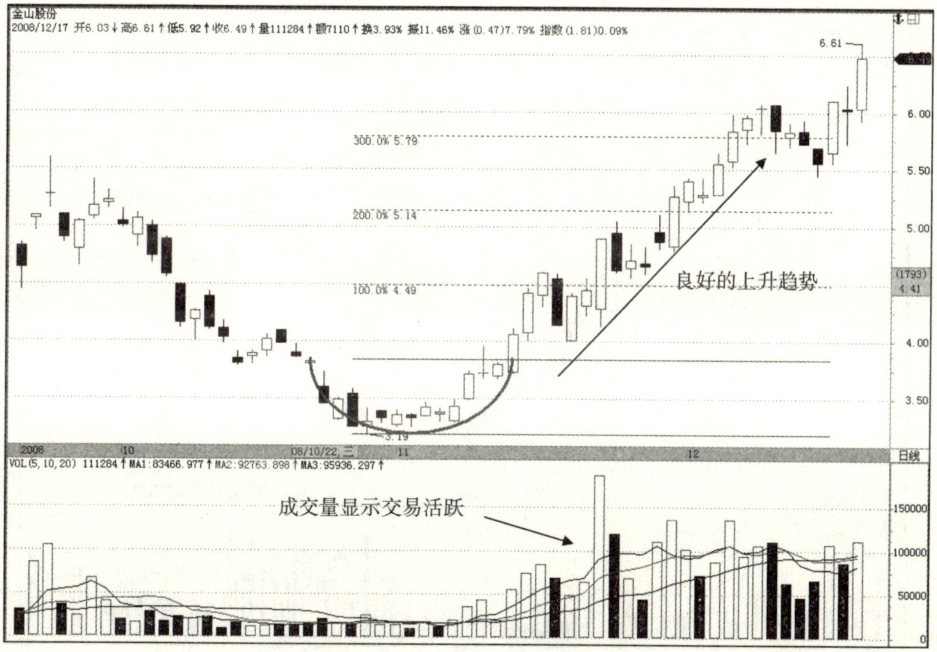

图 6-8　金山股份　600396

◣看盘精要

圆弧底形成后的 K 线走势解读：

（1）在到达第一目标价后的次日，股价回调。然后，随即再次上涨，两天的时间过去，股价再次站上第一目标价位。

（2）计算第二目标价为 4.49+0.65=5.14 元，第三目标价为 5.14+0.65=5.79 元。

（3）股价上涨至第二目标价后，径直向第三目标价上冲。

（4）在第一目标价位处显示了一定的支撑力，如果前期踏空的投资者，可在此处进仓。

【K 线实战图谱】

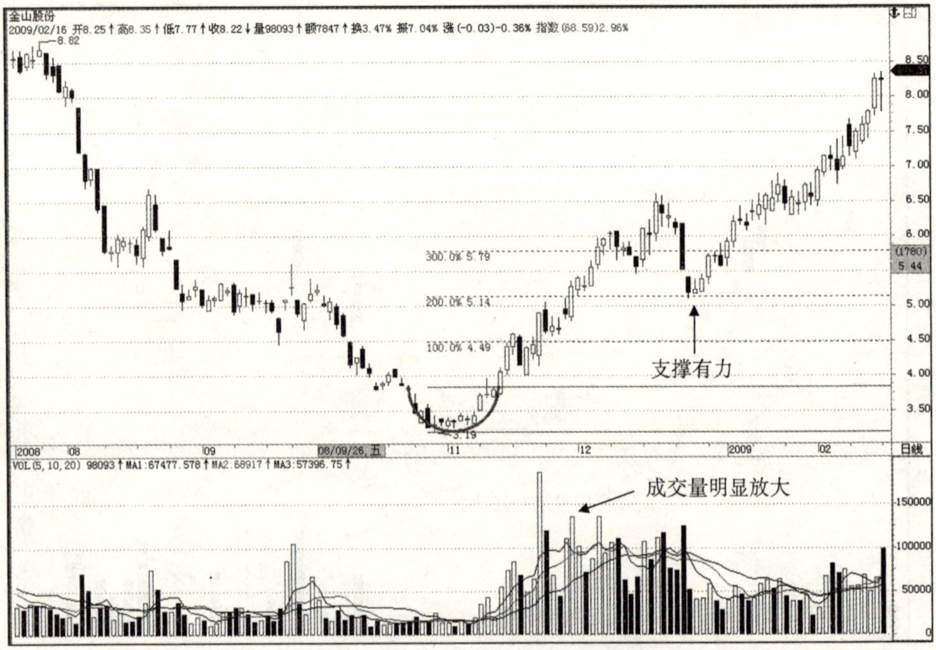

图 6-9 金山股份 600396

看盘精要

圆弧底形成后的 K 线走势解读：

（1）股价在到达第三目标价位处后稍作回调，回调至第二目标价位后再次展开了一波大行情。

（2）通过图 6-9，可全局了解圆弧底形态带来的可观行情。至 2009 年 5 月时，股价最高涨至 9.89 元，涨幅达到 158%。

（3）掌握圆弧底形态的运用，可给投资者带来非常可观的投资收入。

2. 圆弧底形态应对技巧

↗ 实战解析：一汽夏利

【K 线实战图谱】

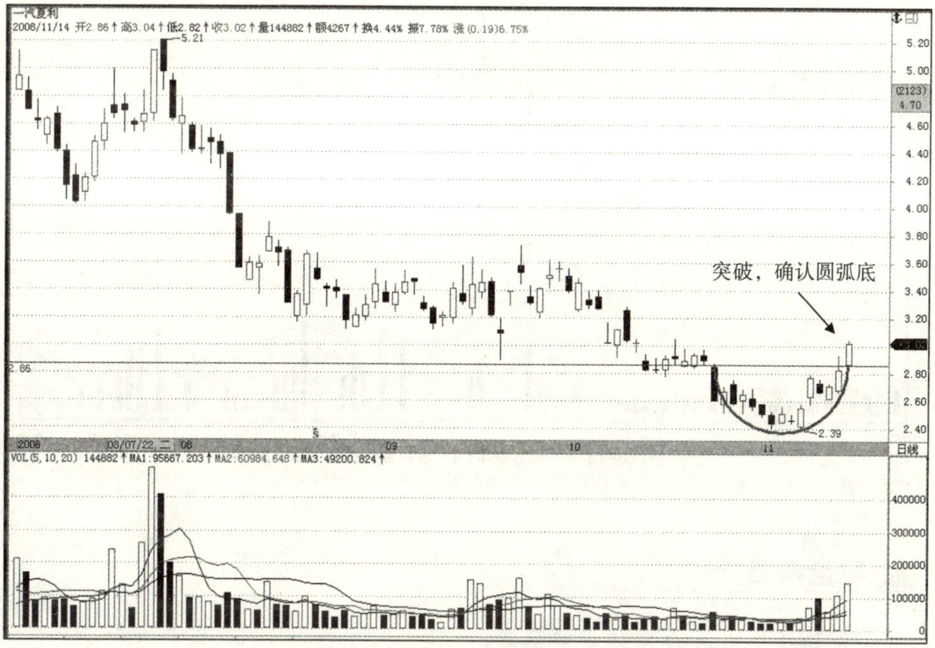

图 6–10　一汽夏利（*ST 夏利）　000927

看盘精要

圆弧底形成时的 K 线走势分析：

（1）图 6–10 是一汽夏利（现名“*ST 夏利”）2008 年 7 月 9 日至 2008 年 11 月 16 日的日线图。

（2）在过去的一年间，股价从 17.62 元跌至 2.39 元，跌幅达到 86%。

（3）2008 年 11 月 16 日，股价突破颈线，圆弧底构筑成功。

（4）投资者实施入市操作。

【K线实战图谱】

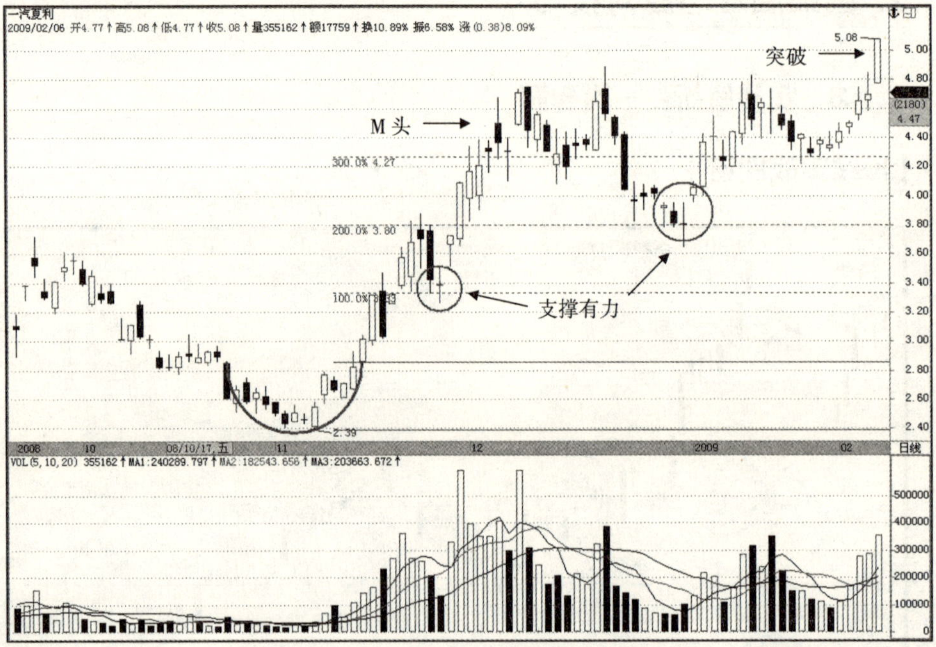

图 6-11　一汽夏利（*ST 夏利）　000927

看盘精要

圆弧底形成后的 K 线走势解读：

（1）测量第一目标价为 3.33 元，第二目标价为 3.80 元，第三目标价为 4.27 元。

（2）从图 6-11 可以看到，股价很快上升到第三目标价，之后回落到第二目标价处获得支撑，随后又展开升势。

（3）前期踏空的投资者可在图中圆圈的位置介入。

【K 线实战图谱】

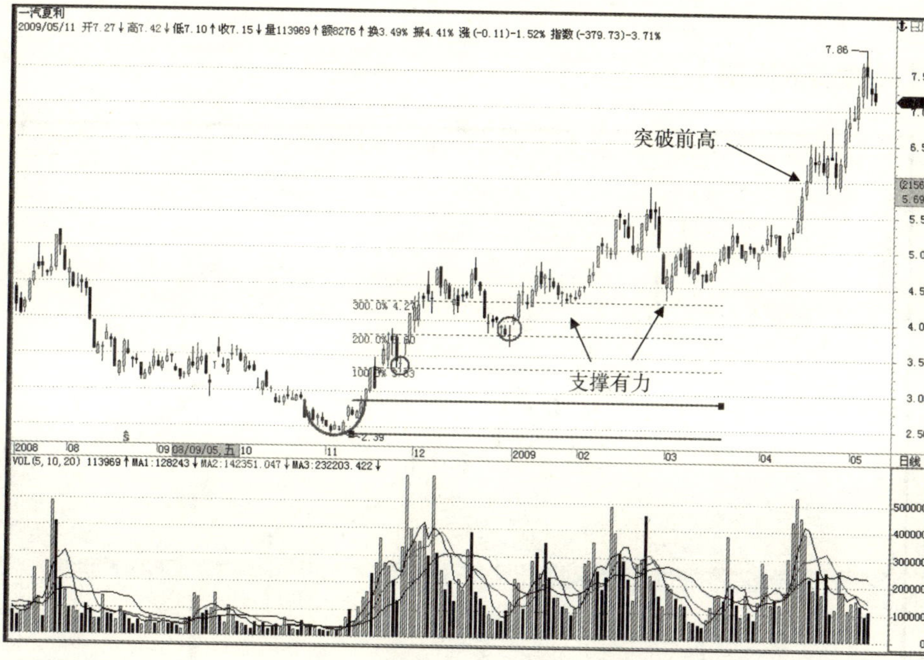

图 6-12　一汽夏利（*ST 夏利）　000927

看盘精要

圆弧底形成后的 K 线走势解读：

（1）从图 6-12 可见，股价在第三目标价位处反复整固，随后展开了一波更为凌厉的上涨。

（2）到 2009 年 5 月，股价最高涨至 7.86 元，涨幅达到 176%。

（3）在一段良好的上升趋势中，坚定持股才是最后的赢家。

↗ 实战解析：安源股份

【K线实战图谱】

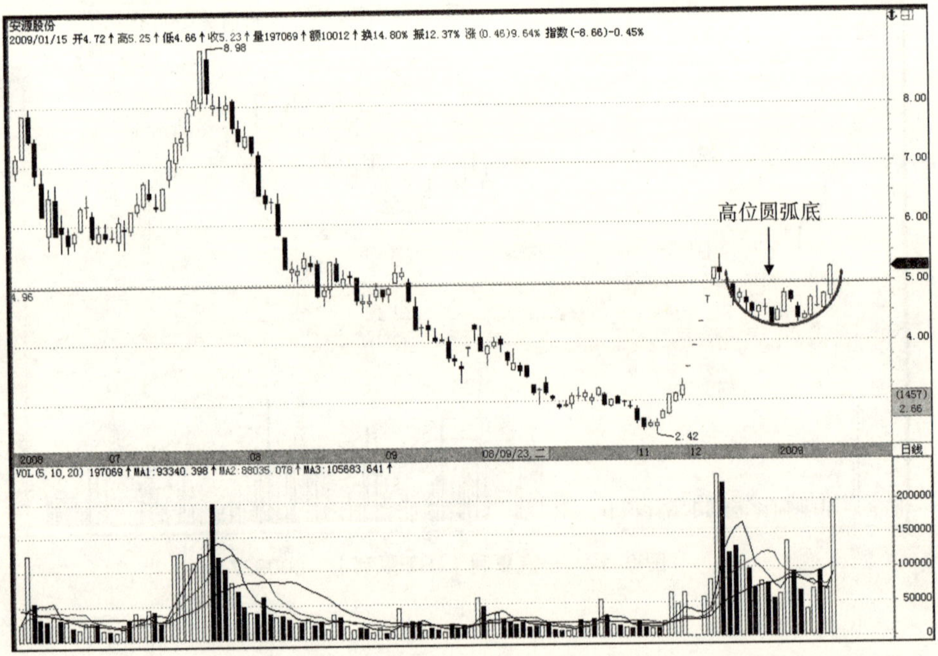

图 6–13　安源股份（安源煤业）　600397

◣ 看盘精要

圆弧底形成时的K线走势分析：

（1）图 6–13 是安源股份（现名“安源煤业”）2008 年 6 月 11 日至 2009 年 1 月 15 日的日线图。

（2）2008 年 1 月 15 日，股价有效突破颈线，至此，确认圆弧底形态构筑成功。

（3）然而，圆弧底出现在一波凌厉上攻之后，投资者要警惕失败的圆弧底。

（4）稳健者的投资者也可等股价回抽颈线后再进仓。

【K 线实战图谱】

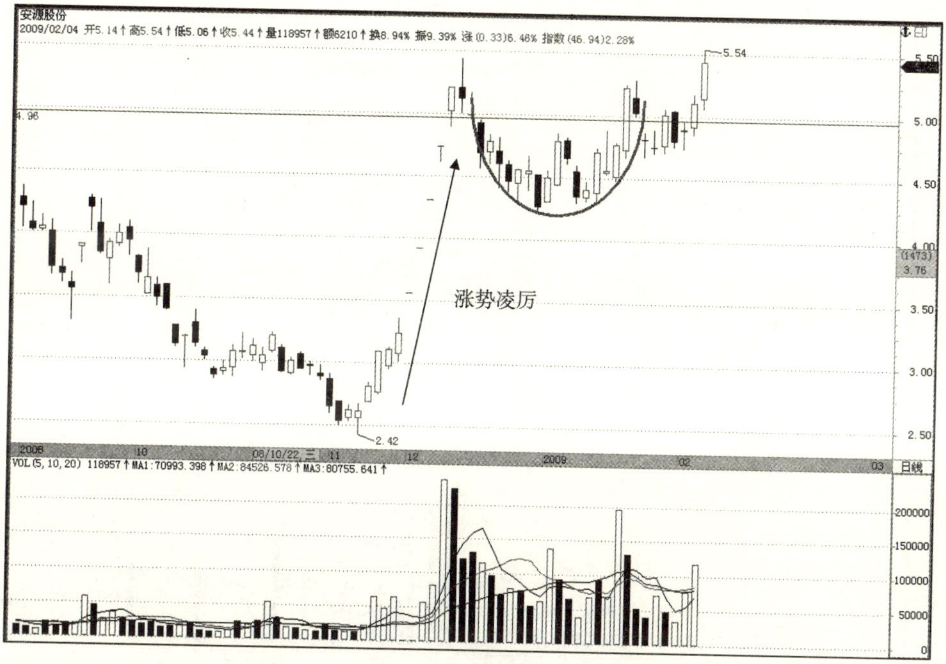

图 6-14　安源股份（安源煤业）　600397

看盘精要

圆弧底形成后的 K 线走势解读：

（1）时间来到 2009 年 2 月 4 日，股价完成对颈线的回抽后再次上攻。

（2）投资者此处可轻仓介入。

（3）由于这个圆弧底是在一波凌厉上涨之后构成的，整体操作应以谨慎和稳健为主。

【K线实战图谱】

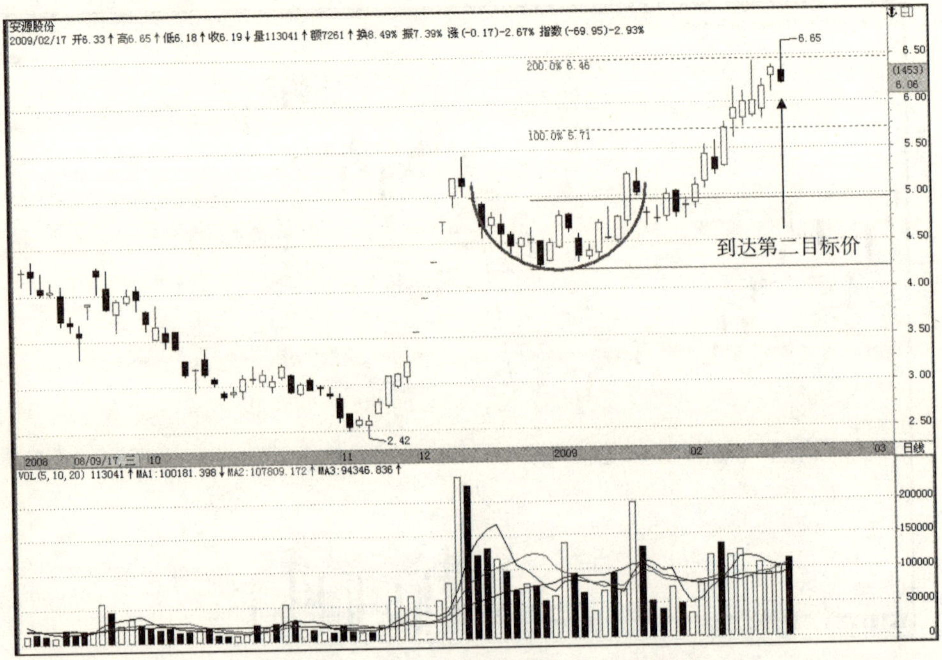

图 6–15　安源股份（安源煤业）　600397

看盘精要

圆弧底形成后的 K 线走势解读：

（1）根据圆弧底计算目标价，第一目标价为 5.71 元，第二目标价为 6.46 元。

（2）当时间来到 2009 年 2 月 17 日（见图 6–15 中的最后一天），股价以一根长上影的中阴 K 线突破第二目标价后回落，显示了第二目标价附近的压力。

（3）投资者可在此时减仓，毕竟对于这个圆弧底，操作原则就是谨慎持有。

【K 线实战图谱】

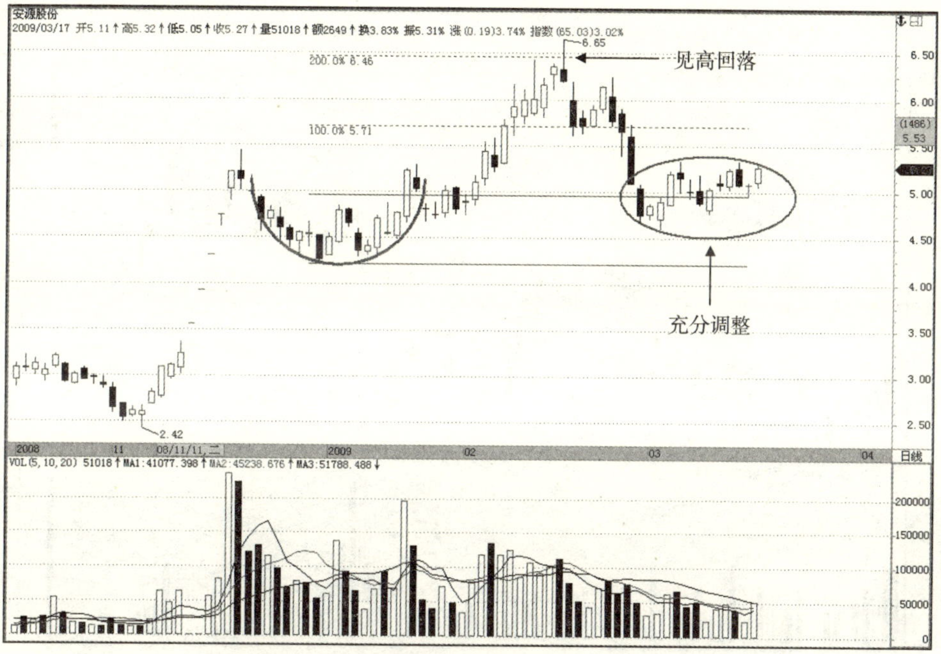

图 6–16　安源股份（安源煤业）　600397

看盘精要

圆弧底形成后的 K 线走势解读：

（1）股价随即跌落，在跌至第一目标价时，稍有抵抗，然而抵抗的力量太小，成交量也小，股价随后延续跌势。

（2）股价跌回至颈线处，展开为期半个月的缩量调整，见图 6–16 中的椭圆处。

（3）投资者可以做好回补在第二目标处卖出的头寸的准备。在实际操作中，部分投资者会在这一段调整中找个低位进去，而部分投资者在股价还没有确认调整结束时不会入场的，这要根据每个投资者自己的操作风格而定。

【K线实战图谱】

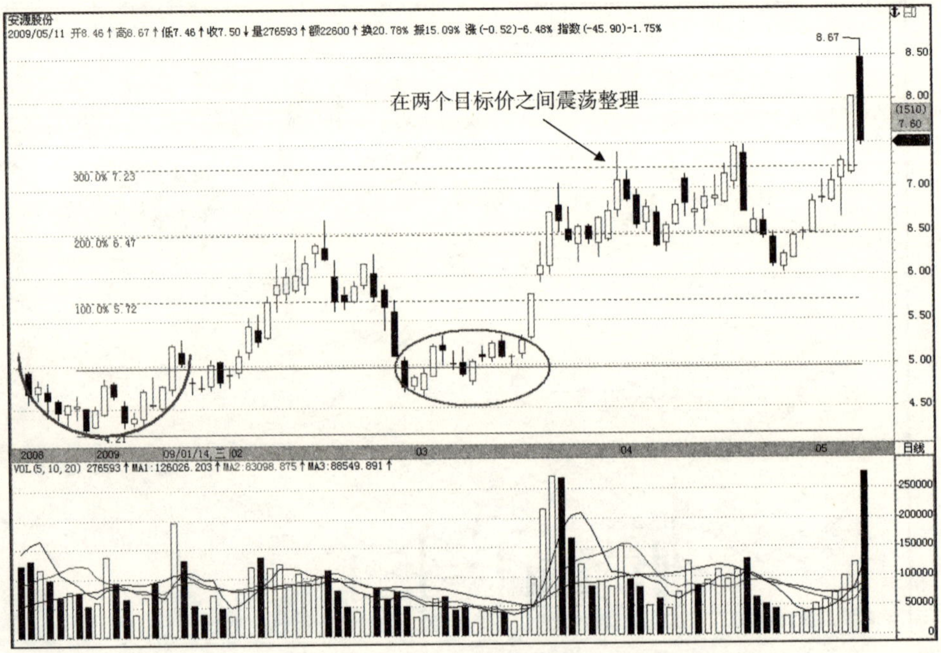

图 6–17　安源股份（安源煤业）　600397

看盘精要

圆弧底形成后的K线走势解读：

（1）在颈线处整固了半月之久后，股价开始放量上攻，很快就又突破了第二目标价。

（2）之后，股价在第二目标价和第三目标价的区间内振荡，在这种振荡市中，操作的难度会加大。

（3）一般的投资者在这些行情中很难做到高抛低吸，而持股不动又要忍受上下波动的煎熬，可以说这一段行情参与的价值并不是很大。

【K 线实战图谱】

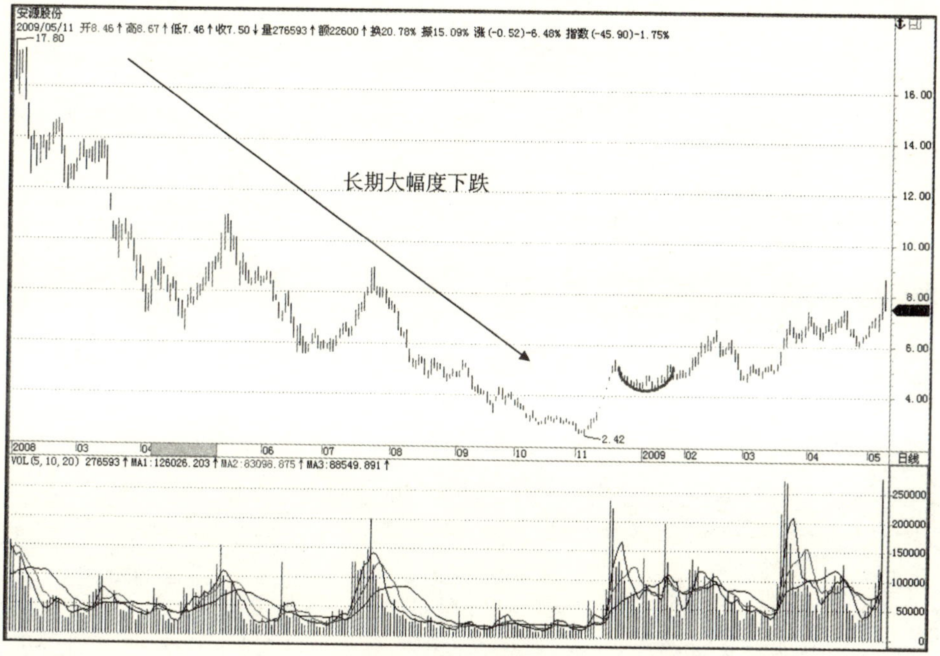

图 6–18　安源股份（安源煤业）　600397

看盘精要

圆弧底形成后的 K 线走势解读：

（1）图 6–18 是安源股份（现名“安源煤业”）从 2008 年初至 2009 年 5 月 11 日的日线图，可以帮助我们从股价的长期走势中了解圆弧底所处的位置和所发生的作用。

（2）如果把握得好，就算在圆弧底后面震荡的行情不参与，也可获得两次从颈线到第二目标价的获利机会。

（3）这个例子也告诉投资者，圆弧底并不一定发生在长期趋势的底部，它也可以发生在震荡市和上升趋势的途中，但在处理这种情况时，要比圆弧底出现在底部时更小心谨慎。

第7章 上升三角形形态操练

第一节　上升三角形形态的识别

1. 上升三角形的图形特征

【K 线实战图谱】

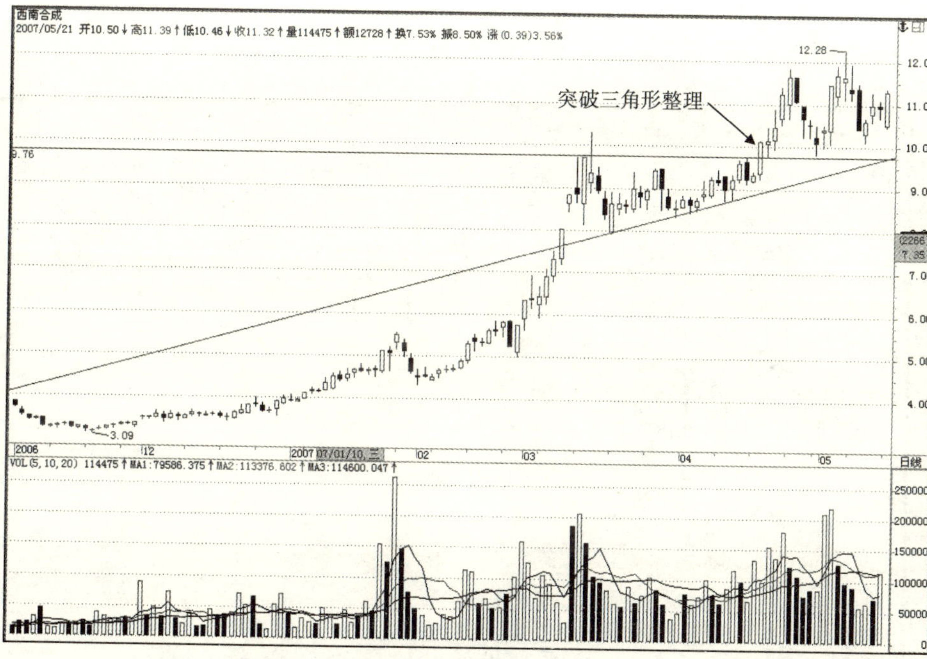

图 7–1　西南合成（北大医药）　000788

看盘精要

上升三角形形态的 K 线走势分析：

（1）上升三角形形态形成的原理：股价上涨一段之后，在某个价位上遇阻回落，但逢低吸纳的资金也很多，因此股价下跌一定幅度之后很快站稳，并再次上攻。在上攻到上次顶点的时候，同样遇到抛压，但是，比起第一次来这种抛压小了一些，股价只是稍作回落，回落点比上次回落的要高，然后再次上攻，终于消化掉上方的抛盘，最终延续升势。

（2）如果把每次短期波动的高点和低点分别用直线连起来，就形成了一个向上倾斜的直角三角形，如图 7-1 所示，这就是上升三角形。

（3）上升三角形后市向上突破的概率很大。

2. 上升三角形形态的确认

【K 线实战图谱】

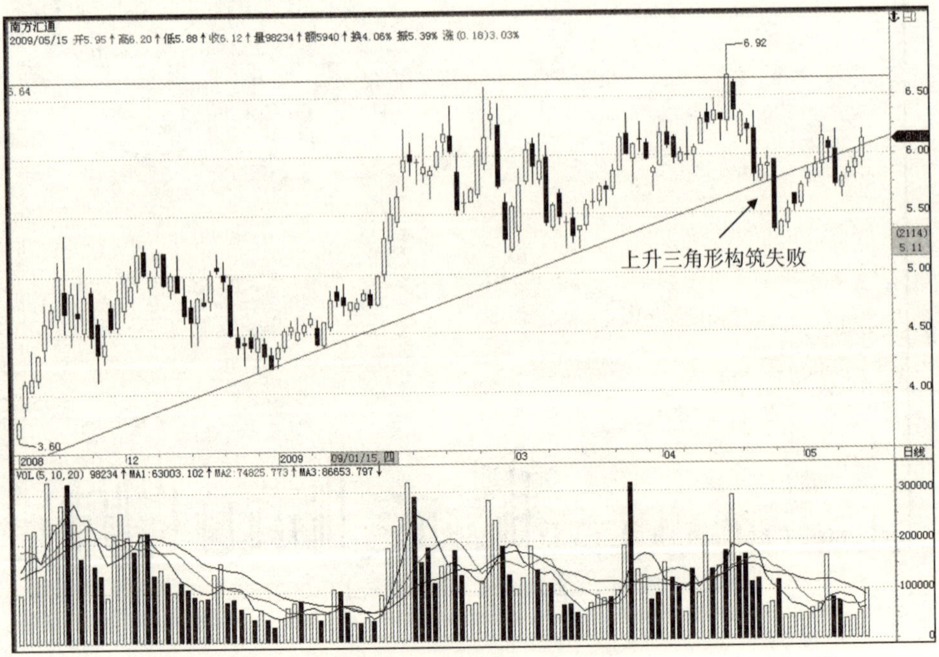

图 7-2 南方汇通 000920

看盘精要

上升三角形形态的 K 线走势分析：

（1）上升三角形确认的关键在于压力线的有效突破。这里的压力线，是指上升三角形内多个高点连接的横线。

（2）如果压力线没有被有效突破，即使 K 线形态看着类似上升三角形，也不是上升三角形形态，如图 7-2。上升三角形形态构筑失败，最后可能会形成矩形。

（3）如果压力线被有效突破后，即可确认上升三角形形态。但是，实际行情走势中，压力线被突破后经常还有个回抽确认的过程。如果回抽后，股价继续上升的趋势，意味上升三角形形态成立。反之，则为假突破。

3. 上升三角形形态重点提示

【K 线实战图谱】

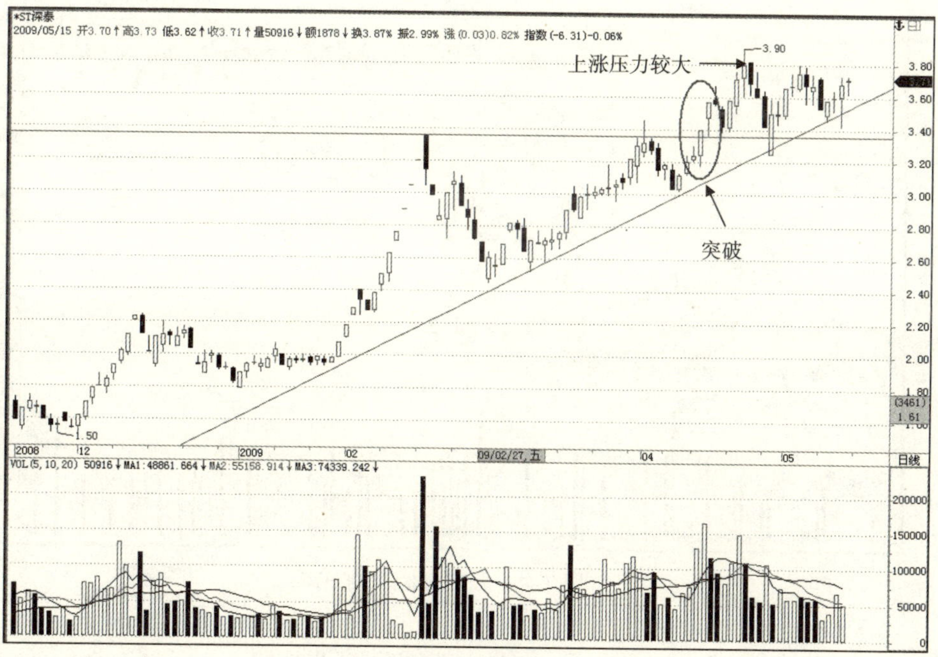

图 7-3　*ST 深泰（深信泰丰）　000034

看盘精要

上升三角形形态的K线走势分析：

（1）上升三角形是重要的整理形态，暗示有突破的可能。

（2）上升三角形一般处在股价的上升途中。

（3）判断上升三角形还要配合量的分析，在其形成过程中，成交量会逐渐萎缩，上升时量增，下降时量稍减。但是向上突破的时候一定要有较大的成交量，无量突破一般是假突破，不要贸然介入。

4. 上升三角形形态实战意义

【K线实战图谱】

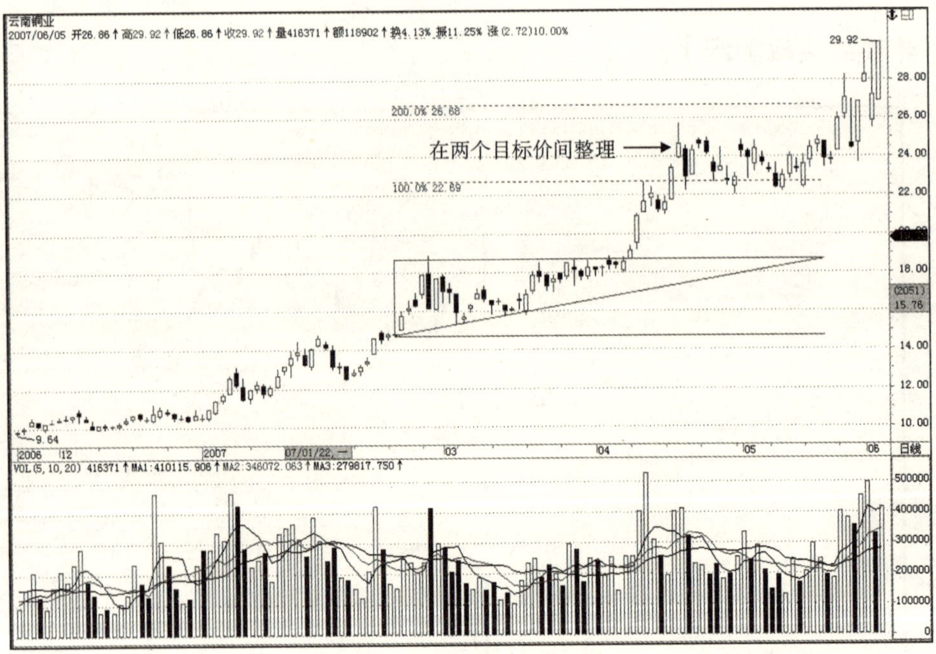

图7-4 云南铜业 000878

看盘精要

上升三角形形态的 K 线走势分析：

（1）当股价正式突破压力线时，持币者入场，持股者继续持股。所谓正式突破压力线，是指股票的收盘价在压力线之上。

（2）如果只是上影线刺穿压力线，不算突破压力线，继续观察。

（3）在压力线没有被突破之前，不可先入为主将其断定为上升三角形，盲目做多。潜在的上升三角形形态，也可能会演化成矩形或其他形态。

（4）上升三角形形态一旦得到确认，就可以用它对后市进行测算。上升三角形形态突破后的涨幅常是三角形短边的高的 1～3 倍，参见图 7～4。所谓三角形的短边的高，是指三角形最高点与最低点之间的垂直距离。

第二节　上升三角形形态实战操练

1. 上升三角形形成过程中的应对技巧

【K线实战图谱】

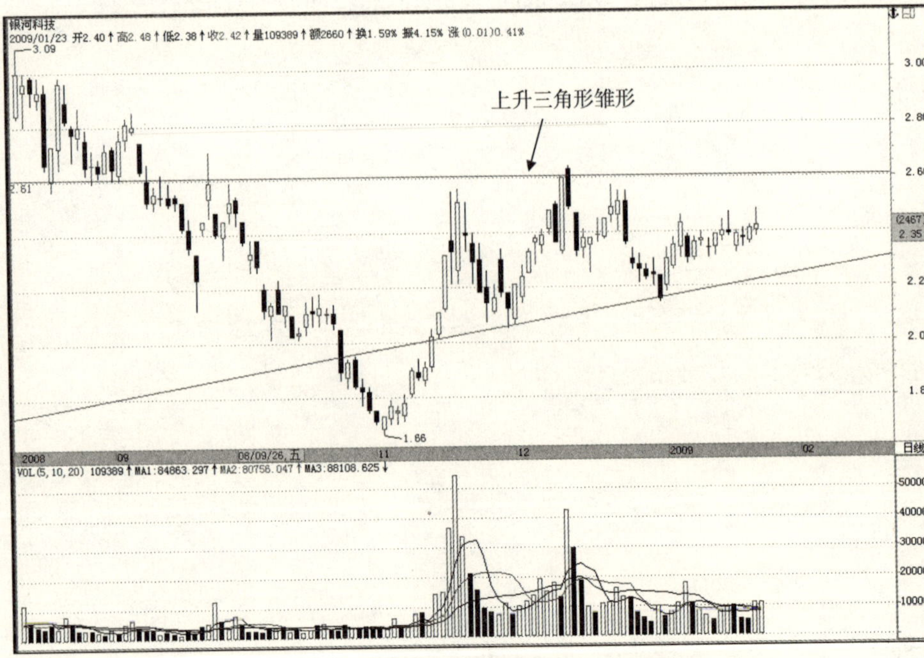

图 7–5　银河科技（银河生物）　000806

看盘精要

上升三角形形成中的K线走势分析：

（1）图 7–5 是银河科技（现名“银河生物”）2008 年 8 月 11 日至 2009 年 2

月 1 日的日线图。

（2）伴着成交量的迅速放大，股价从 1.66 元的历史低点迅速上升到 2.56 元，随即展开回调，在回调至 2.12 元处，又开始上攻，到前期高点处再次回落，于是形成了在一个区域内反复整理的态势。

（3）从图中可以看出，股价呈现出三角形雏形形态。

（4）在这一区间里，中长线持股者继续持股，短线持股者逢高减仓，逢低加仓。持币者观望，等待三角形突破。

【K 线实战图谱】

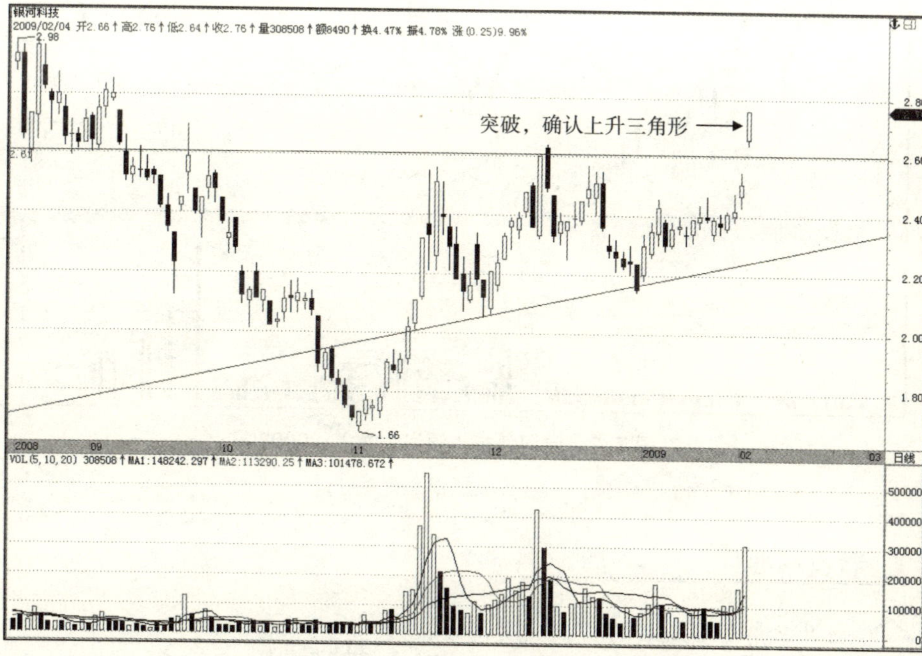

图 7-6　银河科技（银河生物）　000806

看盘精要

上升三角形形成时的 K 线走势分析：

（1）2009 年 2 月 4 日，股价放量跳空突破三角形压力线，确认三角形突破成功。

（2）此时持币者进仓，持股者加仓。当然，实际走势中常有个回抽的过程，稳健的投资者也可等待回抽的机会，但也要承受踏空的风险。

【K线实战图谱】

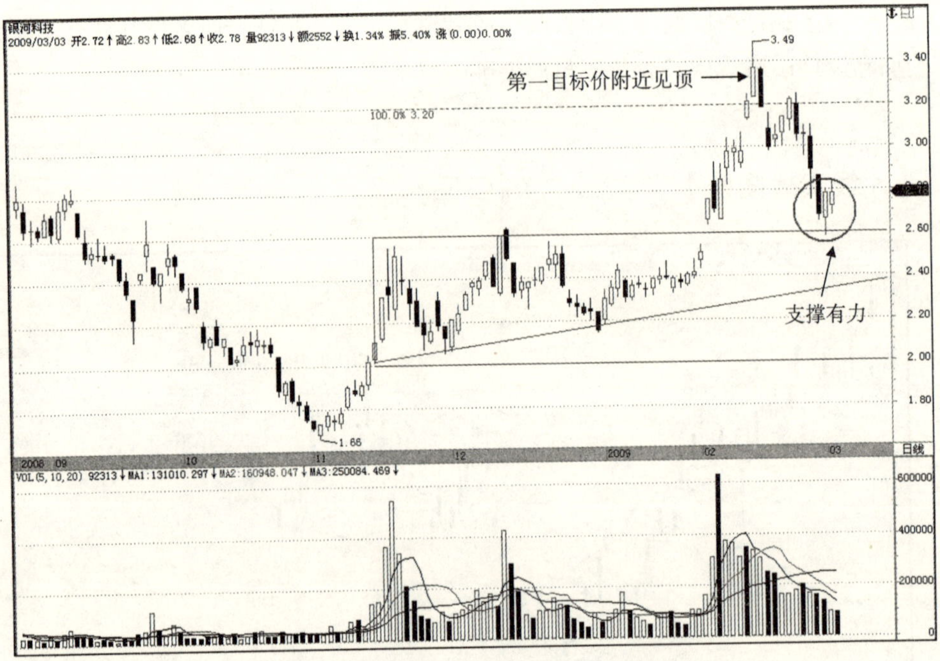

图 7–7 银河科技（银河生物） 000806

看盘精要

上升三角形形成后的K线走势解读：

（1）测量第一目标价为3.20元，第二目标价为3.80元。

（2）股价很快上升到第一目标价位处，随即快速回抽三角形压力线，见图7–7中的圆圈内。

（3）稳健的投资者可于此处进仓，中短线投资者应于第一目标价位附近减仓，回抽压力线位置时再加仓。

【K 线实战图谱】

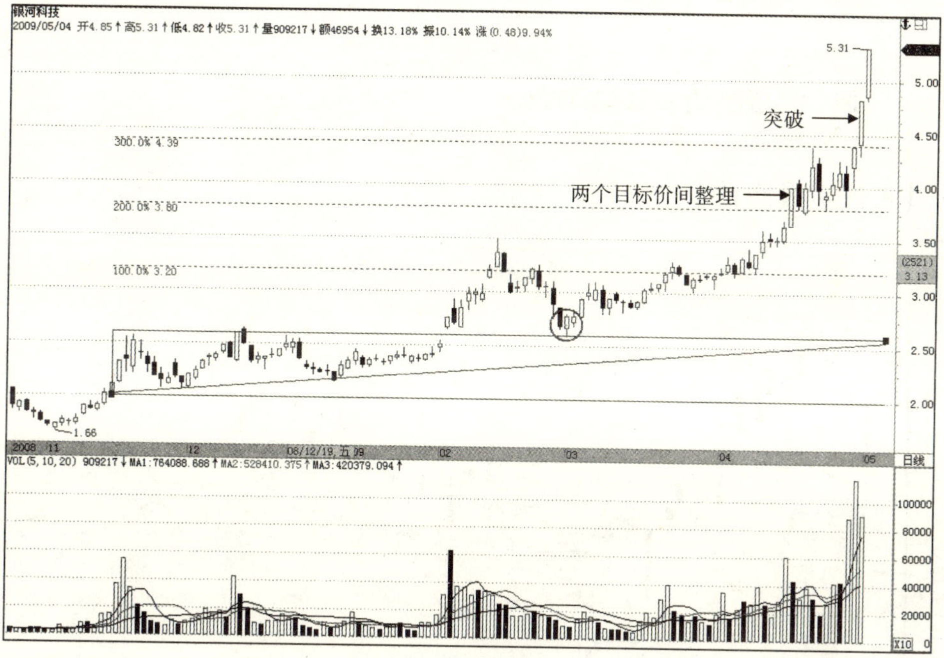

图 7–8　银河科技（银河生物）　000806

看盘精要

上升三角形形成后的 K 线走势解读：

（1）从图 7–8 可以看出，股价在第一目标价整固以后，很快来到了第二目标价位。

（2）股价在第二目标价位稍作整固之后，展开了一波更为凌厉的升势。

（3）股价后来涨至 6.56 元，从突破三角形压力线开始计算，涨幅达到了 150%，为投资者带来非常丰厚收益。

2. 上升三角形形态应对技巧

↗ 实战解析：长源电力

【K 线实战图谱】

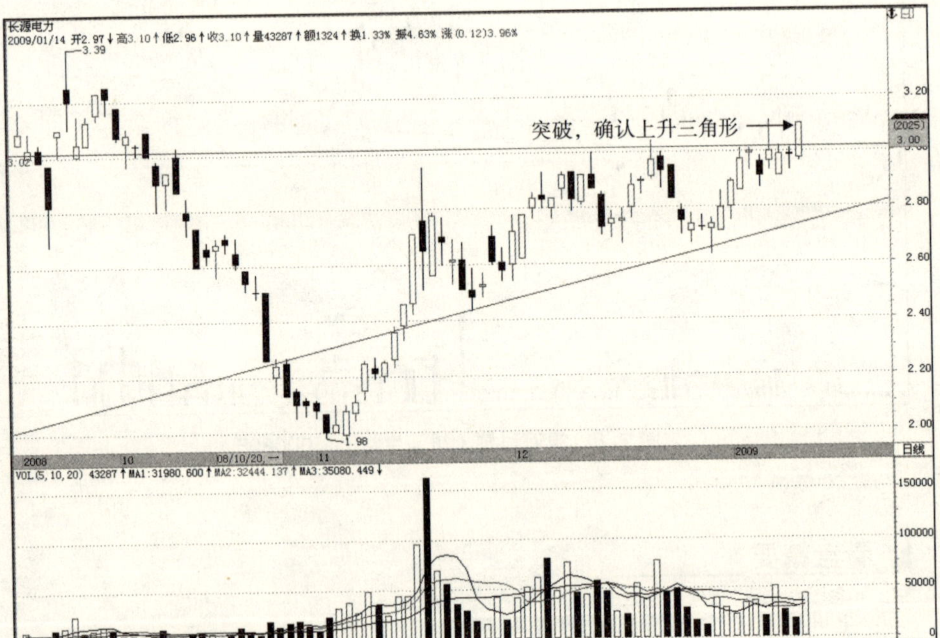

图 7–9　长源电力　000966

看盘精要

上升三角形形成时的 K 线走势分析：

（1）图 7–9 是长源电力 2008 年 9 月 12 日至 2009 年 1 月 14 日的日线图。

（2）从图中可以看出，股价最近呈现三角形整理走势。

（3）2009 年 1 月 14 日，股价穿破三角形压力线，判断为三角形构筑成功。

（4）持币者进仓，持股者继续持股，稳健者等待回抽三角形压力线。

【K 线实战图谱】

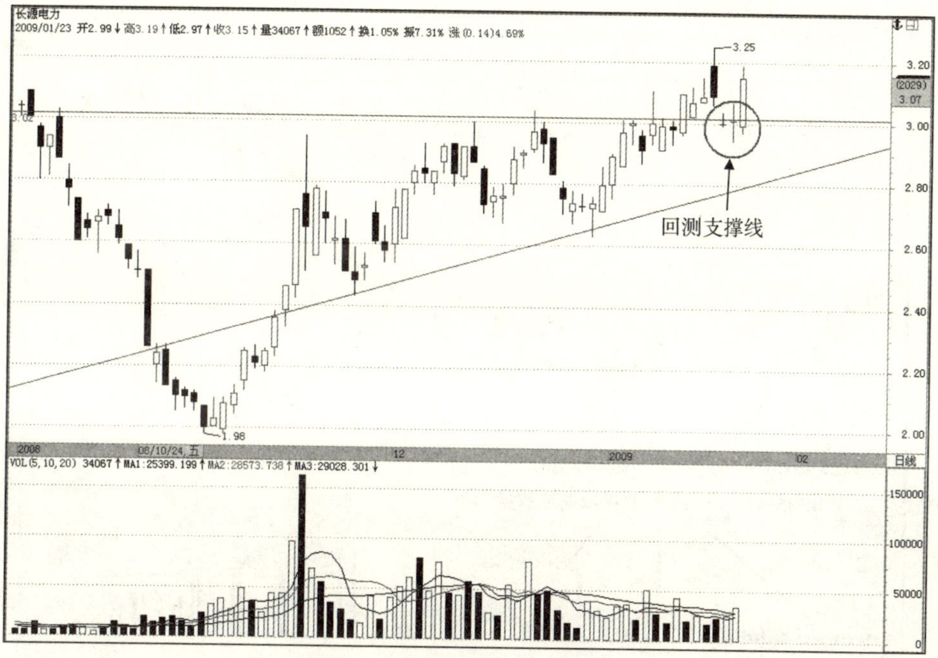

图 7–10　长源电力　000966

看盘精要

上升三角形形成后的 K 线走势解读：

（1）股价突破后没有立即展开升势，而是拉高随即回抽压力线，见图 7–10 的圆圈内。

（2）这是一个良好的买入机会，等待回抽的投资者此时要把握机会买入了。

【K线实战图谱】

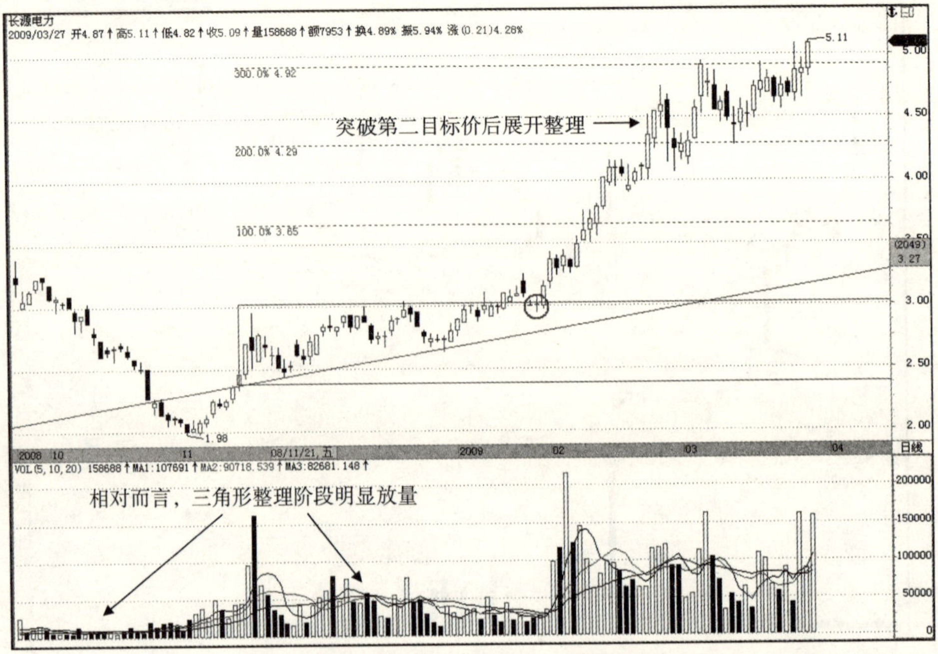

图 7-11 长源电力 000966

看盘精要

上升三角形形成后的K线走势解读：

（1）在对压力线进行回抽后，股价随即展开升势。

（2）根据上升三角形形态计算目标价位，第一目标价位为3.65元，第二目标价位为4.29元，第三目标价位为4.92元。

（3）股价升势甚佳，一步步突破我们计算的三个目标价位，涨幅达到80%。

↗ 实战解析：佛塑股份

【K 线实战图谱】

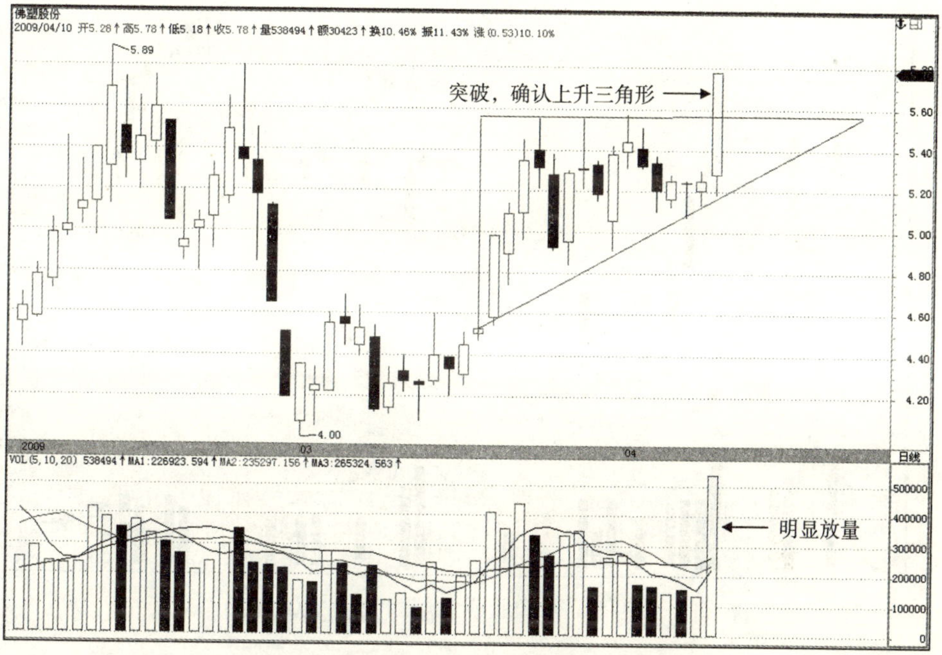

图 7–12　佛塑股份（佛塑科技）　000973

◣ 看盘精要

上升三角形形成时的 K 线走势分析：

（1）图 7–12 是佛塑股份（现名“佛塑科技”）2009 年 2 月 2 日至 2009 年 4 月 10 日的日线图。

（2）从图中可以看出，股价最近呈现三角形整理走势，这是一个周期较短的三角形。

（3）2009 年 4 月 10 日，股价穿破三角形压力线，判断为三角形构筑成功。

（4）持币者进仓，持股者继续持股，稳健者等待回抽三角形压力线。

【K线实战图谱】

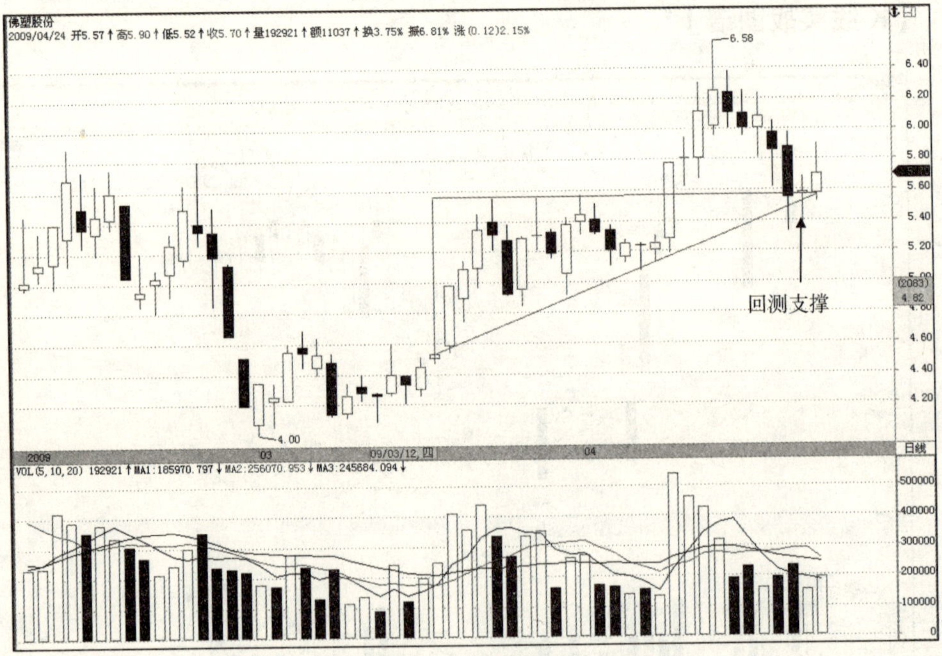

图 7-13　佛塑股份（佛塑科技）　000973

看盘精要

上升三角形形成后的K线走势解读：

（1）时间来到了2009年4月24日，股价上冲后回抽三角形压力线。

（2）这是一个重要买入点，在实际操作中，超短线投资者会在突破压力线时买入，获利10%左右出局，然后再等待回抽压力线买入。

（3）投资者在股票投资中要善于总结经验，并形成自己的交易体系。

【K 线实战图谱】

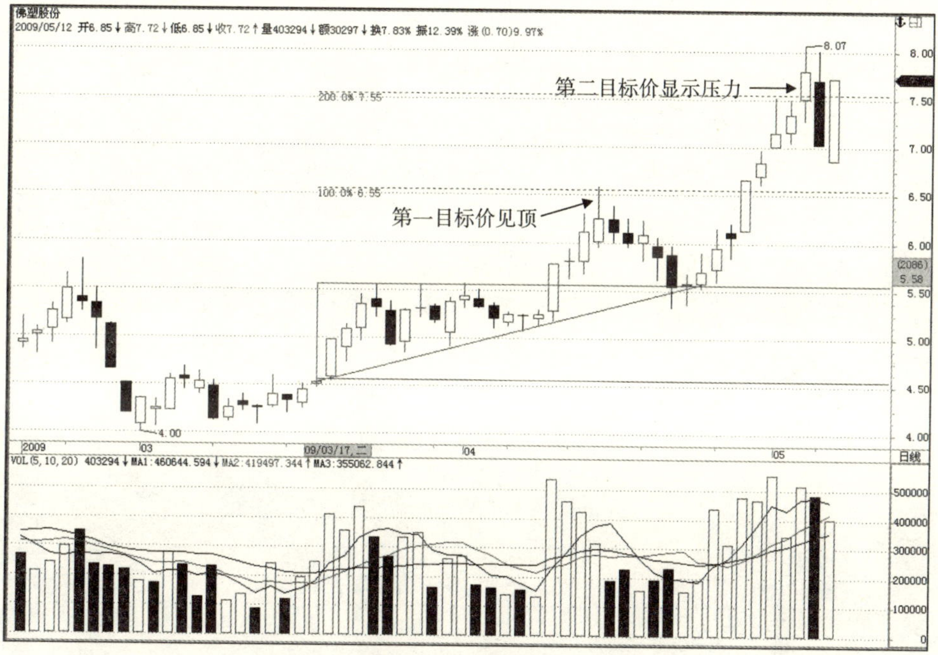

图 7–14　佛塑股份（佛塑科技）　000973

看盘精要

上升三角形形成后的 K 线走势解读：

（1）在对压力线进行回抽后，股价随即展开升势，一举攻下第一目标价位和第二目标价位。

（2）由这个案例可见，三角形整理形态，在短周期内同样对操作有指导作用。

（3）掌握三角形形态，对中长期和短期投资者都具有实战意义。

第8章

下降三角形形态操练

第一节　下降三角形形态的识别

1. 下降三角形的图形特征

【K 线实战图谱】

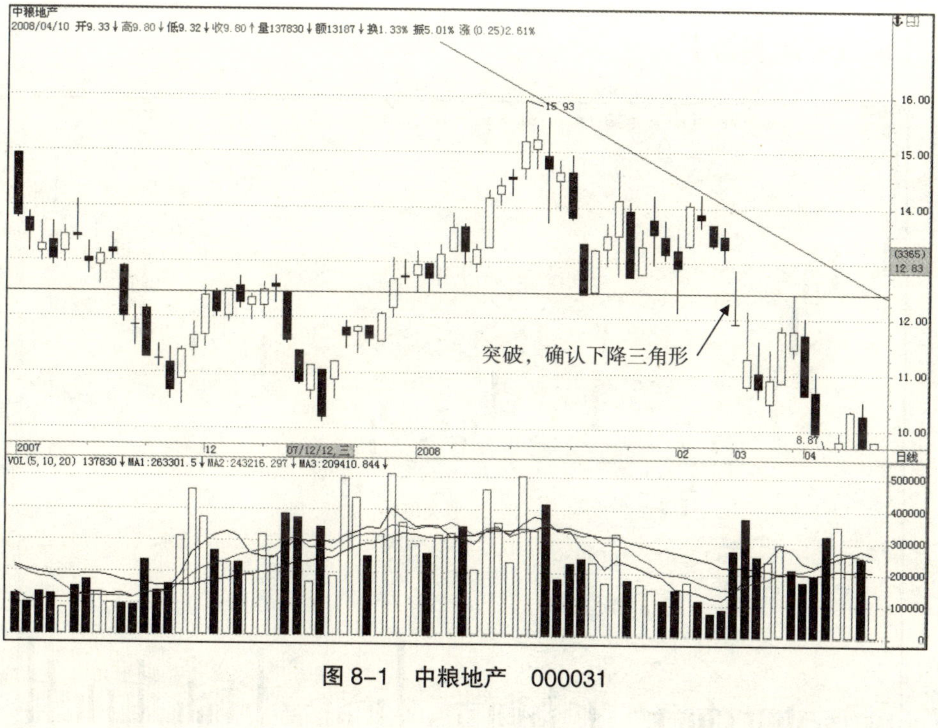

图 8-1　中粮地产　000031

看盘精要

下降三角形形态的 K 线走势分析：

（1）下降三角形形态形成的原理：股价在下跌到某个价位后获得支撑，然后开始反弹，但反弹的力度显然不够，这从成交量的萎缩可以看出，说明市场中看好后市的人越来越少。因此在反弹一段后便又回落，在回到上次的低点后再次反弹，反弹的力度依次减弱，最后空方占据明显优势，股价突破支撑位，迅速下跌。

（2）如果把每次短期波动的高点和低点分别用直线连起来，就形成了一个向下倾斜的直角三角形，如图 8–1 所示，这就是下降三角形。

（3）下降三角形形成后，后市向下突破的概率很大。

2. 下降三角形形态的确认

【K线实战图谱】

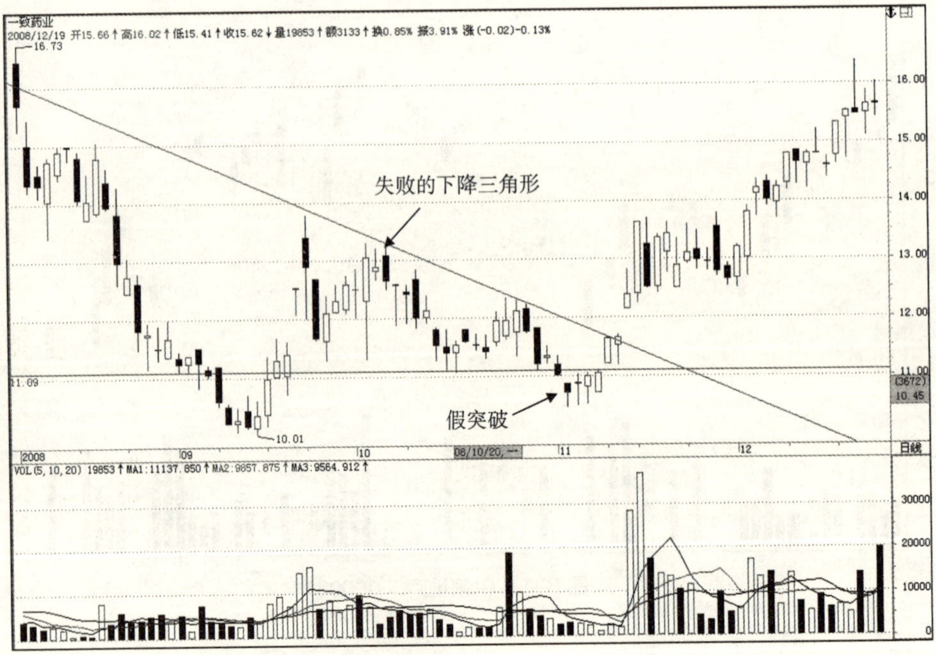

图 8–2　一致药业（国药一致）　000028

◣ 看盘精要

下降三角形形态的 K 线走势分析：

（1）下降三角形确认的关键在于支撑线的有效突破。这里的支撑线，是指三角形内多个低点连接而成的横线。

（2）如果支撑线没有被有效突破，即使 K 线形态看着类似三角形，也不是三角形形态，如图 8-2。三角形形态构筑失败，最后可能会形成矩形或其他形态。

（3）支撑线被有效突破后，即可确认下降三角形形态。但是，实际行情走势中，支撑线被突破后经常还有个回抽确认的过程。如果回抽后，股价继续呈下跌的趋势，同样意味着下降三角形形态成立。反之，则为假突破。

3. 下降三角形形态重点提示

【K 线实战图谱】

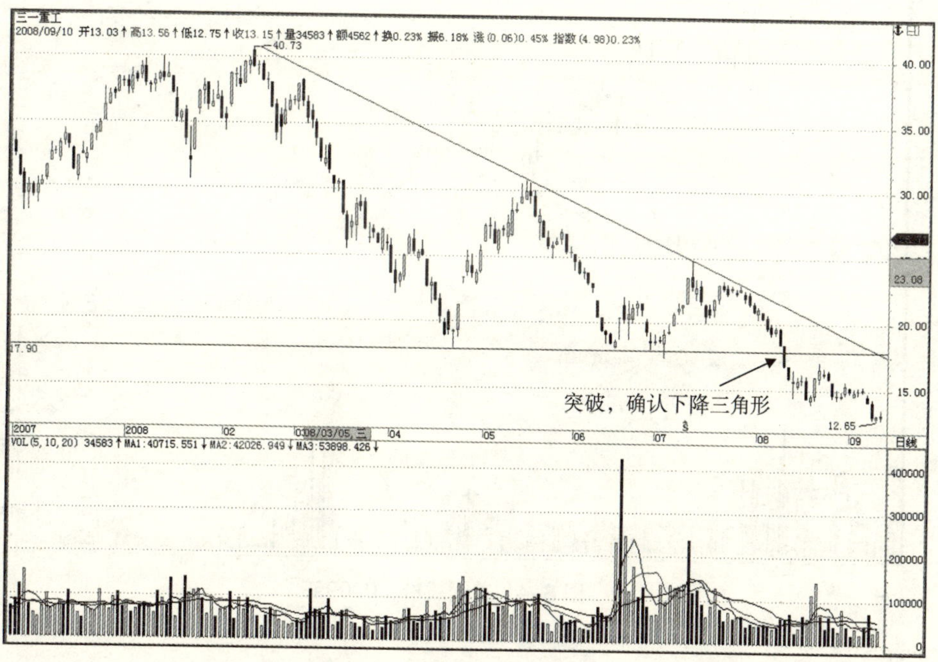

图 8-3　三一重工　600031

看盘精要

下降三角形形态的K线走势分析：

（1）下降三角形是重要的整理形态，暗示有突破的可能。

（2）下降三角形一般处在股价的下降途中。

（3）下降三角形形成的过程中往往出现量价背离的状况，反弹的时候量较小，下跌的时候量较大，说明股价还有下向的空间。突破支撑线的时候一般有放量伴随。

4. 下降三角形形态实战意义

【K线实战图谱】

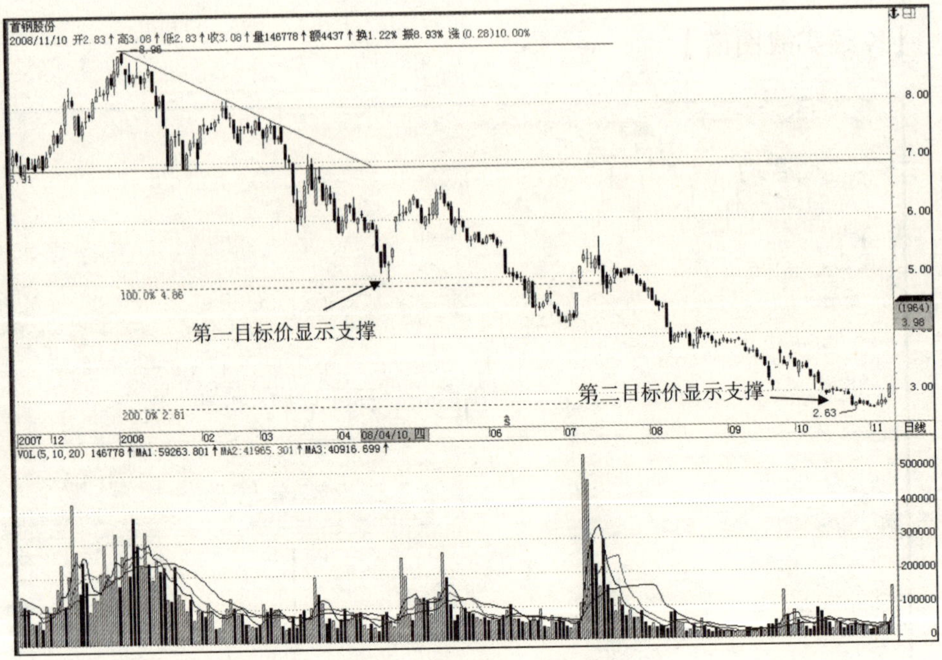

图8-4 首钢股份 000959

看盘精要

下降三角形形态的 K 线走势分析：

（1）当股价正式突破支撑线时，持股者清仓，持币者继续持币观望。所谓正式突破支撑线，是指股票的收盘价在支撑线之下。

（2）如果只是下影线刺穿支撑线，不算突破支撑线，继续观察。

（3）在支撑线没有被突破之前，不可先入为主将其断定为下降三角形，盲目放空。潜在的下降三角形形态，也可能会演化成矩形或其他形态。

（4）下降三角形形态一旦得到确认，就可以用它对后市进行测算。下降三角形形态突破后的跌幅常是三角形短边的高的 1～3 倍，参见图 8–4。所谓三角形的短边的高，是指三角形最高点与最低点之间的垂直距离。

第二节　下降三角形形态实战操练

1. 下降三角形形成过程中的应对技巧

【K 线实战图谱】

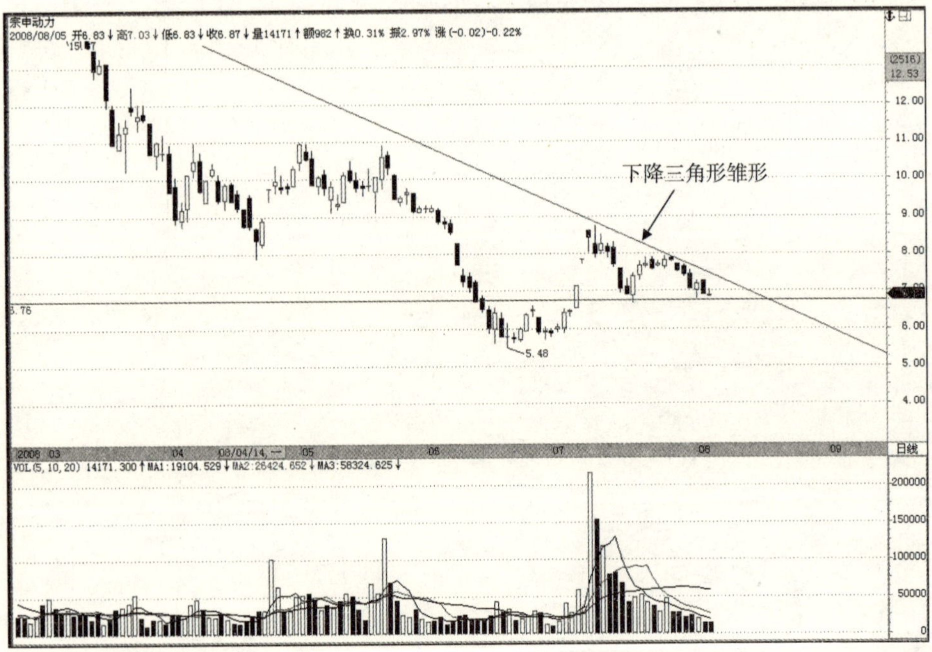

图 8-5　宗申动力　001696

看盘精要

下降三角形形成时的 K 线走势分析：

（1）图 8-5 是宗申动力 2008 年 2 月 25 日至 2008 年 8 月 5 日的日线图。

（2）从图中可以看出，股价呈现出三角形雏形形态。

（3）在这一区间里，短线投资者宜高抛低吸，但是风险较大，中线投资者继续持币观望。

【K 线实战图谱】

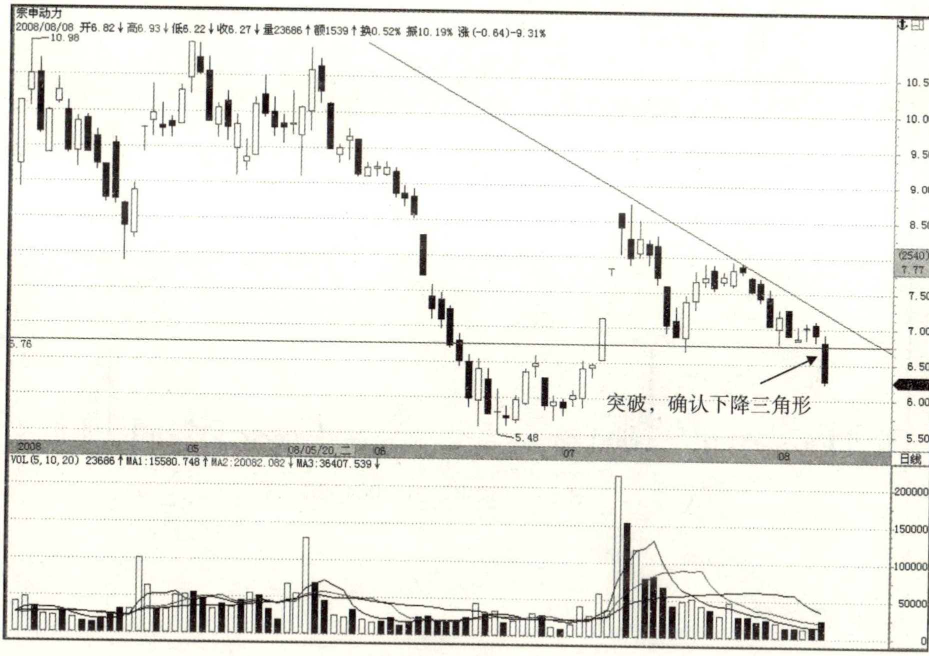

图 8-6　宗申动力　001696

看盘精要

下降三角形形成后的 K 线走势解读：

（1）2008 年 8 月 10 日，股价以一根长阴线，向下突破三角形支撑线，确认下降三角形突破成功。

（2）此时持股者清仓，持币者继续观望。

（3）由于目前国内还没有做空机制，在长期的下降趋势中，基本上都是以持币为主。

【K线实战图谱】

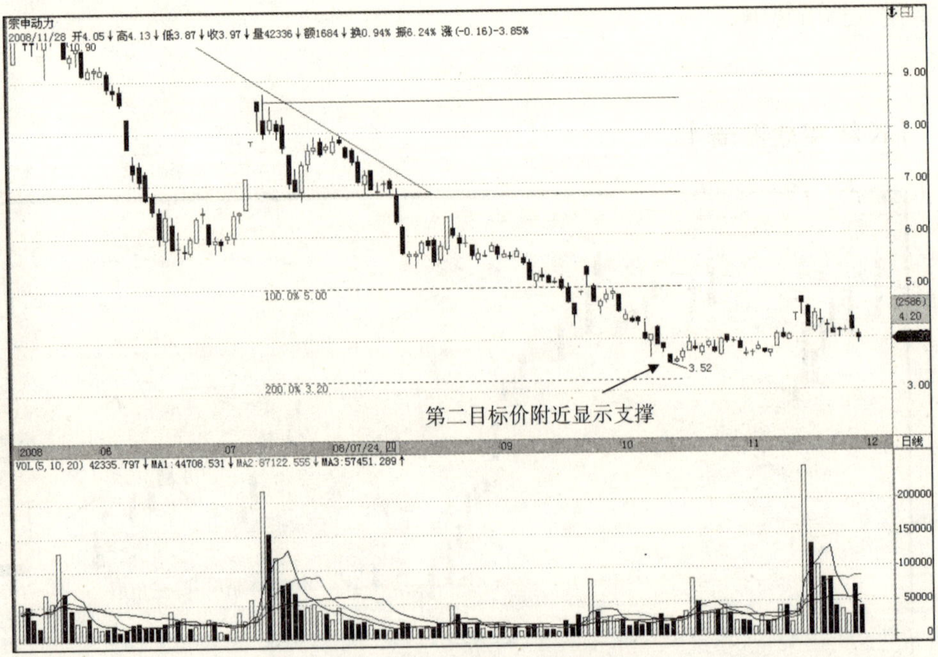

图 8-7 宗申动力 001696

看盘精要

下降三角形形成后的K线走势解读：

（1）测量第一目标价为5.00元，第二目标价为3.20元。

（2）股价很快下跌到第一目标价位处，稍作停留便继续下挫。

（3）在到达3.50元时，股价有企稳迹象，在底部做横盘整固。投资者继续观察，等待良好的中线入场机会。

2. 下降三角形形态应对技巧

↗ 实战解析：华天酒店

【K 线实战图谱】

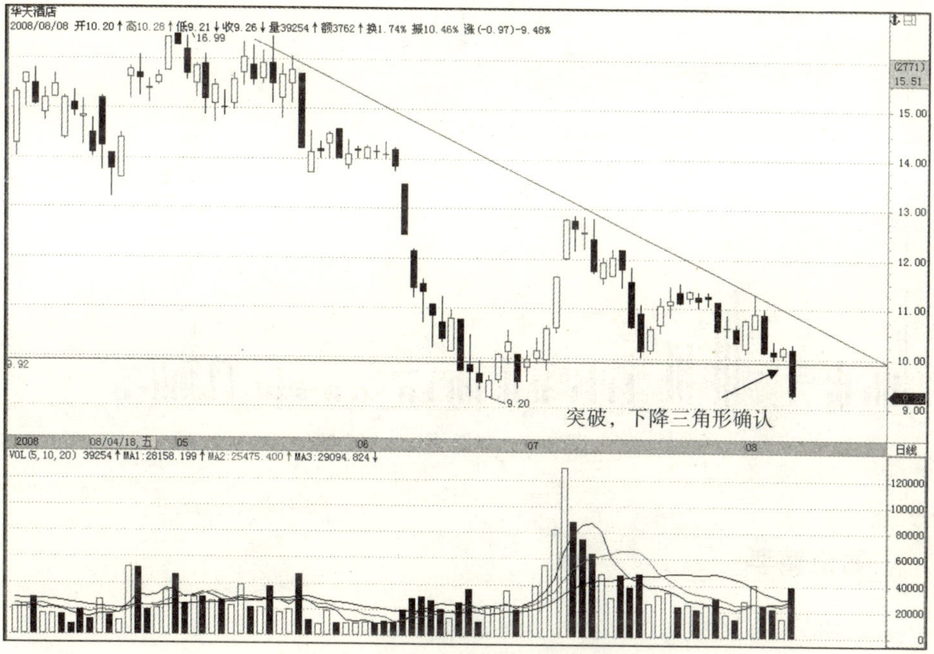

图 8-8　华天酒店　000428

看盘精要

下降三角形形成时的 K 线走势分析：

（1）图 8-8 是华天酒店 2008 年 4 月 7 日至 2008 年 8 月 8 日的日线图。

（2）从图中可以看出，股价最近呈现三角形整理走势。

（3）2008 年 8 月 8 日，股价突破三角形支撑线，判断为三角形构筑成功。

（4）持股者清仓，持币者继续持币。

【K 线实战图谱】

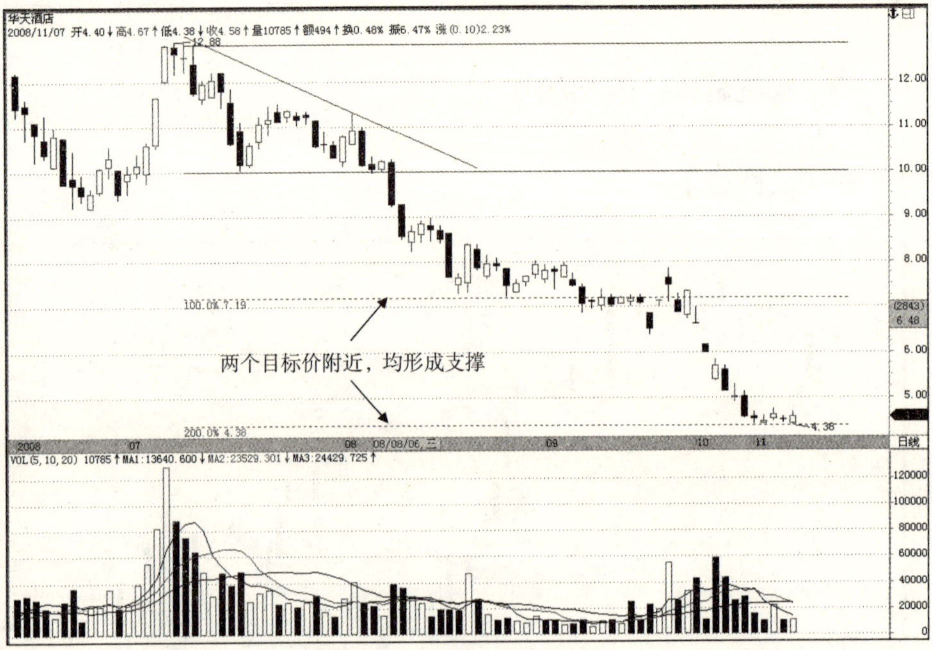

图 8-9　华天酒店　000428

看盘精要

下降三角形形成后的 K 线走势解读：

（1）股价有时会在突破三角形支撑线后，还有一个回抽过程，在本例中没有回抽便径直下跌，显示了多方力量的不堪一击。

（2）根据下降三角形计算第一目标价为 7.19 元，第二目标价为 4.38 元。

（3）股价在到达第一目标价位后，进行了长时间的横盘，由于空方力量还没有释放完毕，随后便延续了下跌趋势，并放量跌至第二目标价位处。

【K 线实战图谱】

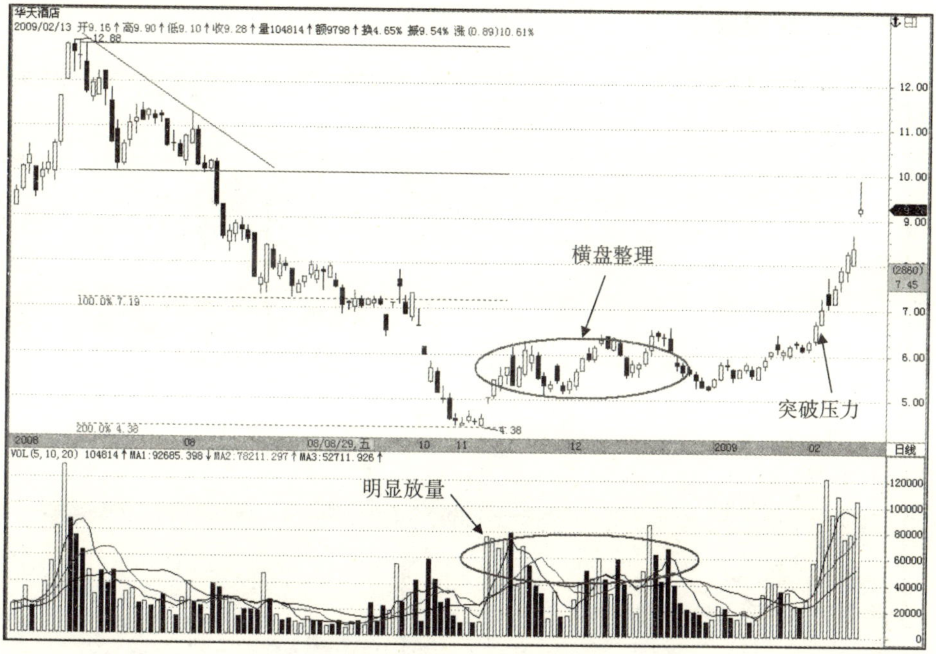

图 8-10　华天酒店　000428

看盘精要

下降三角形形成后的 K 线走势解读：

（1）股价到达第二目标价位处，随后放出高量，并在 K 线组合上呈现出一个明显的吸筹过程，见图 8-10 的椭圆内。

（2）投资者可在这一区域内择机入场，作中线打算。

（3）股价在几番震荡吸筹之后，展开了一波喜人的升势。

实战解析：万向钱潮

【K 线实战图谱】

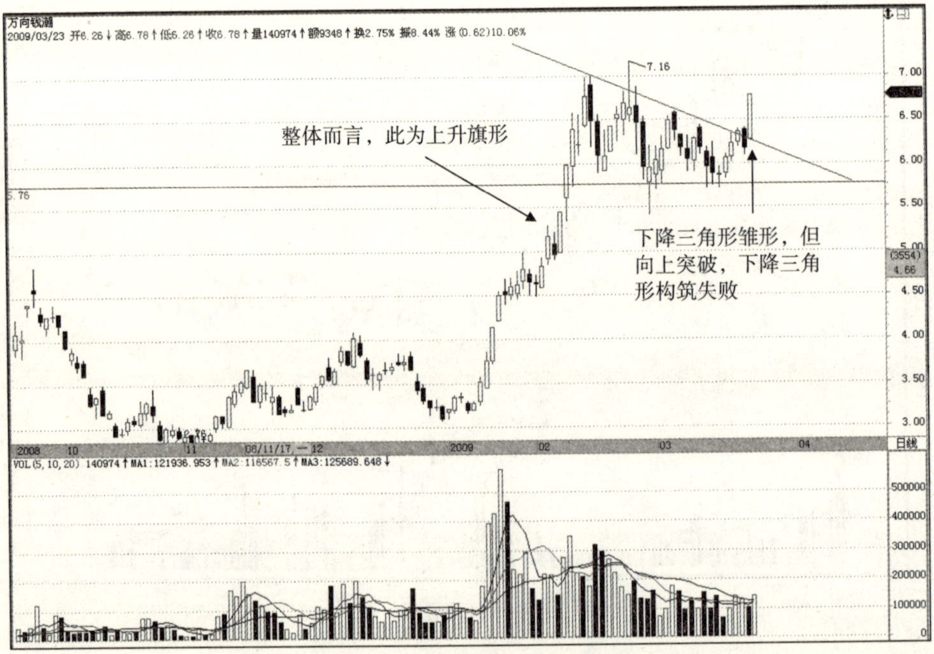

图 8–11 万向钱潮 000559

看盘精要

下降三角形形成时的 K 线走势分析：

（1）图 8–11 是万向钱潮 2008 年 9 月 17 日至 2009 年 3 月 23 日的日线图。

（2）从图中可以看出，股价呈现下降三角形整理走势，并于 2009 年 3 月 23 日向上突破三角形。

（3）在形成三角形形态之前，股价一直处在上升趋势中，从这一点来说，股价处于不适合形成下降三角形的环境中。

（4）股价向上突破后，此图形不能作为下降三角形进行操作。

【K 线实战图谱】

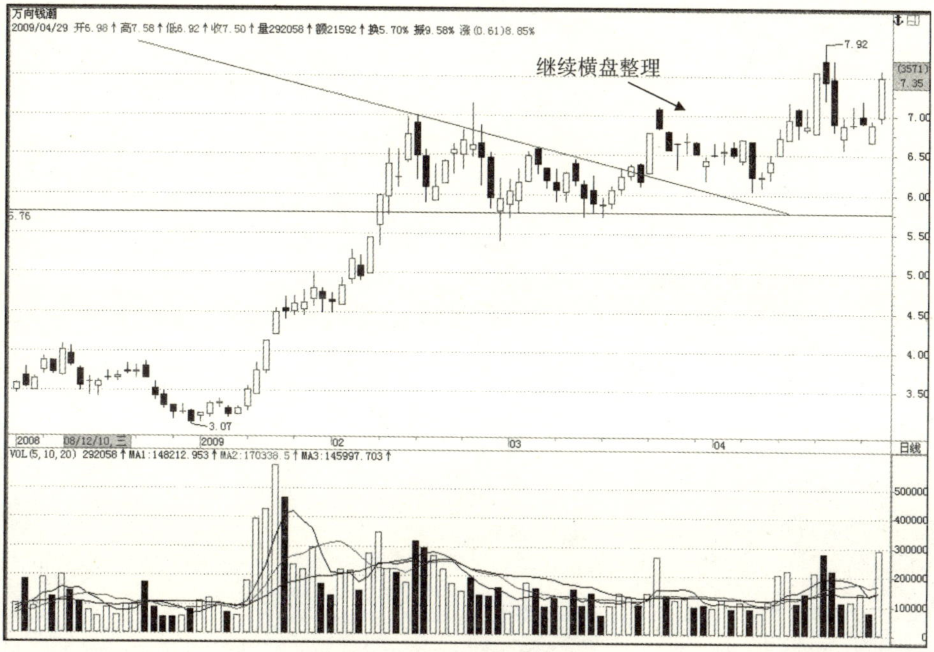

图 8-12　万向钱潮　000559

看盘精要

下降三角形形成后的 K 线走势解读：

（1）从图 8-12 我们可以看出，股价在突破三角形后，延续了整理态势。

（2）投资者在根据形态来进行操作时，要寻找那些完全符合要求的形态，符合要求的形态对操作的指导意义会更高，成功率更高。

（3）在实际操作中，投资者也不可僵化地应用形态进行操作，应形成自己完整、系统的交易体系。

第9章

收敛三角形形态操练

第一节　收敛三角形形态的识别

1. 收敛三角形的图形特征

【K 线实战图谱】

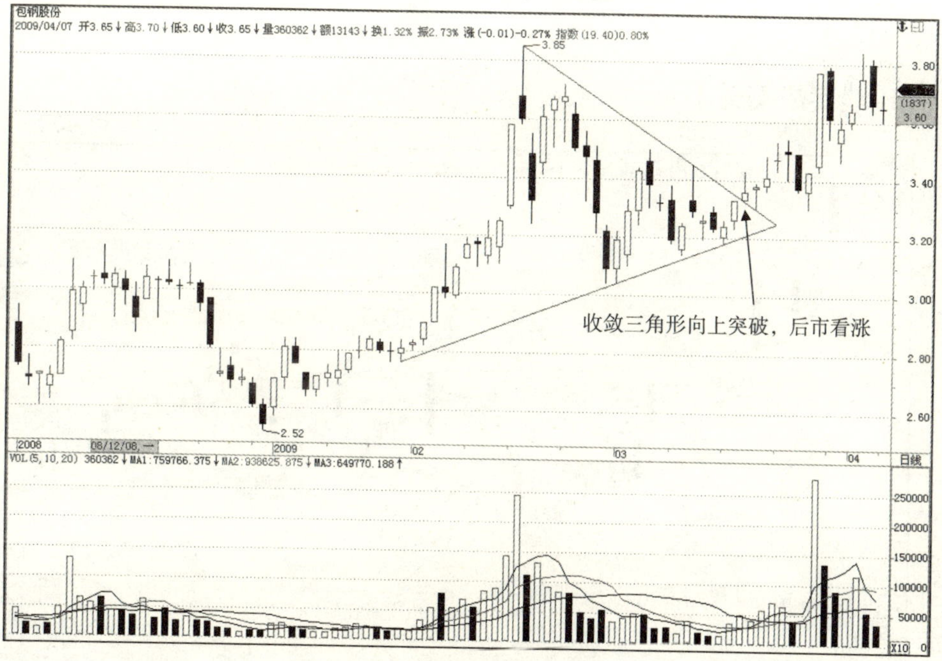

图 9–1　包钢股份　600010

看盘精要

收敛三角形形态的 K 线走势分析：

（1）收敛三角形又叫对称三角形，是由一系列的价格变动所组成，其变动幅度逐渐缩小，亦即每次变动的最高价低于前次最高价的水准，而最低价比前次最低价水准高，呈一压缩图形。如从横的方向看价格变动区域，其上限为向下斜线，下限为向上斜线，把短期高点和低点，分别以直线连接起来，就可以形成一对称的三角形，如图 9-1。

（2）收敛三角形的成交量因愈来愈小幅度的价格变动而递减，正反映出多空力量对后市犹疑不决的观望态度，然后当价格突然跳出三角形时，成交量随之而变大。

（3）收敛三角形是属于整理形态，价格会继续原来的趋势。

2. 收敛三角形形态的确认

【K 线实战图谱】

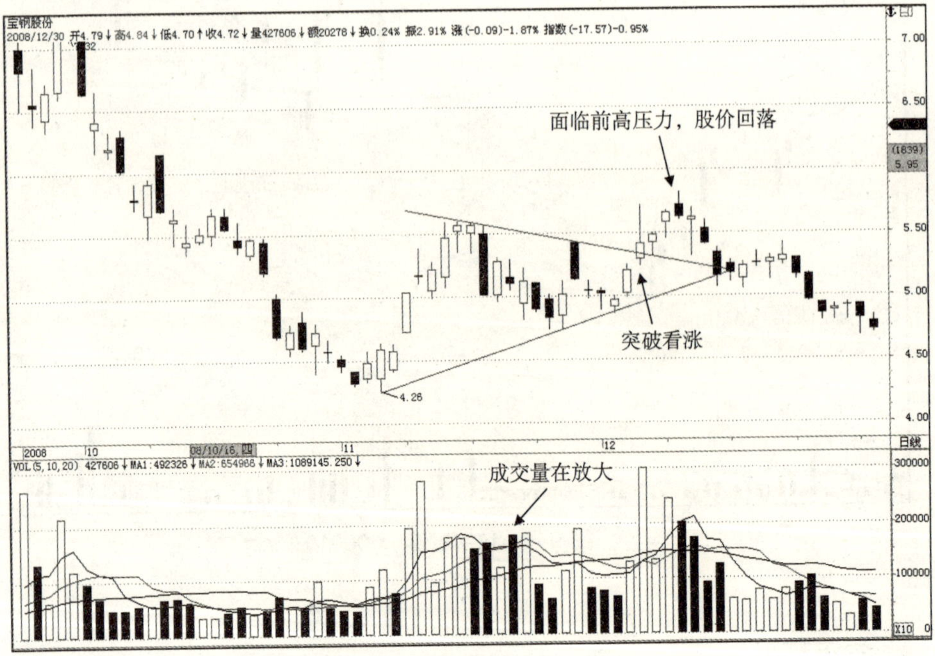

图 9-2　宝钢股份　600019

看盘精要

收敛三角形形态的 K 线走势分析：

（1）收敛三角形确认的关键在于上下压力线或支撑线的有效突破，也就是有效突破三角形对称的两边。

（2）如果三角形对称的两边没有一边被有效突破，即使 K 线形态看着类似收敛三角形，也不是收敛三角形形态。见图 9-2，股价突破压力线，但很快又回到原区域延续调整，收敛三角形形态构筑失败，最后可能会形成矩形或其他形态。

3. 收敛三角形形态重点提示

【K 线实战图谱】

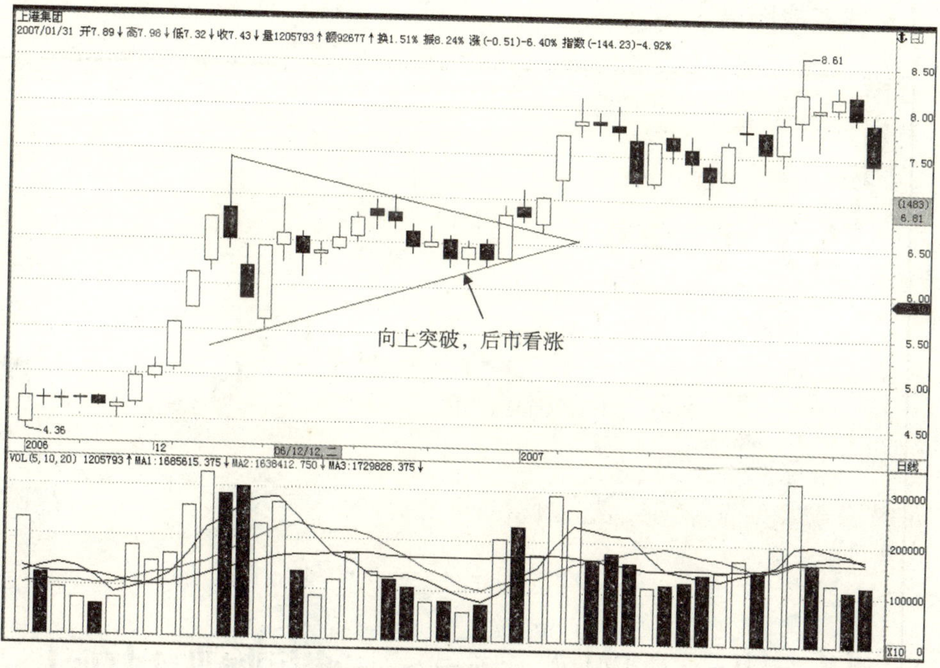

图 9-3　上港集团　600018

看盘精要

收敛三角形形态的K线走势分析：

（1）如果在上升途中的收敛三角形被有效突破压力线，股价后市看涨，见图9–3。

（2）如果在下降途中的收敛三角形被有效突破支撑线，股价后势看跌。

（3）收敛三角形形态的市场气氛为观望犹豫，因为多数投资者认为应等事态明朗以后再介入，如果在浓烈的看多气氛中出现此形态，则要小心形成头部形态。

（4）股价波动幅度呈收敛状，成交量也随之递减，向上突破需要大成交量的确认，向下突破则不必。

4. 收敛三角形形态实战意义

【K线实战图谱】

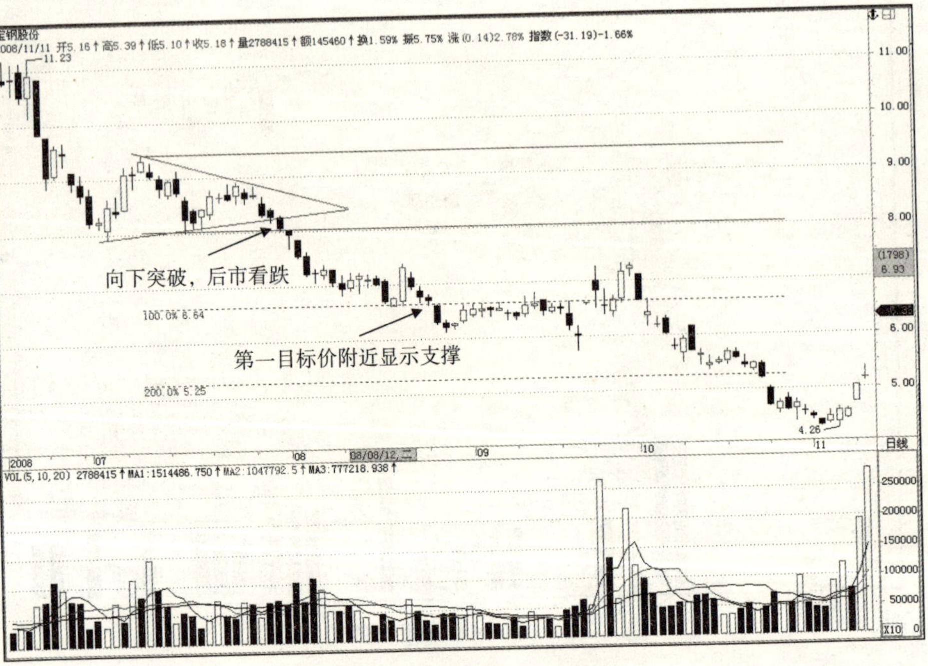

图9–4 宝钢股份 600019

看盘精要

收敛三角形形态的 K 线走势分析：

（1）收敛三角形最佳的买点为突破三角形上边之时，如有反抽行为则是第二个较佳的买点。

（2）收敛三角形最佳的卖点为突破三角形下边之时，如有反抽行为则是第二个较佳的卖点。

（3）收敛三角形形态一旦得到突破或确认，就可以用它对后市进行测算。收敛三角形形态突破后的涨跌幅常是三角形短边的高的 1～3 倍，参见图 9–4。所谓三角形的短边的高，是指三角形最高点与最低点之间的垂直距离。

第二节　收敛三角形形态实战操练

1. 收敛三角形形成过程中的应对技巧

【K线实战图谱】

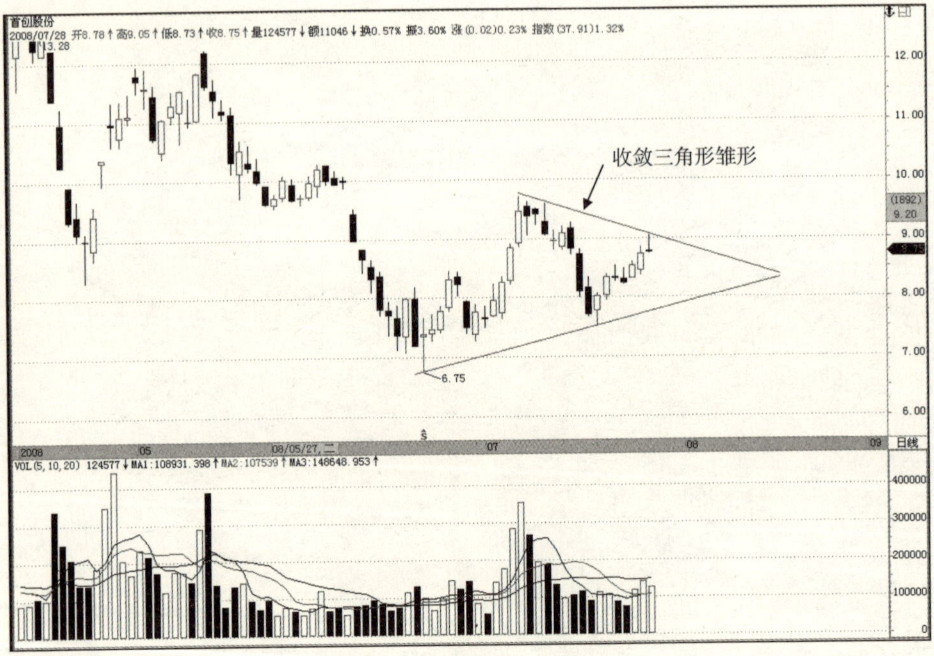

图 9-5　首创股份　600008

看盘精要

收敛三角形形成中的 K 线走势分析：

（1）图 9-5 是首创股份 2008 年 4 月 20 日至 2008 年 7 月 28 日的日线图。

（2）从图中可以看出，股价呈现出收敛三角形雏形形态。

（3）在这一区间里，短线投资者可根据收敛三角形的上下两边作高抛低吸，但是风险很大，而且股价大势处于下降趋势中，一定要做好止损准备。中线和稳健的投资者继续持币观望。

【K 线实战图谱】

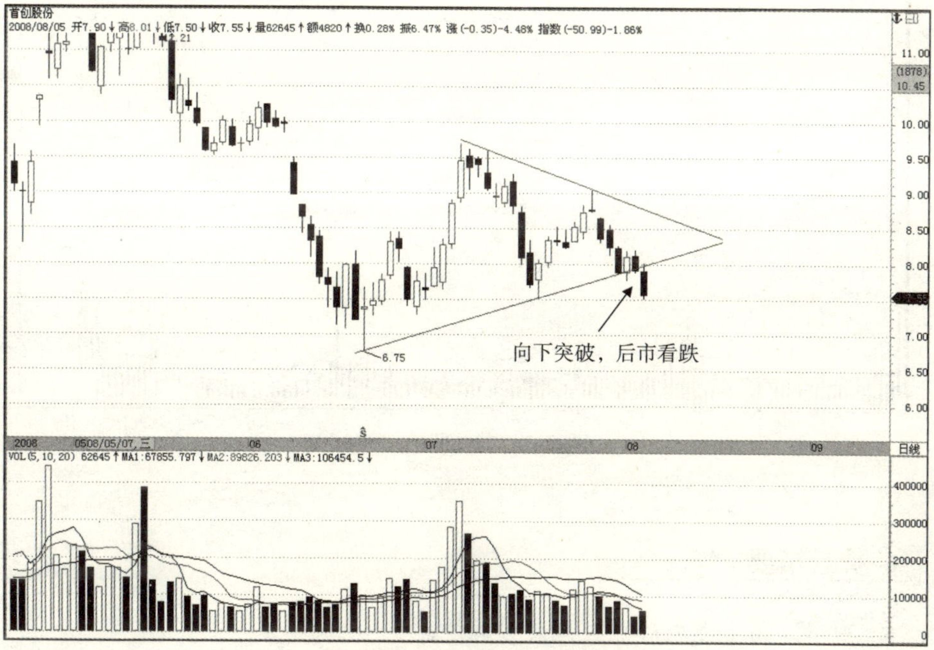

图 9–6　首创股份　600008

看盘精要

收敛三角形形成时的 K 线走势分析：

（1）2008 年 8 月 5 日，股价以一根中阴线向下突破收敛三角形支撑线，确认收敛三角形突破成功。

（2）此时持股者清仓，持币者继续观望。

（3）在实际走势中，通常还会有一个反抽的过程，但是在下降趋势中，为了防止更大风险，不建议再等待回抽。

【K线实战图谱】

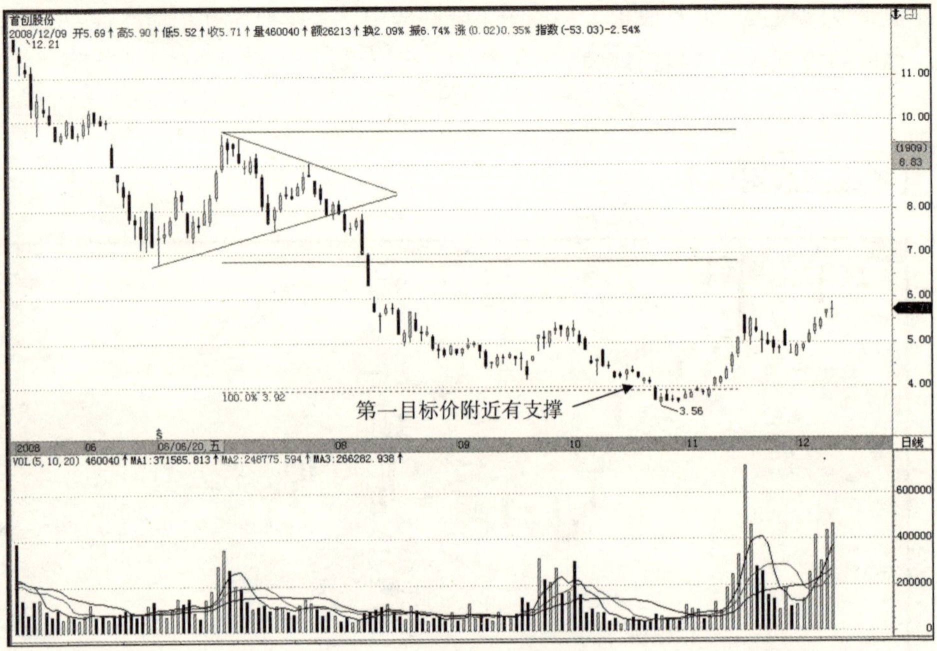

图 9-7　首创股份　600008

看盘精要

收敛三角形形成后的K线走势解读：

（1）测量第一目标价为3.92元。

（2）股价很快下跌到第一目标价位处，在这一段下跌过程中，几乎没有可操作的机会。

（3）在第一目标价位附近，股价企稳后随即放量展开一波反弹，中线可进仓。

2. 收敛三角形形态应对技巧

↗ 实战解析：民生银行

【K 线实战图谱】

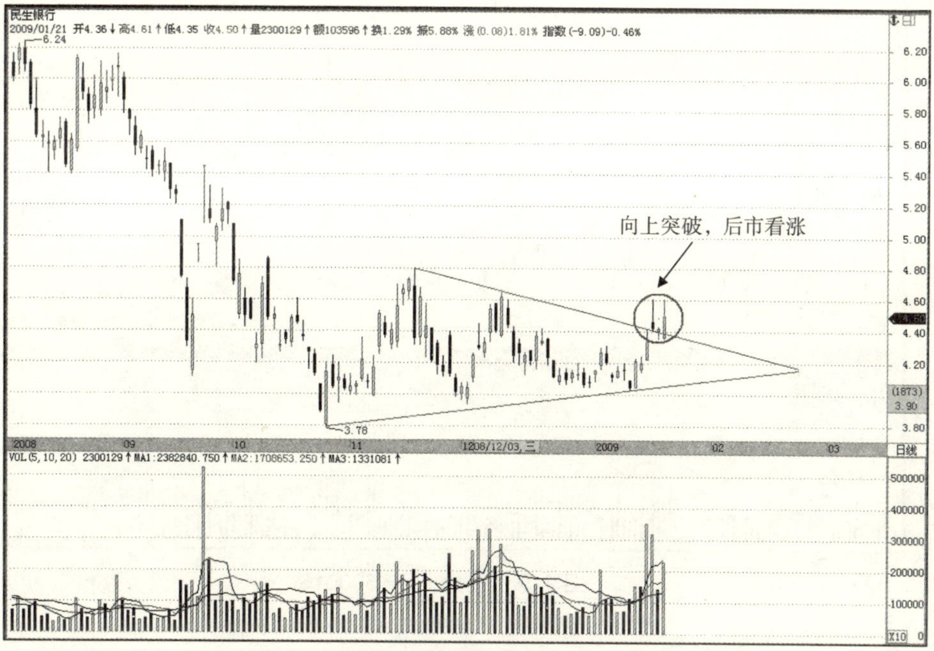

图 9–8　民生银行　600016

◣ 看盘精要

收敛三角形形成时的 K 线走势分析：

（1）图 9–8 是民生银行 2008 年 8 月 5 日至 2009 年 1 月 21 日的日线图。

（2）从图中可以看出，股价呈现收敛三角形整理走势。

（3）2009 年 1 月 19 日，股价穿破收敛三角形压力线，判断为三角形构筑成功。

（4）股价虽然放量突破，但是伴随着一根长上影线的阴线，见图 9–8 的圆圈内，显示了上方较大的压力，稳健者可继续观望，直到两天后出现中阳线再行买入。

【K线实战图谱】

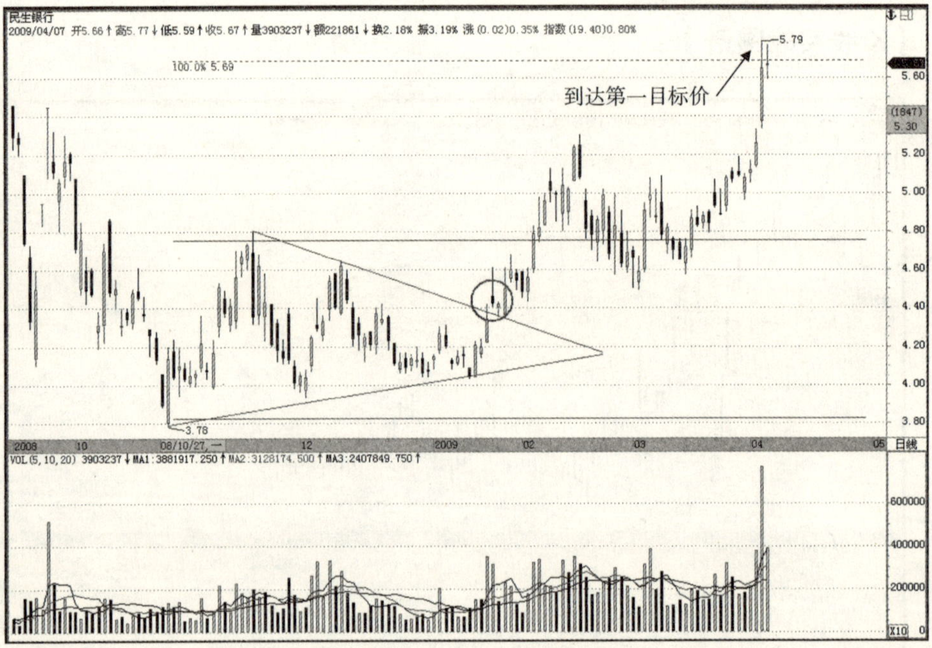

图 9-9 民生银行 600016

看盘精要

收敛三角形形成后的K线走势解读：

（1）股价有时会在突破三角形压力线后，还有一个回抽过程，在本例中没有回抽，只是稍作停留即延续升势。

（2）测量第一目标价位为5.69元。

（3）股价在收敛三角形的前高点附近位置反复整固后，一举到达第一目标价位。

【K 线实战图谱】

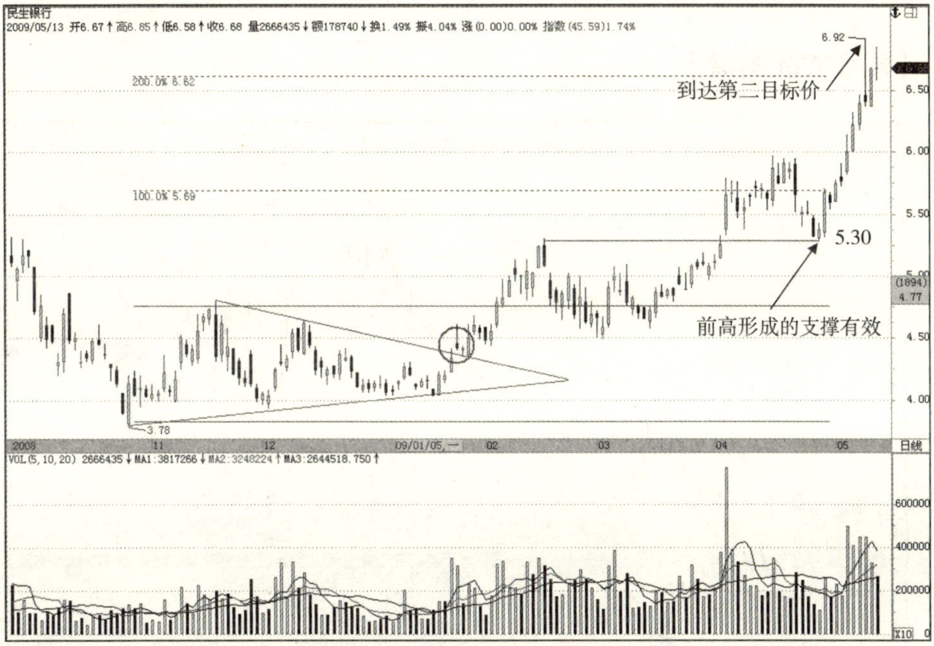

图 9-10　民生银行　600016

看盘精要

收敛三角形形成后的 K 线走势解读：

（1）股价在第一目标价位附近进行平台调整，短线操作者为了提高资金使用率，可在此处实施减仓操作。

（2）计算第二目标价位为 6.62 元。

（3）当股价回落到前期峰值 5.30 元附近时（见图 9-10 中的短线段位置），显示支撑有力，可再度加仓。

（4）股价随后凌厉上攻，很快到达第二目标价位。

↗ 实战解析：日照港

【K线实战图谱】

图 9-11 日照港 600017

◣ 看盘精要

收敛三角形形成时的K线走势分析：

（1）图 9-11 是日照港 2006 年 11 月 9 日至 2007 年 7 月 23 日的日线图。

（2）从图中可以看出，股价前期处于上升趋势，接着呈现收敛三角形整理走势，并于 2007 年 7 月 23 日向上突破三角形。

（3）持币者进仓，持股者继续持股。

【K 线实战图谱】

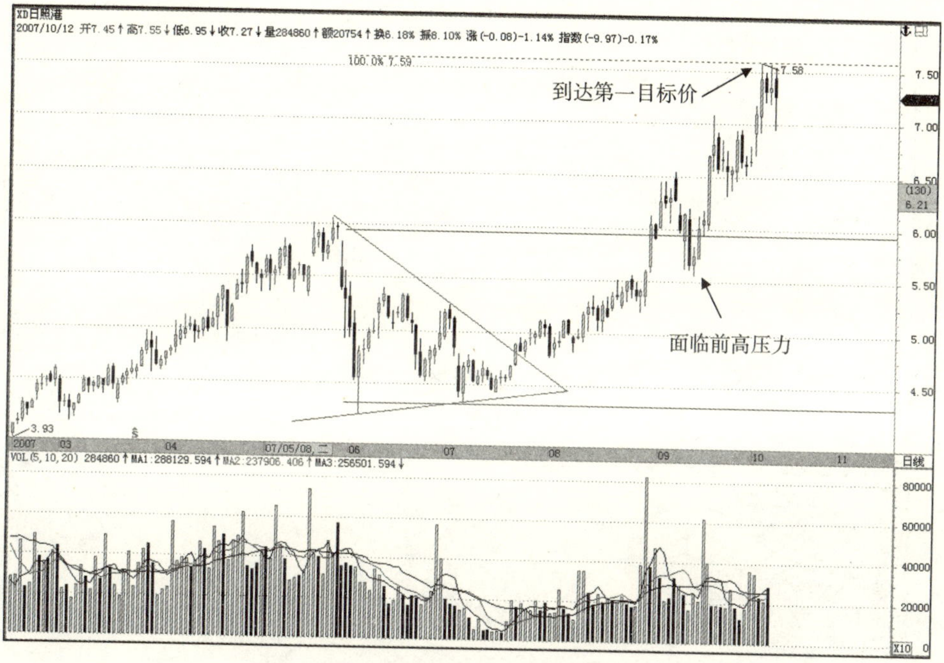

图 9–12　日照港　600017

看盘精要

收敛三角形形成后的 K 线走势解读：

（1）计算第一目标价位为 7.59 元。

（2）从图 9–12 我们可以看出，股价在突破三角形后，一路攀升，在到达三角形前高时，上下波动，之后顺利到达第一目标价位。

（3）在第一目标价位处四天内宽幅振荡，并且每天的最高点几乎都在同一水平上，显示了此处有一定的压力，投资者可根据个人交易规则减仓出局。

【K线实战图谱】

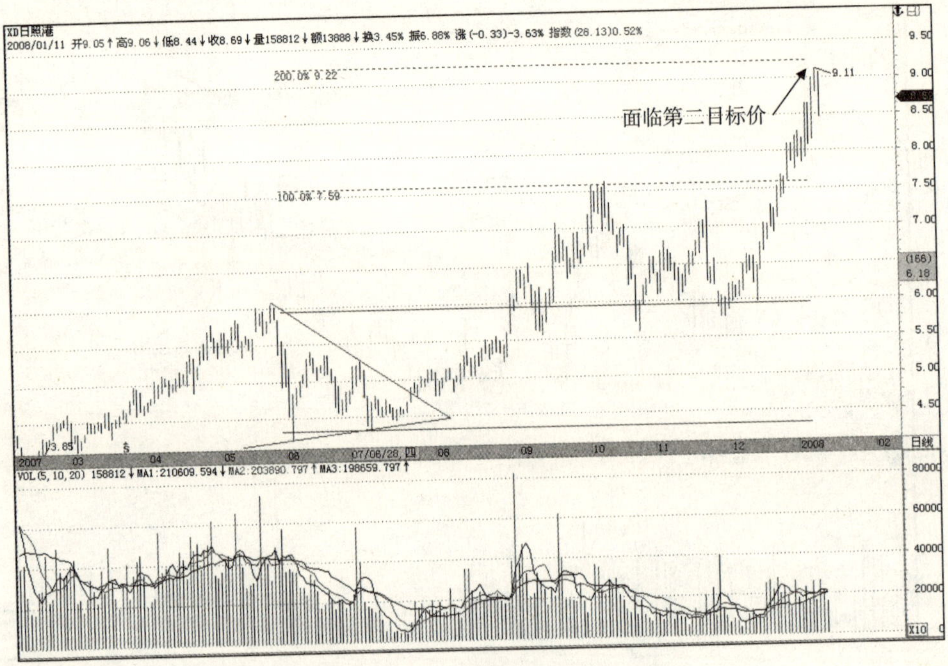

图 9-13 日照港 600017

看盘精要

收敛三角形形成后的K线走势解读：

（1）股价随后展开了从三角形前高到第一目标价位的宽幅震荡。

（2）在宽幅震荡中形成了箱形形态，此形态的具体操作方法将在后面的章节中展开。

（3）面对这样一个图形形态，投资者不能期望太高，要注意获利出局。

第10章

喇叭口形态操练

第一节　喇叭口形态的识别

1. 喇叭口的图形特征

【K 线实战图谱】

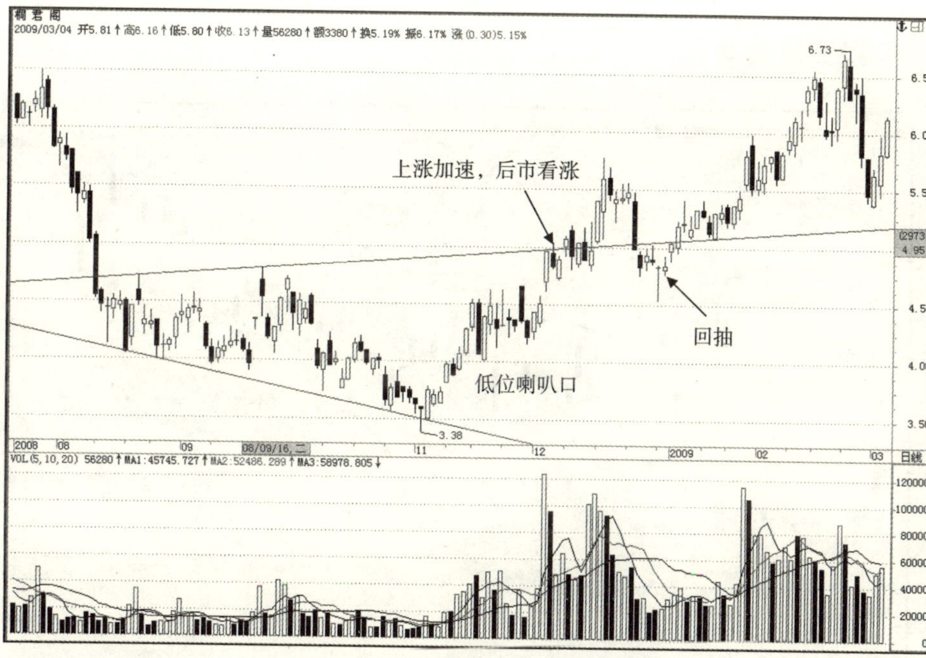

图 10-1　桐君阁　000591

看盘精要

喇叭口形态的 K 线走势分析：

（1）股价在盘整过程中，出现上下波动幅度逐渐加大的走势，形状如同喇叭，故称喇叭口。如图 10-1 所示，这就是喇叭口。

（2）出现这样形态的市场背景是市场参与者心态非常混乱，多空之间缺乏制约效果，导致价格在进攻方进攻时，抵御方毫无抵抗，进攻乏力后的价格却又立刻大幅回转，波动幅度更加强大。

（3）喇叭口一般有两至三个顶部高点和三个底部低点（一般不少于三个）。顶部高点应是一顶比一顶高，底部低点可以是一底比一底低，也可处在同一水平线上。

2. 喇叭口形态的确认

【K线实战图谱】

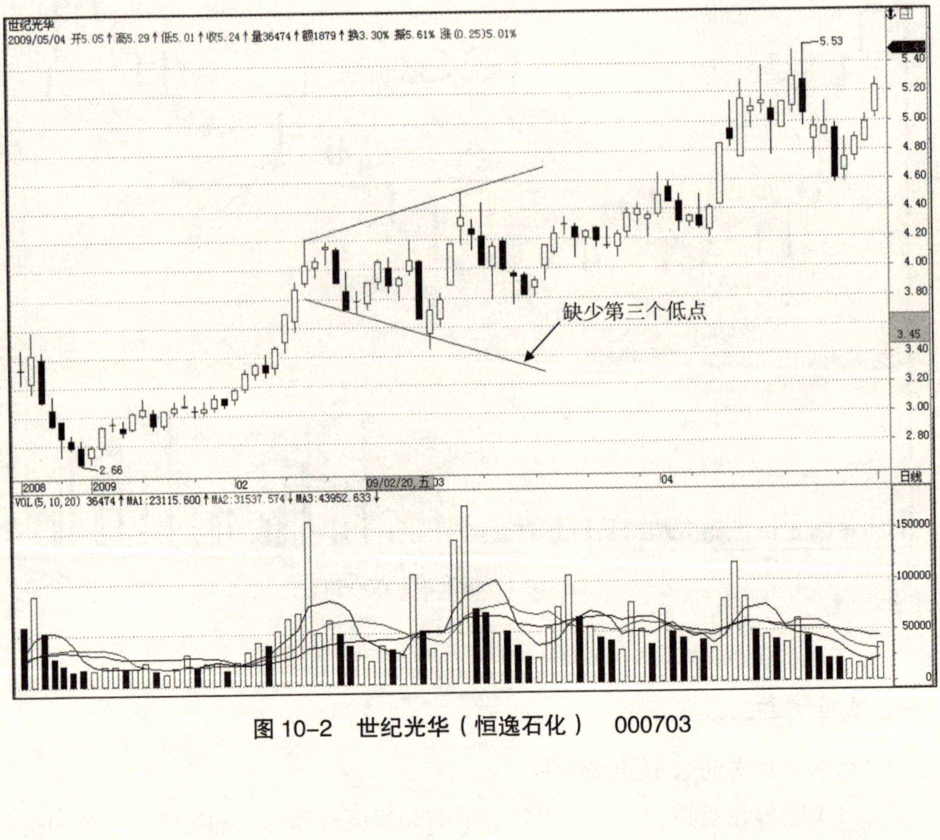

图 10-2 世纪光华（恒逸石化） 000703

看盘精要

喇叭口形态的 K 线走势分析：

（1）喇叭口确认的关键在于底部第三个低点的出现，两低点连线后，第三个低点出现也在这一连线上，而高点亦有两个以上的话，即可确认为喇叭口形态。

（2）如果喇叭口第三个低点没有出现，即使 K 线形态看似喇叭口，也不是喇叭口，见图 10–2，股价没有成功构筑喇叭口，延续了盘整态势。

3. 喇叭口形态重点提示

【K 线实战图谱】

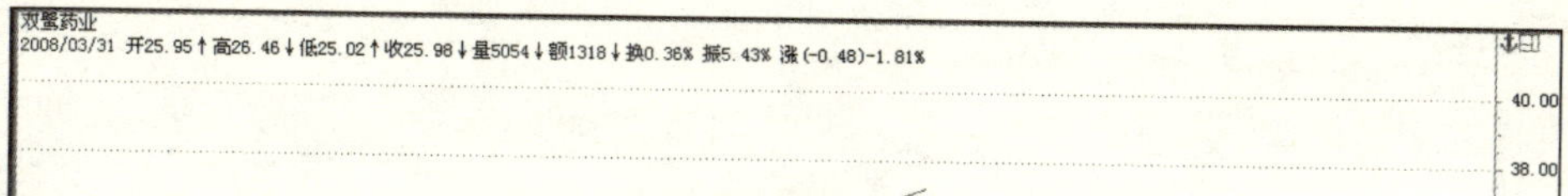

图 10–3　双鹭药业　002038

看盘精要

喇叭口形态的K线走势分析：

（1）喇叭口处在高位或下降途中时，是向下翻转的信号，见图10-3。

（2）喇叭口形态出现在低位时，是买入的信号，但要确认是否真的处在低位，如果没有把握，不宜参与。

（3）成交量方面，喇叭口在整个形态形成的过程中，保持着高而且不规则的成交量，并且不随形态的发展而递减。

4. 喇叭口形态实战意义

【K线实战图谱】

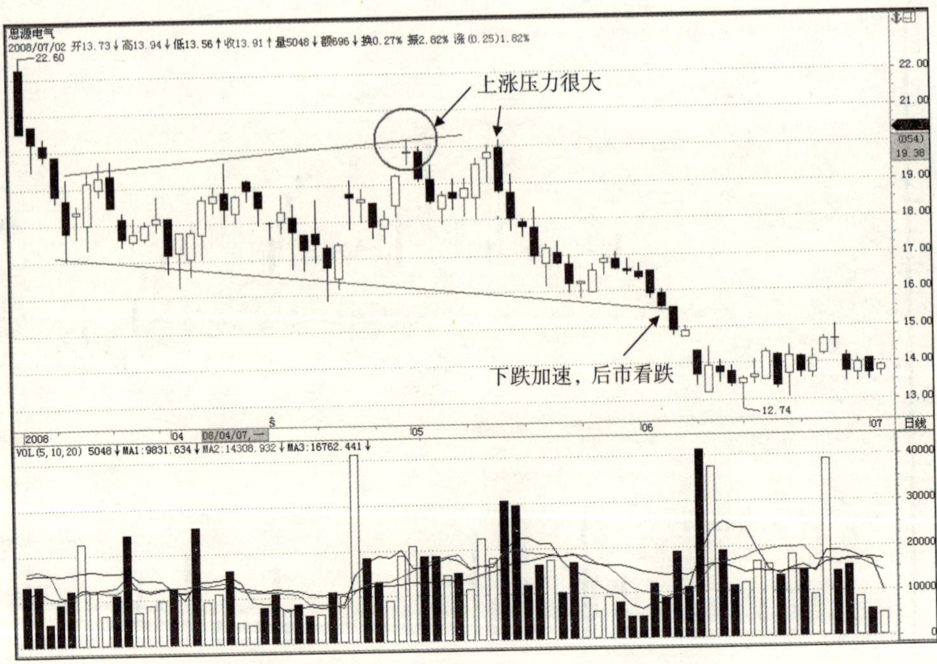

图10-4　思源电气　002028

看盘精要

喇叭口形态的 K 线走势分析：

（1）喇叭口的最佳卖点为第三顶高点出现日，这时卖出，能卖到较高的价格，见图 10–4 的圆圈内。

（2）喇叭口的第二卖点为下破下边线时，此时是卖出的最后底线了。然而在图 10–4 的例子中，单从 K 线组合（伴随着放量的几连阴下跌）来看，投资者就早该清仓了，而不是要僵化地等到下破喇叭口下边线，给自己造成重大损失。

（3）喇叭口形态一旦得到确认，只要是在下降途中和高位，投资者就应择机清仓，这是明显看跌的时候。

（4）喇叭口形态不是很好把握的操作形态，投资者应尽量少进行短线买卖操作。

第二节 喇叭口形态实战操练

1. 喇叭口形成过程中的应对技巧

【K线实战图谱】

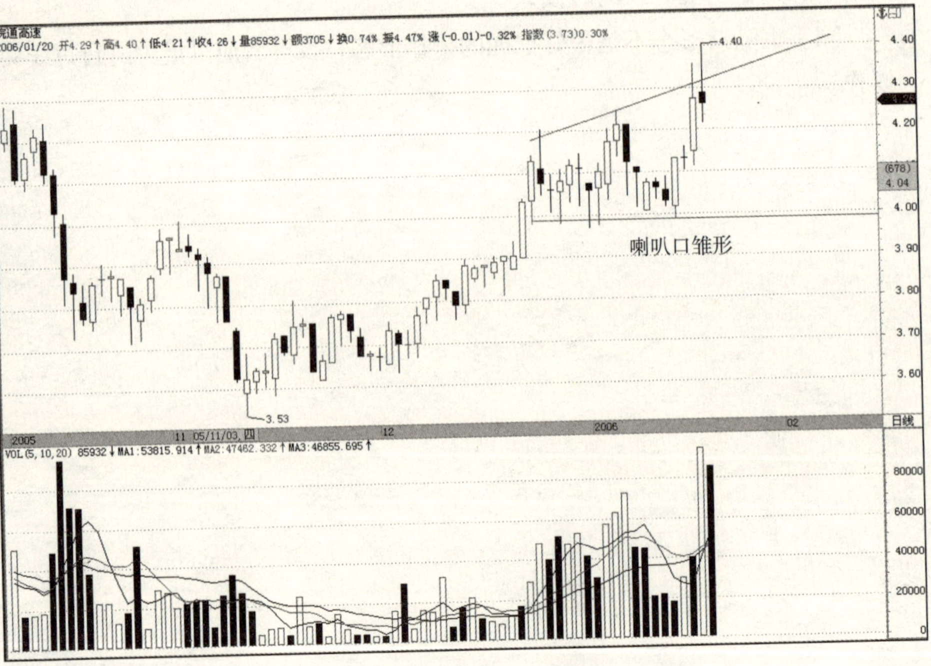

图 10-5 皖通高速 600012

看盘精要

喇叭口形成中的K线走势分析：

（1）图 10-5 是皖通高速 2005 年 9 月 30 日至 2006 年 1 月 20 日的日线图。

（2）从图中可以看出，股价呈现出喇叭口雏形形态，股价大势目前看是趋于上升的，且从历史走势来看，也处于低价。

（3）然而，2006 年 1 月 20 日，股价再次上穿上边线时受阻回落，并留下长长的上影线，显示上方压力很大，投资者可在此处先行减仓，以防股价大幅回调。

【K 线实战图谱】

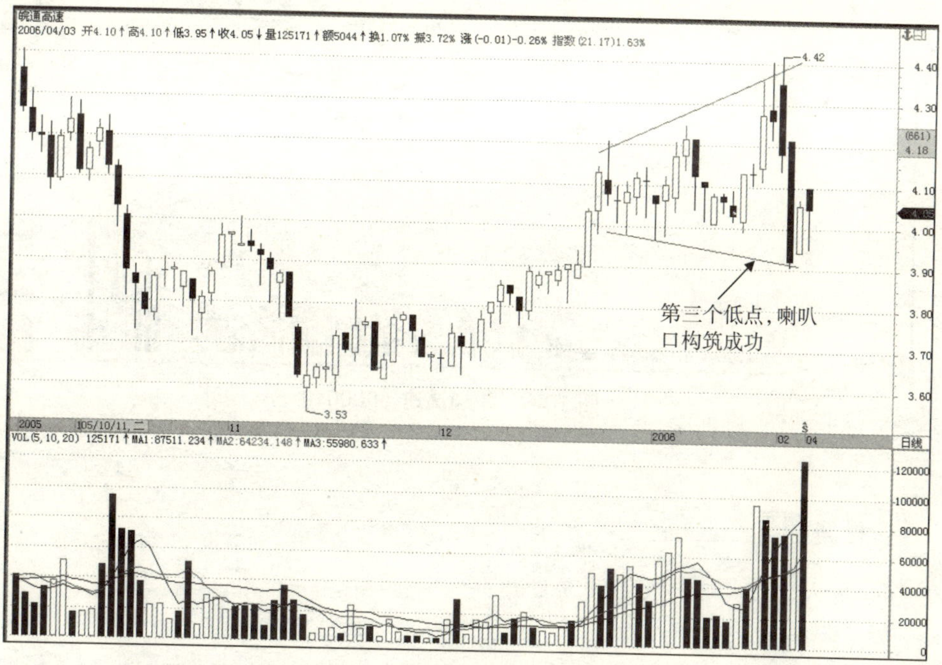

图 10–6　皖通高速　600012

看盘精要

喇叭口形成时的 K 线走势分析：

（1）2006 年 4 月 3 日，确认喇叭口第三个低点形成，确认喇叭口构筑成功。

（2）激进的投资者可在此处轻仓尝试，但是喇叭口做多风险较高，建议大部分投资者仍以观望为主。

【K线实战图谱】

图 10–7 皖通高速 600012

看盘精要

喇叭口形成后的K线走势解读：

（1）股价经过几天的盘整之后，展开了一波凌厉的涨幅。

（2）从喇叭口的第三个低点开始，股价最高涨至5.32元，涨幅达到了36%。

（3）把握喇叭口之后的升势，关键是要对股价处于低位有一个准确的判断，否则不宜参与喇叭口形态进行做多。

2. 喇叭口形态应对技巧

实战解析：焦作万方

【K 线实战图谱】

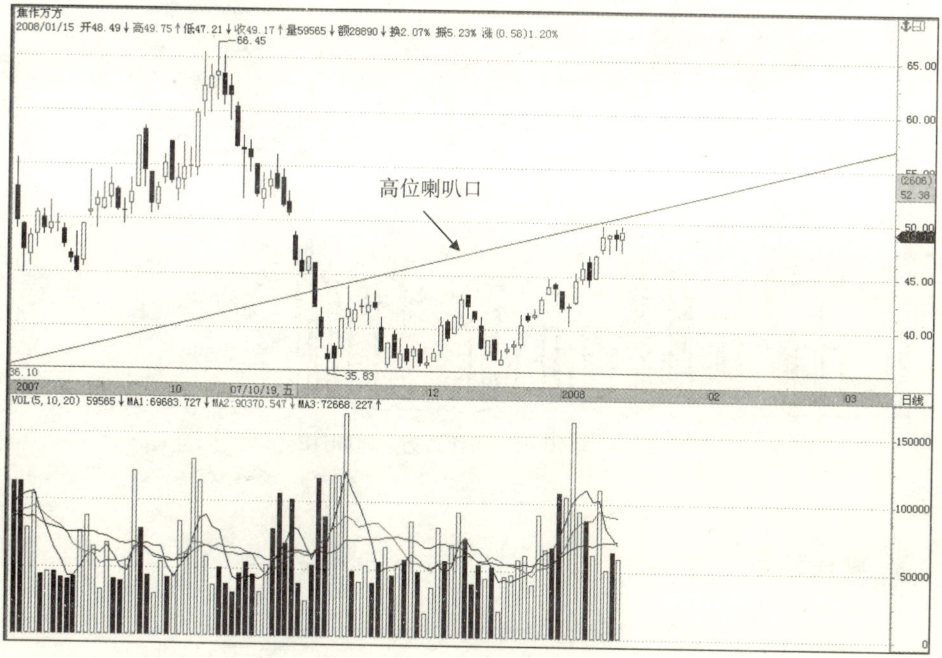

图 10–8　焦作万方　000612

看盘精要

喇叭口形成中的 K 线走势分析：

（1）图 10–8 是焦作万方 2007 年 8 月 29 日至 2008 年 1 月 15 日的日线图。

（2）从图中可以看出，股价最近呈现喇叭口整理走势，且股价在长期阶段的高位。

（3）2008 年 1 月 15 日，股价在上边线形成第二个高点时，可实施减仓。

【K线实战图谱】

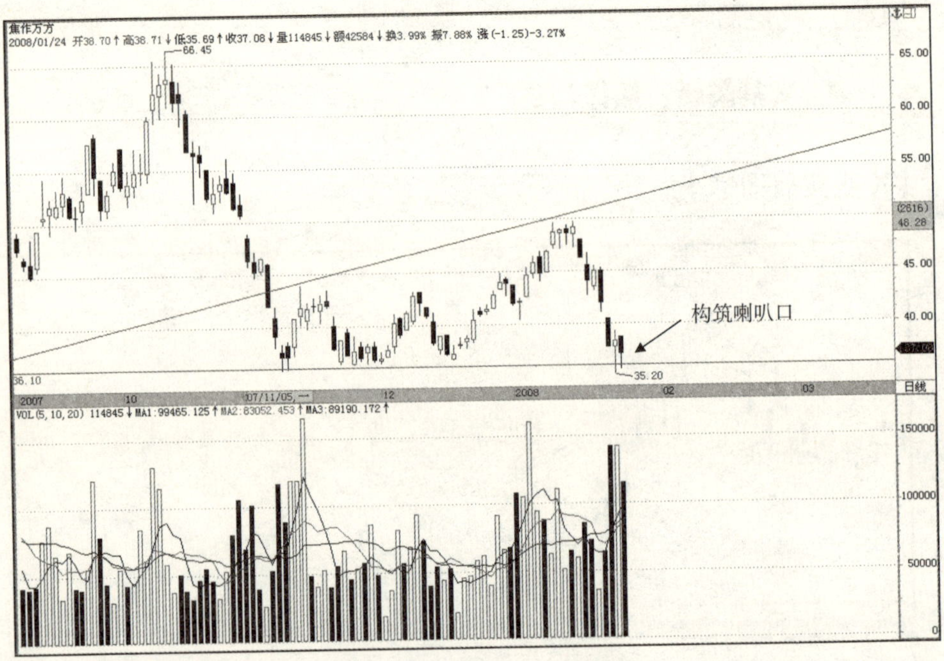

图 10-9 焦作万方 000612

看盘精要

喇叭口形成时的K线走势分析：

（1）2008 年 1 月 24 日，股价形成喇叭口的第三个低点，喇叭口形态构筑成功。

（2）投资者应注意，股价有大幅下跌的危险。

（3）仍然满仓的投资者要注意在喇叭口的震荡中择机出局。

【K 线实战图谱】

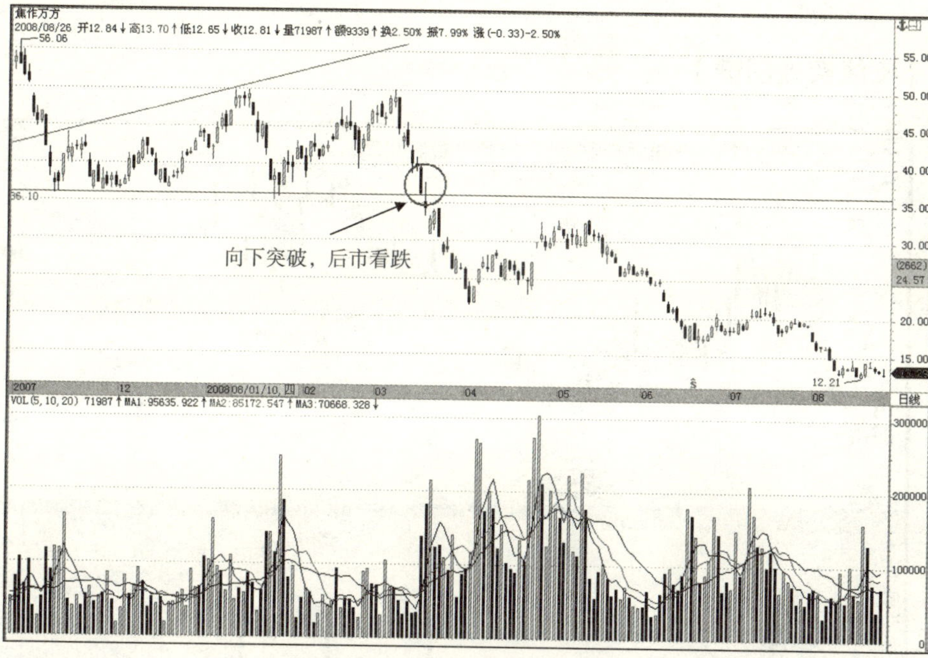

图 10-10　焦作万方　000612

看盘精要

喇叭口形成后的 K 线走势解读：

（1）投资者最后的清仓机会在股价下破喇叭口下边线的当日，见图 10-10 的圆圈处。

（2）股价随后展开了山洪暴发般的狂泻，最低跌至 5.96 元，从股价跌破喇叭口下边线算起，跌幅达到 84%。

（3）了解喇叭口形态在高位的反转作用，可使投资者避免漫漫的熊市，躲避重大损失。

实战解析：天马股份

【K线实战图谱】

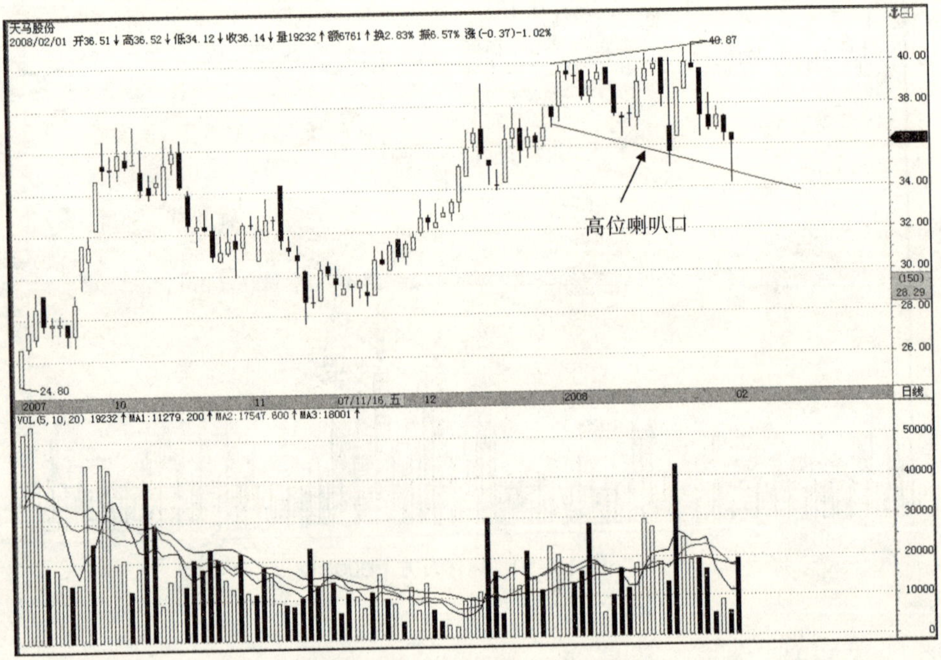

图10-11 天马股份 002122

看盘精要

喇叭口形成时的K线走势分析：

（1）图10-11是天马股份2007年9月13日至2008年2月1日的日线图。

（2）从图中可以看出，股价前期处于上升趋势，而近段时间呈现喇叭口整理走势，并于2008年2月1日形成第三个低点，确认喇叭口形态构筑成功。

（3）投资者要注意逢高减仓或出局。

【K 线实战图谱】

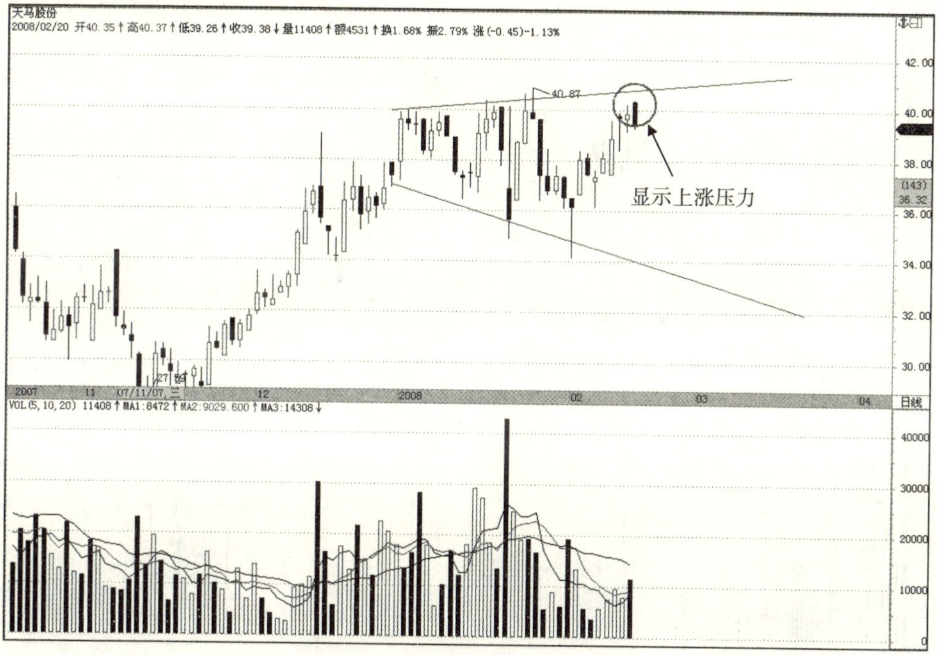

图 10-12　天马股份　002122

看盘精要

喇叭口形成后的 K 线走势解读：

（1）2008 年 2 月 20 日，股价再次来到喇叭口的上边线附近，随即走出了一根光头阴线，见图 10-12 中的圆圈内。

（2）参考股价曾多次在这一位置附近受压回落，而这次更加显得上冲力度不足，投资者应在此处果断出场。

【K线实战图谱】

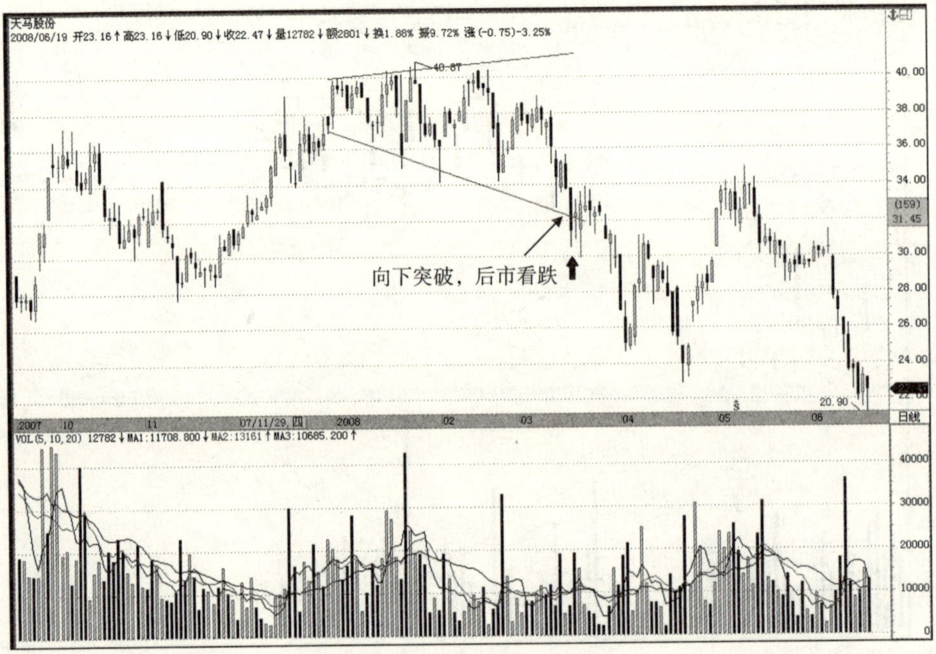

图 10-13 天马股份 002122

看盘精要

喇叭口形成后的 K 线走势解读：

（1）股价在喇叭口上边线附近再次回落至下边线附近，依然展开宽幅震荡。

（2）2008 年 3 月 18 日（图 10-13 向上箭头所指），股价向下跌破喇叭口下边线，仍然持股的投资者应果断离场。

（3）股价后来跌至 20.90 元，从跌破喇叭口下边线开始，股价跌幅达到了 35%。

第11章

上升旗形形态操练

第一节　上升旗形形态的识别

1. 上升旗形的图形特征

【K 线实战图谱】

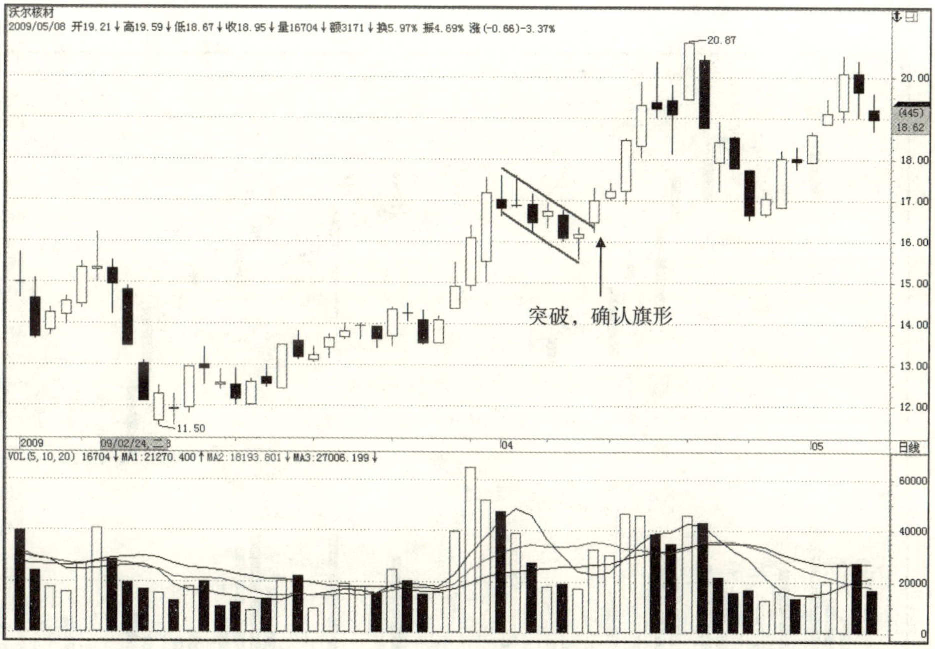

图 11-1　沃尔核材　002130

看盘精要

上升旗形形态的 K 线走势分析：

（1）上升旗形形态形成的原理：股价在上升后走出一波下跌行情，在下落到某个低点后开始反弹，但反弹的力量不够，没有达到前期高点就重新下落，并向下突破上次的低点，在某个价位止跌后又开始反弹。如此反复多次后，股价向上突破，继续前期的上升趋势。

（2）如果我们把每一个短期波段的高点和低点用直线连接起来，就形成了一个由左上向右下方倾斜的平行四边形，如图 11-1 所示，这就是上升旗形。

（3）上升旗形突破后，后市看涨。

2. 上升旗形形态的确认

【K 线实战图谱】

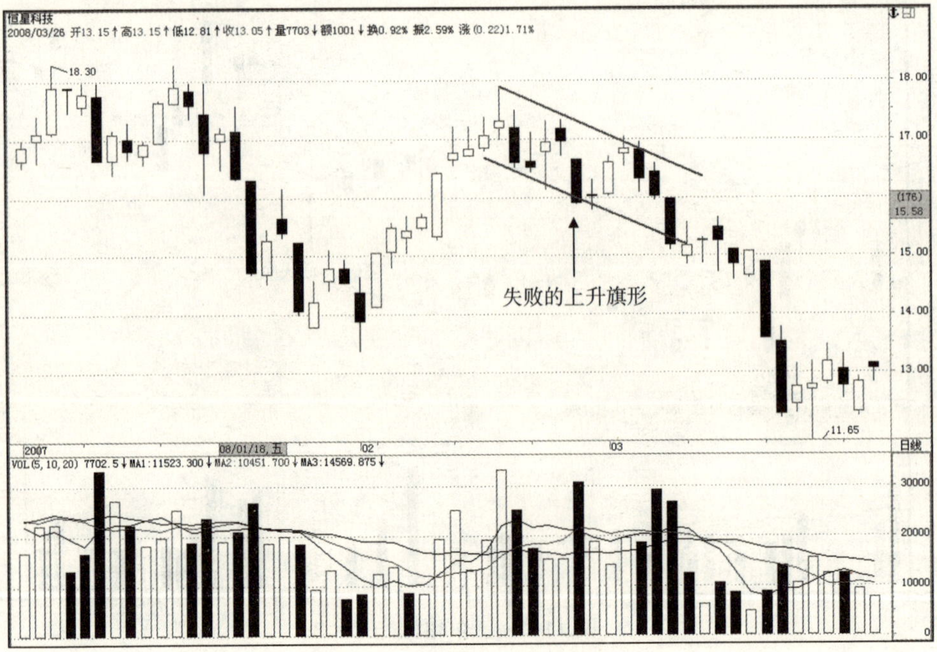

图 11-2 恒星科技 002132

看盘精要

上升旗形形态的 K 线走势分析：

（1）上升旗形确认的关键在于旗面上边线的有效突破。这里的上边线，是指上升旗形从左至右的高点连接的横线。

（2）如果上边线没有被有效突破，即使 K 线形态看着类似上升旗形，也不是上升旗形形态，如图 11-2，上升旗形形态构筑失败。

（3）如果上边线被有效突破后，即可确认上升旗形形态。但是，实际行情走势中，上边线被突破后经常还有个回抽确认的过程。如果回抽后，股价继续上升的趋势，同样意味上升旗形形态成立。反之，则为假突破。

3. 上升旗形形态重点提示

【K 线实战图谱】

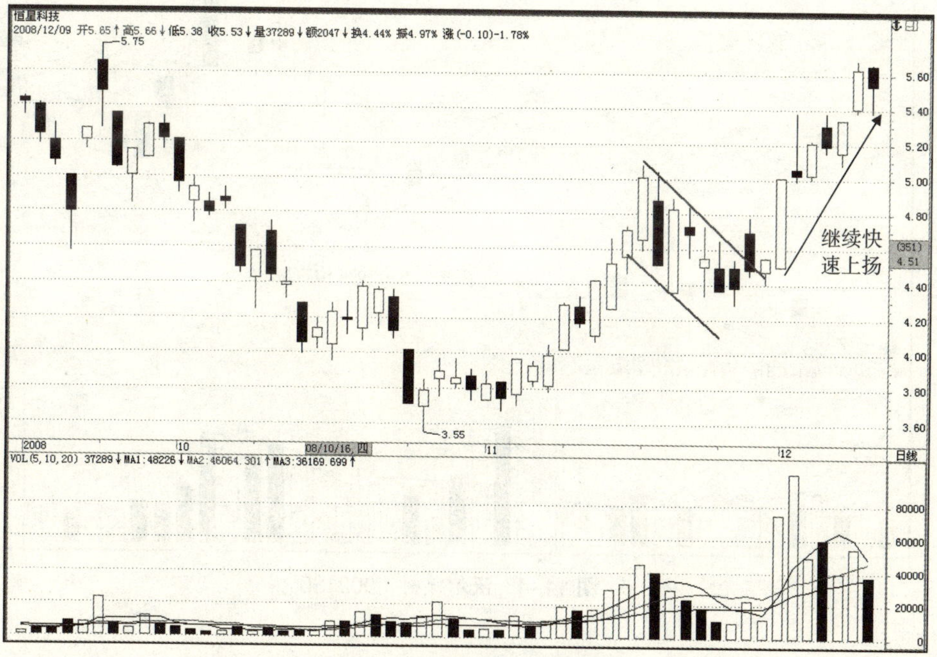

图 11-3　恒星科技　002132

看盘精要

上升旗形形态的K线走势分析：

（1）上升旗形是重要的整理形态，暗示有向上突破的可能。

（2）上升旗形一般处在股价的上升途中。

（3）上升旗形属于短期形态，一般在1～3个星期内完成。之所以持续的时间短，正是由于它是一个激烈上升走势的短暂过渡形态，在突破之后走势将沿着原来的方向发展，市场买方占较大的优势，只是短暂调整过程中形成的形态。

4. 上升旗形形态实战意义

【K线实战图谱】

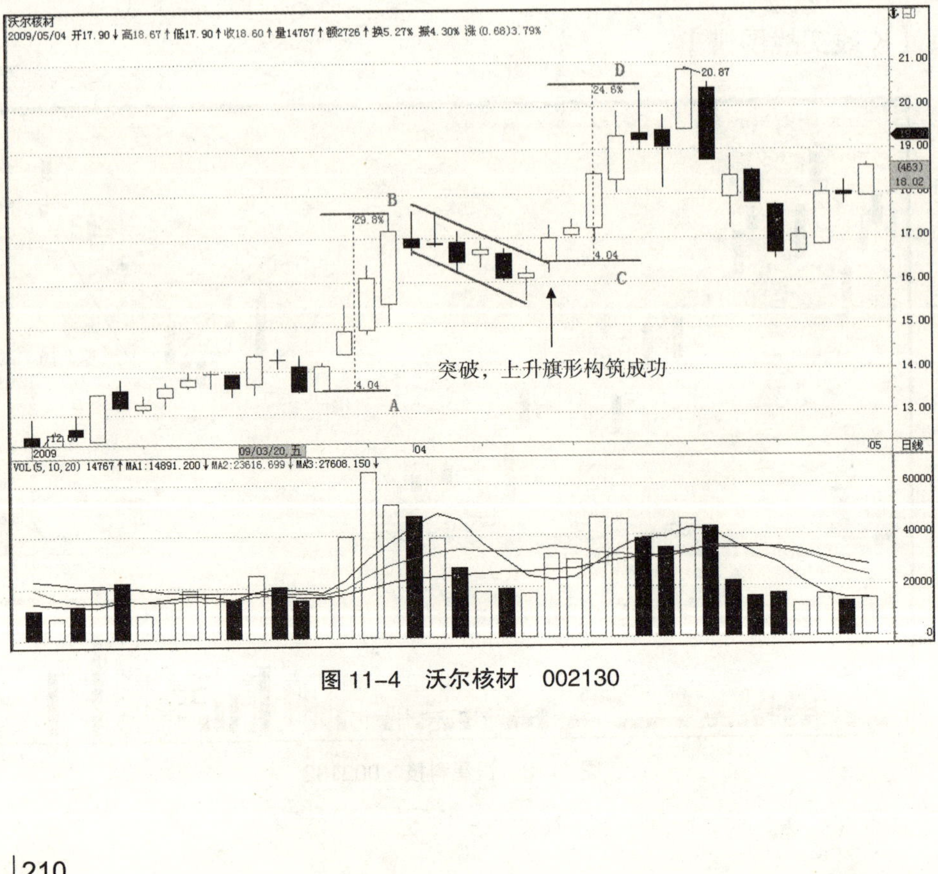

图11-4 沃尔核材 002130

看盘精要

上升旗形形态的 K 线走势分析：

（1）当股价正式突破上边线时，持币者入场，持股者继续持股。所谓正式突破上边线，是指股票的收盘价在上边线之上。

（2）如果只是上影线刺穿上边线，不算突破上边线，继续观察。

（3）在上边线没有被突破之前，不可先入为主将其断定为上升旗形，盲目做多。潜在的上升旗形形态，也可能会演化成矩形或其他形态。

（4）上升旗形形态一旦得到确认，就可以用它对后市进行测算。上升旗形形态突破后的涨幅常是旗杆至旗面的高度，参见图 11–4，即 AB=CD。

第二节 上升旗形形态实战操练

1. 上升旗形形态应对技巧

实战解析：深圳惠程

【K线实战图谱】

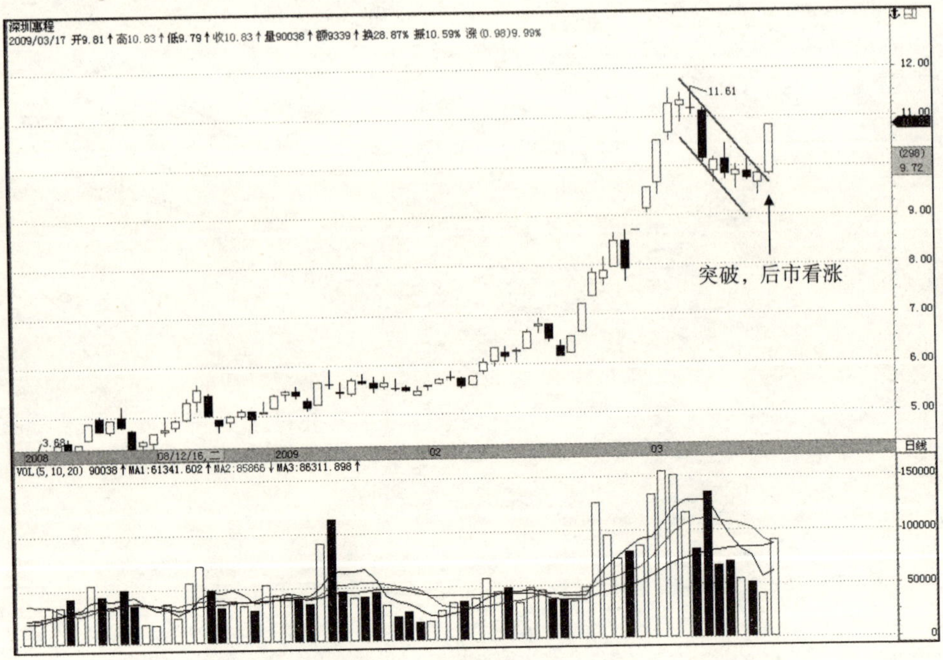

图 11-5 深圳惠程 002168

看盘精要

上升旗形形成时的 K 线走势分析：

（1）图 11-5 是深圳惠程 2008 年 12 月 1 日至 2009 年 3 月 17 日的日线图。

（2）股价在上升中展开了调整，形成了上升旗形的形态。

（3）2009 年 3 月 17 日，伴着成交量的放大，股价突破旗面的上边线，确认上升旗形构筑成功，投资者进场。

【K 线实战图谱】

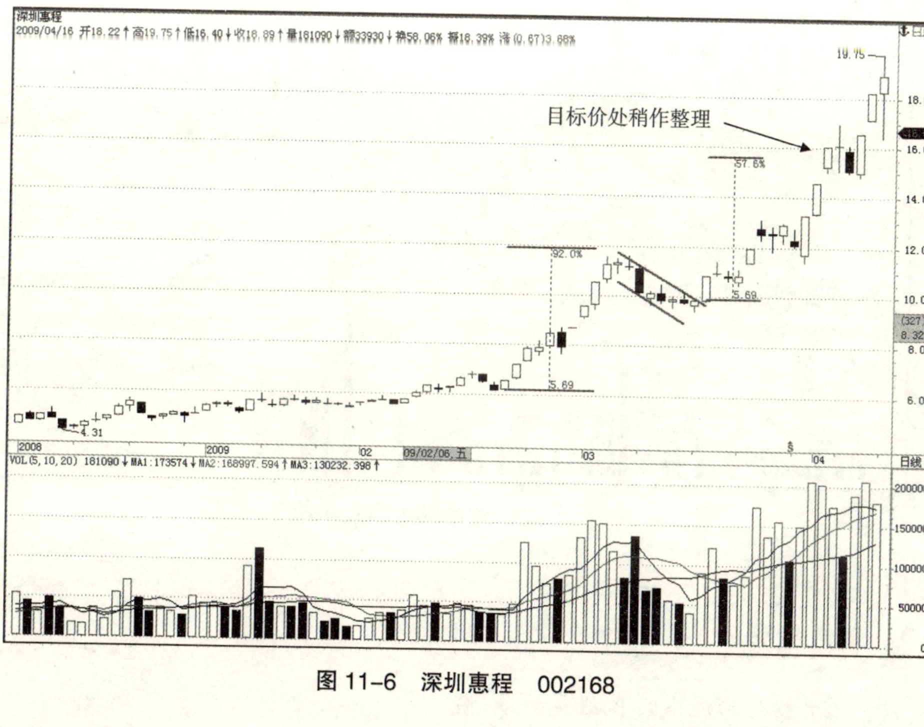

图 11-6　深圳惠程　002168

看盘精要

上升旗形形成后的 K 线走势解读：

（1）计算目标价：首先测量旗形的高度为 5.69 元，突破时的旗面的上沿为 9.88 元，9.88+5.69=15.57 元。

（2）股价很快到达目标价，并继续涨至 19.75 元，突破旗面后涨幅达到了 100%。

↗ 实战解析：正邦科技

【K线实战图谱】

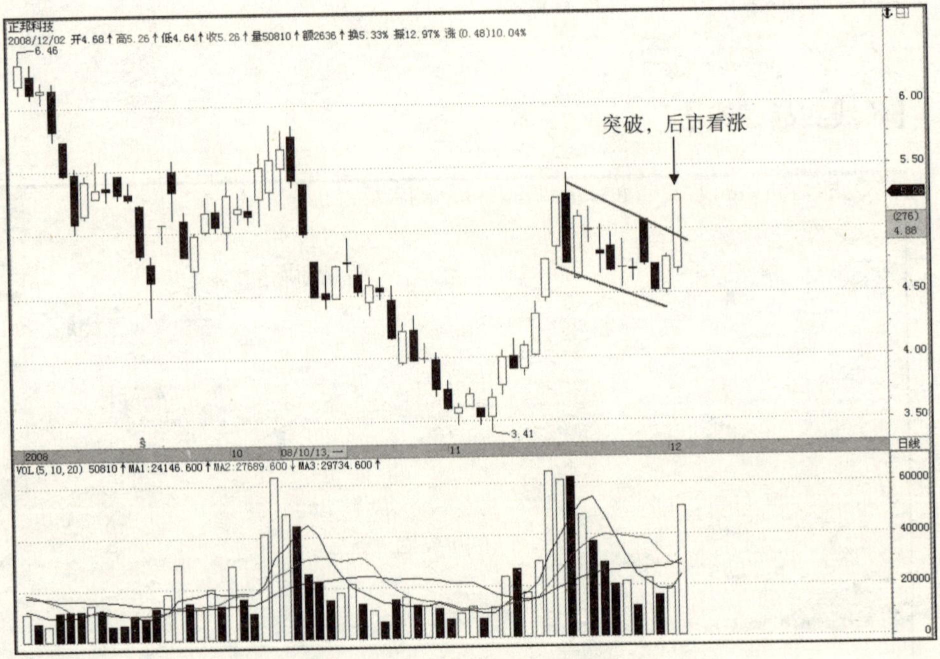

图 11–7　正邦科技　002157

看盘精要

上升旗形形成中的 K 线走势分析：

（1）图 11–7 是正邦科技 2008 年 8 月 29 日至 2008 年 12 月 2 日的日线图。

（2）股价在上升中展开了调整，形成了上升旗形的形态。

（3）2008 年 12 月 2 日，伴着成交量的放大，股价突破旗面的上边线，确认上升旗形构筑成功，投资者进场。

【K 线实战图谱】

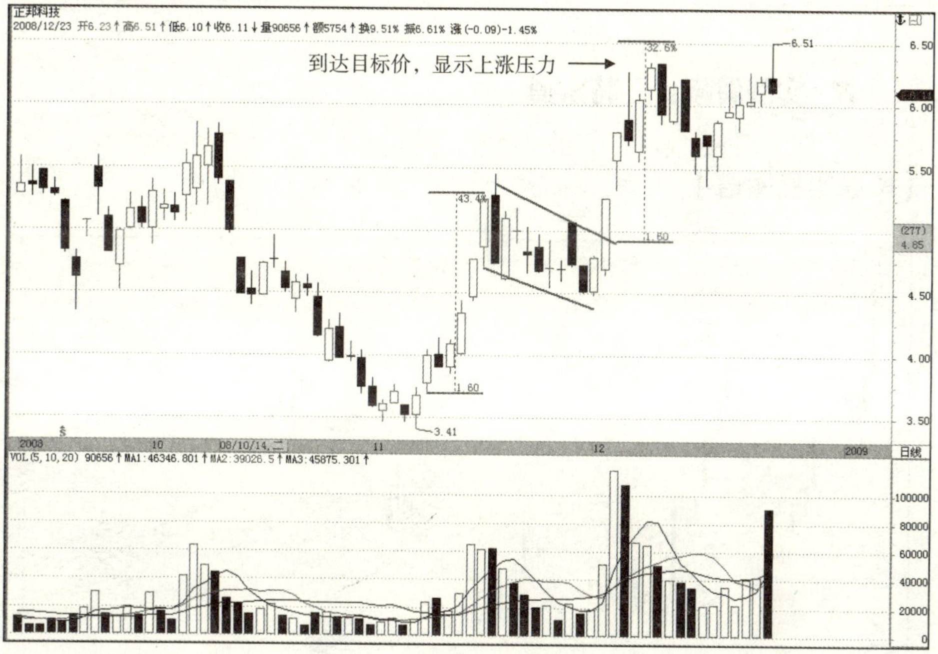

图 11-8　正邦科技　002157

看盘精要

上升旗形形成后的 K 线走势解读：

（1）按上升旗形计算目标价：旗形的高度为 1.60 元，突破时的旗面的上沿为 4.91 元，4.91+1.60=6.51 元。股价上涨到达目标价。

（2）上升旗形调整的周期较短，我们通过上升旗形所测量的目标价也是短期的目标价，方便短线操作的投资者参考。

（3）中长线投资者不可根据此形态出场，因其只是调整形态。

2. 失败的上升旗形形态应对技巧

➚ 实战解析：三特索道

【K线实战图谱】

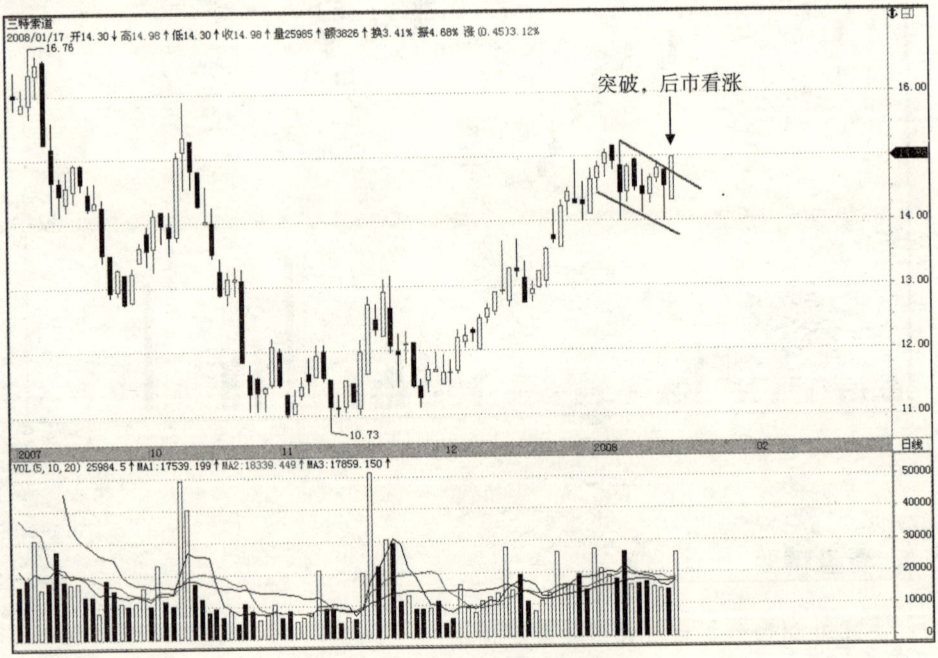

图 11-9 三特索道 002159

看盘精要

上升旗形形成时的K线走势分析：

（1）图11-9是三特索道2007年9月5日至2008年1月17日的日线图。

（2）从图中可以看出，股价1月份呈现旗形整理走势，并于2008年1月17日向上突破旗面上边线，确认上升旗形构筑成功。

（3）投资者进仓。

【K 线实战图谱】

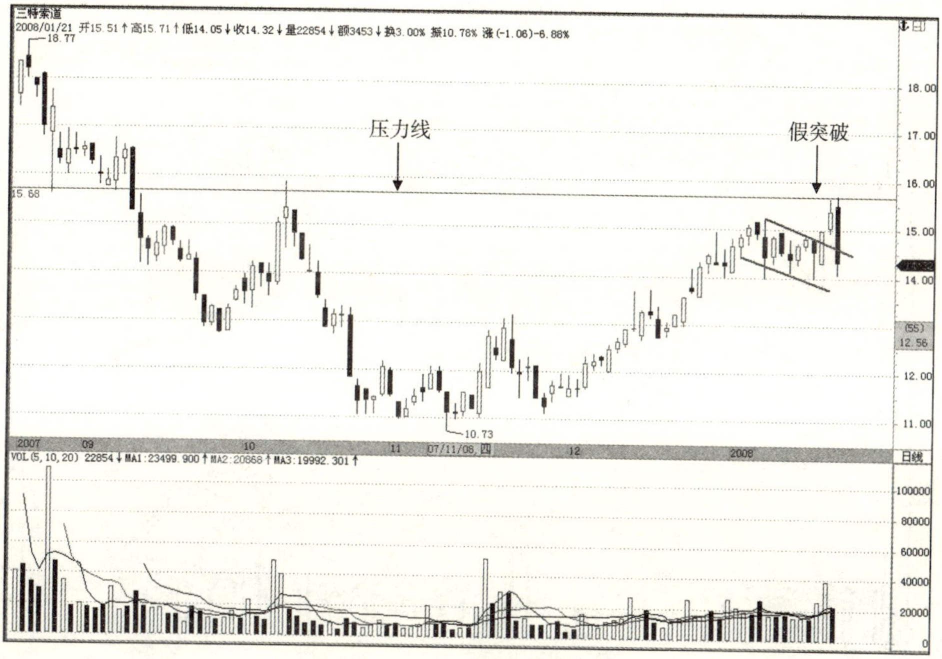

图 11–10　三特索道　002159

看盘精要

上升旗形形成后的 K 线走势解读：

（1）时间来到 2008 年 1 月 21 日，股价突破上边线后很快回抽到上边线，并且向下突破了上边线。

（2）研读股价的前期走势，15.68 元附近为关键价位，此处压力较大，见图 11–10 中的横线处。当股价在此明显受阻时，可考虑出局。

（3）当股价回抽却跌破上边线时，上升旗形被破坏，此时不能再按照上升旗形来进行操作了，按照上升旗形进仓的部分应出局。

【K 线实战图谱】

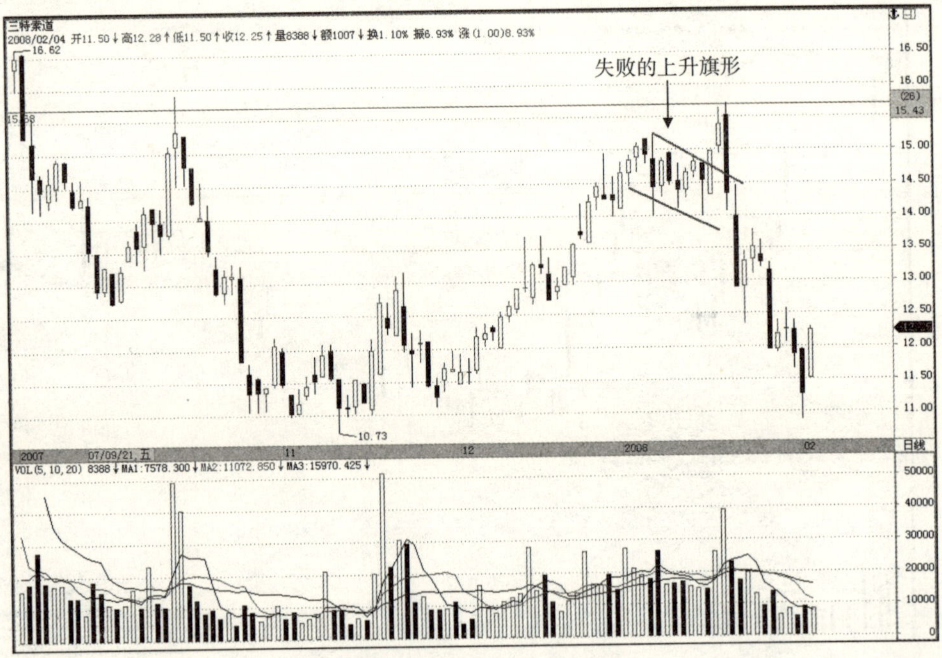

图 11–11　三特索道　002159

看盘精要

上升旗形形成后的 K 线走势解读：

（1）从图 11–11 可看出，股价跌破旗形后，展开了一轮猛烈的下跌，跌幅达到了 21%。

（2）当上升旗形被破坏时，股价有下跌的危险，投资者应慎重操作。

（3）由此例我们可知，按照形态来操作并不是百分之百成功的，因此不能僵化地应用形态。

第12章

下降旗形形态操练

第一节　下降旗形形态的识别

1. 下降旗形的图形特征

【K 线实战图谱】

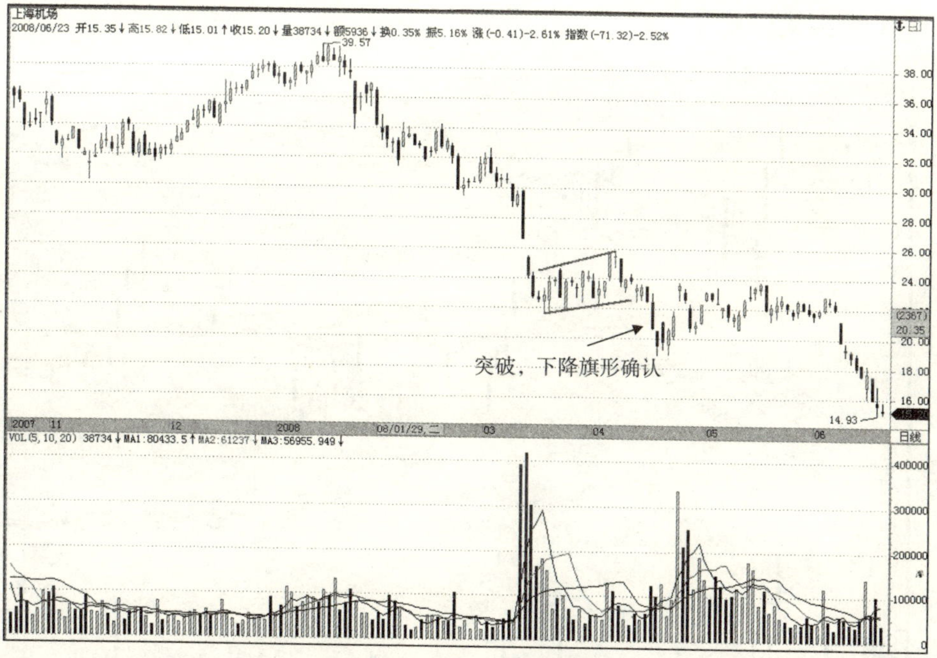

图 12-1　上海机场　600009

看盘精要

下降旗形形态的 K 线走势分析：

（1）下降旗形形态形成的原理：股价出现一波下跌后，由于低位的承接买盘逐渐增加，价格出现大幅波动。在下跌过程中，成交量达到高峰，抛售的力量逐渐减少，在一定的位置有强支撑，于是形成了第一次比较强劲的反弹，然后再次下跌，然后再反弹，经过数次反弹，形成了一个类似于上升通道的图形。

（2）如果我们把每一个短期波段的高点和低点用直线连接起来，就形成了一个由左下向右上方倾斜的平行四边形，如图 12–1 所示，这就是下降旗形。

（3）下降旗形突破后，后市看跌。

2. 下降旗形形态的确认

【K 线实战图谱】

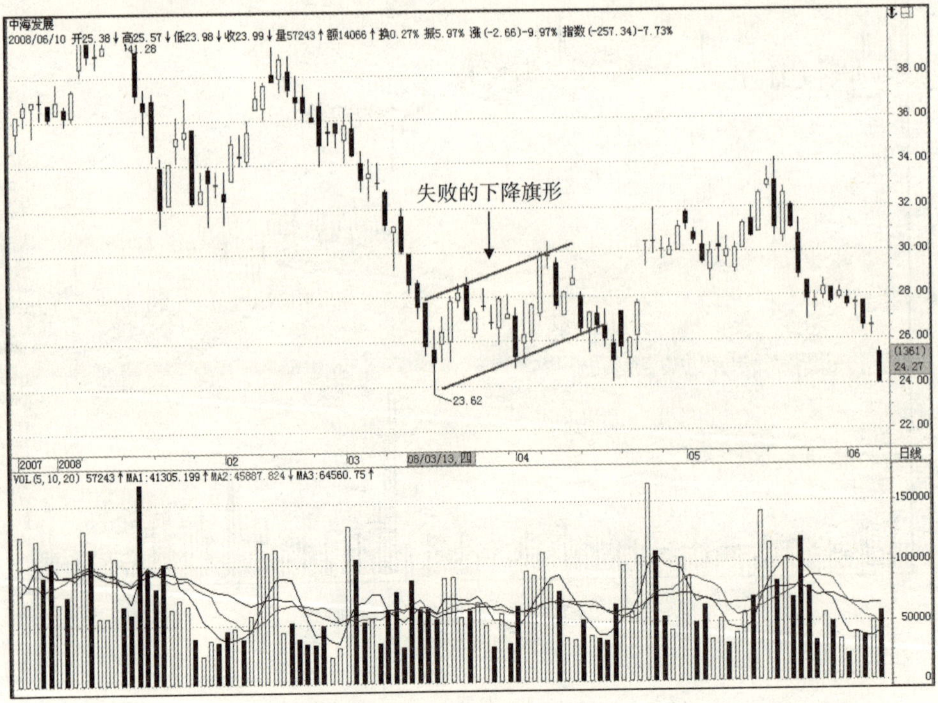

图 12–2 中海发展 600026

看盘精要

下降旗形形态的 K 线走势分析：

（1）下降旗形确认的关键在于旗面下边线的有效突破。这里的下边线，是指下降旗形从左至右的低点连接而成的横线。

（2）如果下边线没有被有效突破，即使 K 线形态看着类似下降旗形，也不是下降旗形形态。如图 12–2，下降旗形形态构筑失败。

（3）下边线被有效突破后，即可确认下降旗形形态。但是，实际行情走势中，下边线被突破后经常还有个回抽确认的过程。如果回抽后，股价继续呈下降的趋势，同样意味下降旗形形态成立。反之，则为假突破。

3. 下降旗形形态重点提示

【K 线实战图谱】

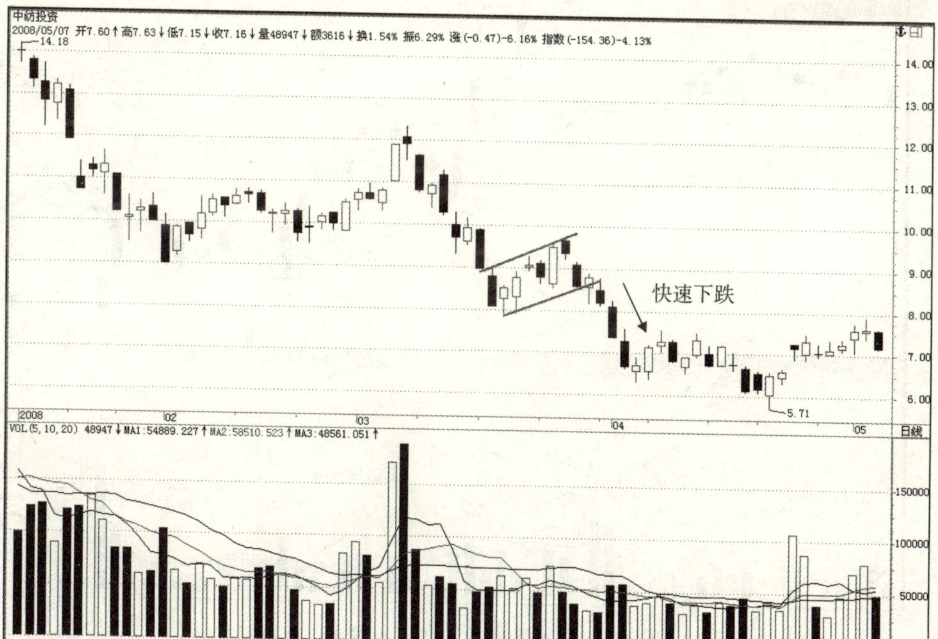

图 12–3　中纺投资（国投安信）　600061

看盘精要

下降旗形形态的K线走势分析：

（1）下降旗形是重要的整理形态，暗示有向下突破的可能。

（2）下降旗形一般处在股价的下降途中。

（3）下降旗形属于短期形态，一般在1～3个星期内完成。之所以持续的时间短，正是由于它是一个激烈下降走势的短暂过渡形态，在突破之后走势将沿着原来的方向发展，市场卖方占较大的优势，只是短暂调整过程中形成的形态。

4. 下降旗形形态实战意义

【K线实战图谱】

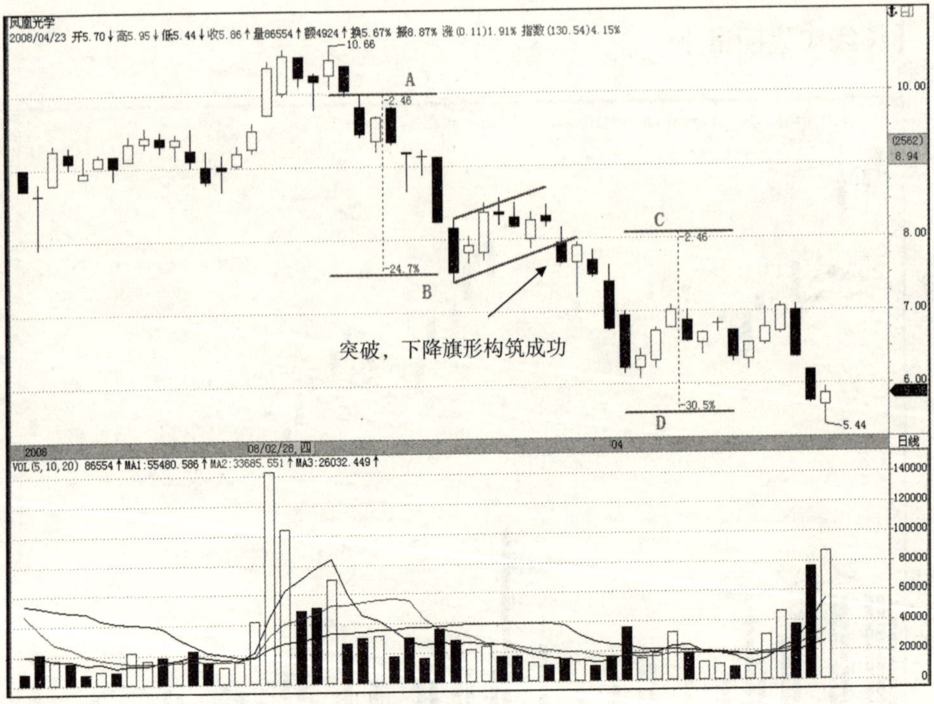

图12-4 凤凰光学（*ST光学） 600071

看盘精要

下降旗形形态的 K 线走势分析：

（1）当股价正式突破下边线时，持币者观望，持股者出局。所谓正式突破下边线，是指股票的收盘价在下边线之下。

（2）如果只是下影线刺穿下边线，不算突破下边线，继续观察。

（3）在下边线没有被突破之前，不可先入为主将其断定为下降旗形。

（4）下降旗形形态一旦得到确认，就可以用它对后市进行测算。下降旗形形态突破后的跌幅常是旗杆至旗面的高度，参见图 12-4，即 AB=CD。

第二节 下降旗形形态实战操练

1. 下降旗形形态应对技巧

↗ 实战解析：民生银行

【K线实战图谱】

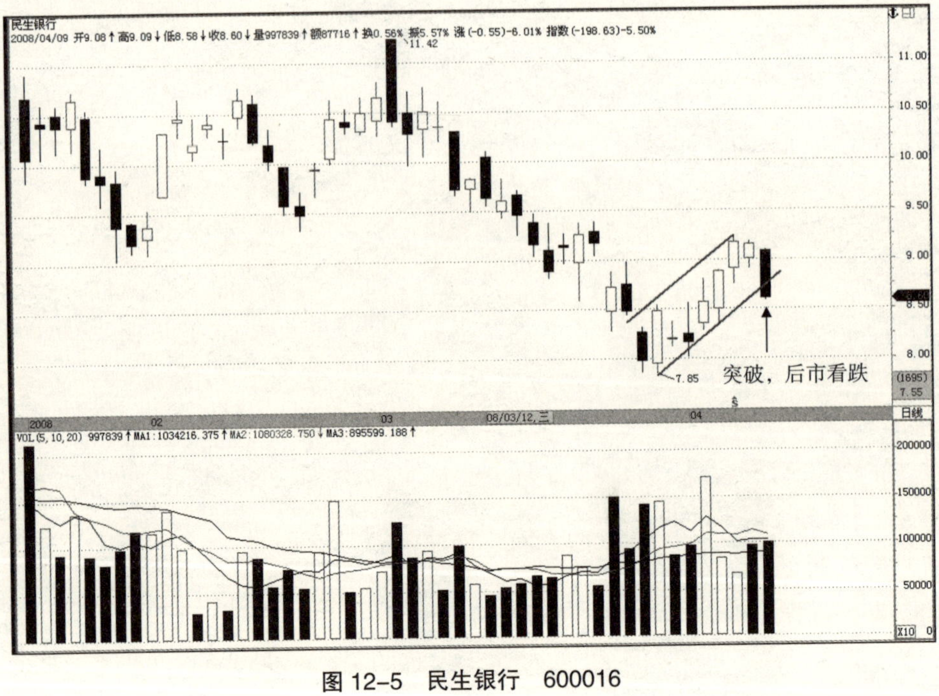

图12-5 民生银行 600016

看盘精要

下降旗形形成时的 K 线走势分析：

（1）图 12-5 是民生银行 2008 年 1 月 22 日至 2008 年 4 月 9 日的日线图。

（2）股价在下降过程中展开了调整，形成了下降旗形的形态。

（3）2008 年 4 月 9 日，股价突破旗面的下边线，确认下降旗形构筑成功，投资者出局。

【K 线实战图谱】

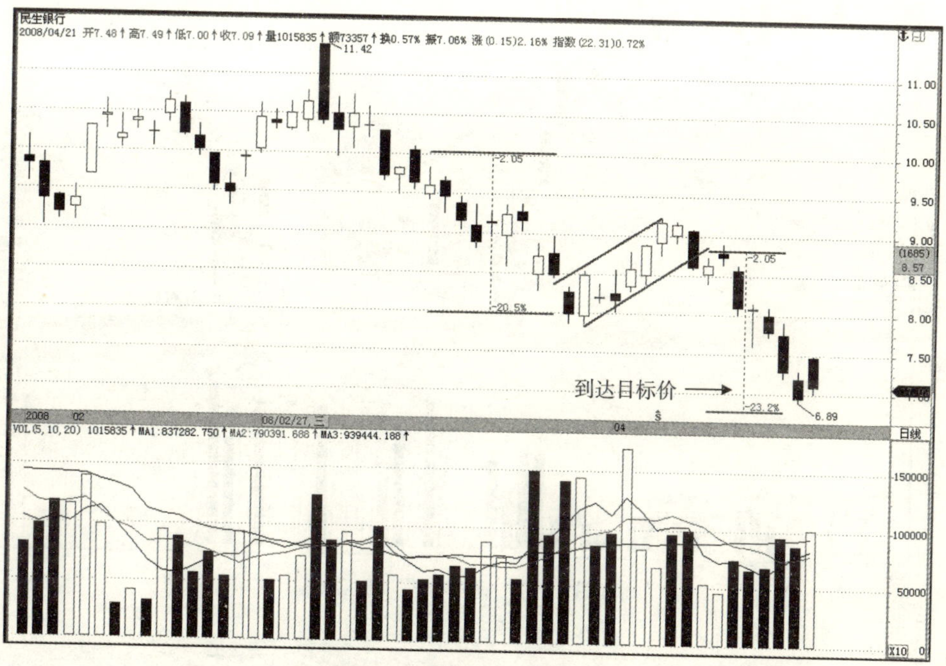

图 12-6　民生银行　600016

看盘精要

下降旗形形成后的 K 线走势解读：

（1）计算目标价：首先测量旗形的高度为 2.05 元，突破时，旗面的下沿为 8.83 元，8.83-2.05=6.78 元。

（2）股价很快到达目标价，从突破旗面下边线开始计算，股价在 7 个交易日跌幅达到 22%。

（3）掌握下降旗形可使投资者避开大幅下跌。

↗ 实战解析：南方航空

【K 线实战图谱】

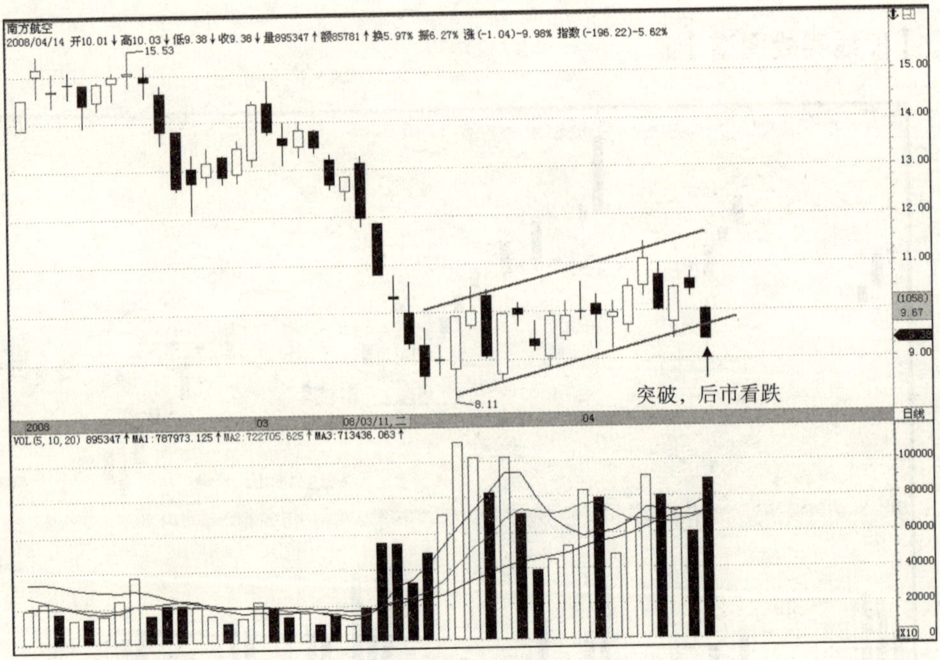

图 12-7 南方航空 600029

◣ 看盘精要

下降旗形形成时的 K 线走势分析：

（1）图 12-7 是南方航空 2008 年 2 月 4 日至 2008 年 4 月 14 日的日线图。

（2）股价在下降过程中展开了调整，形成了下降旗形的形态。

（3）2008 年 4 月 14 日，股价突破旗面的下边线，确认下降旗形构筑成功，投资者出场。

【K 线实战图谱】

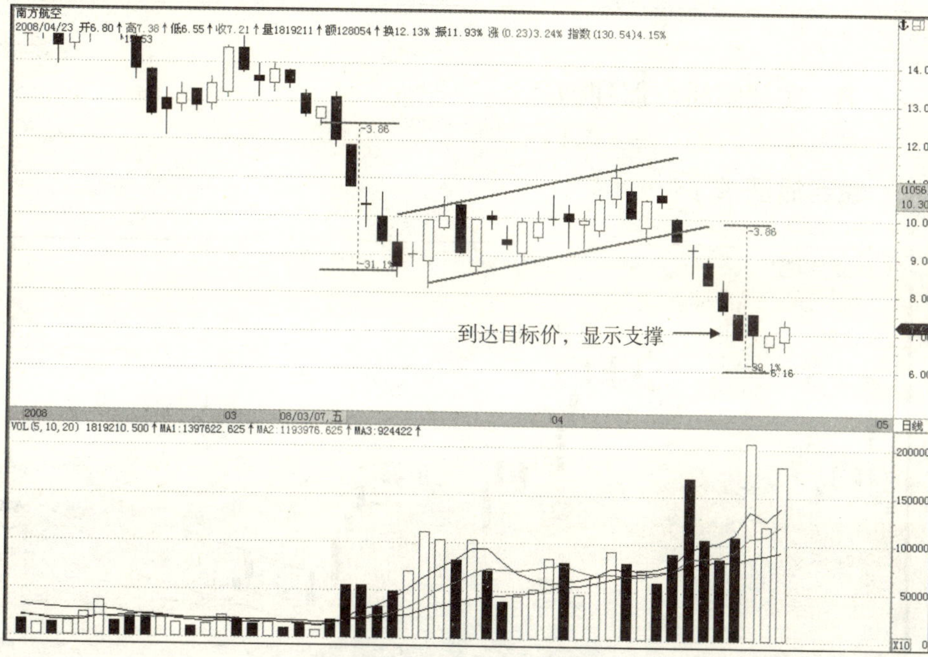

图 12-8　南方航空　600029

看盘精要

下降旗形形成后的 K 线走势解读：

（1）按下降旗形计算目标价：旗形的高度为 3.86 元，突破时，旗面的下沿为 9.88 元，9.88–3.86=6.02 元。股价下跌到达目标价附近。

（2）出现下降旗形时，投资者还是持币观望为妙。

2. 失败的下降旗形形态应对技巧

↗ 实战解析：保利地产

【K线实战图谱】

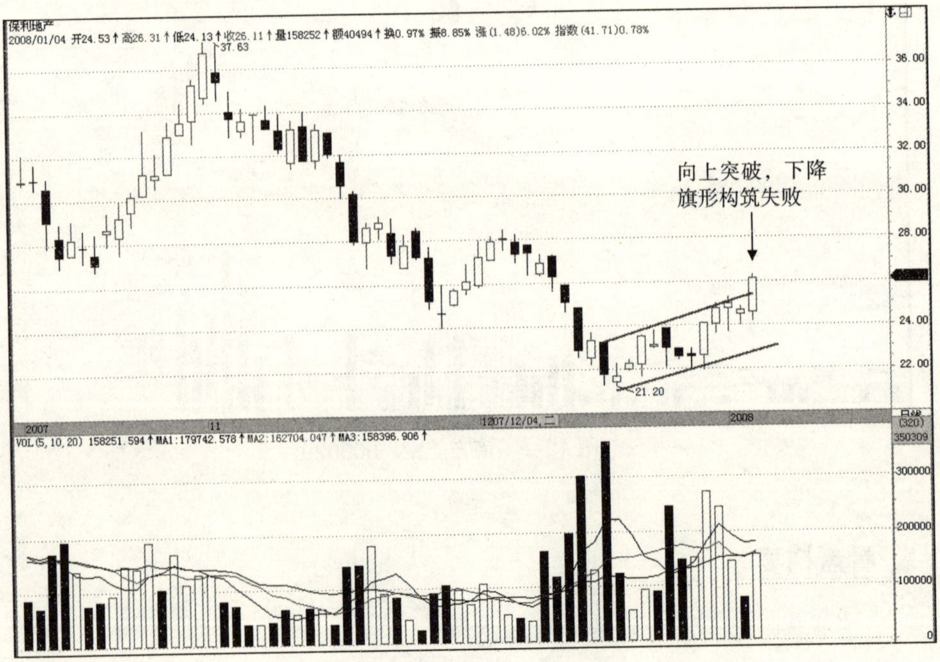

图 12-9 保利地产 600048

看盘精要

下降旗形形成时的K线走势分析：

（1）图12-9是保利地产2007年10月10日至2008年1月4日的日线图。

（2）从图中可以看出，股价最近呈现旗形整理走势，并于2008年1月4日向上突破旗面上边线，确认下降旗形构筑不成功。

（3）持币者继续观望，持股者继续持股。

【K 线实战图谱】

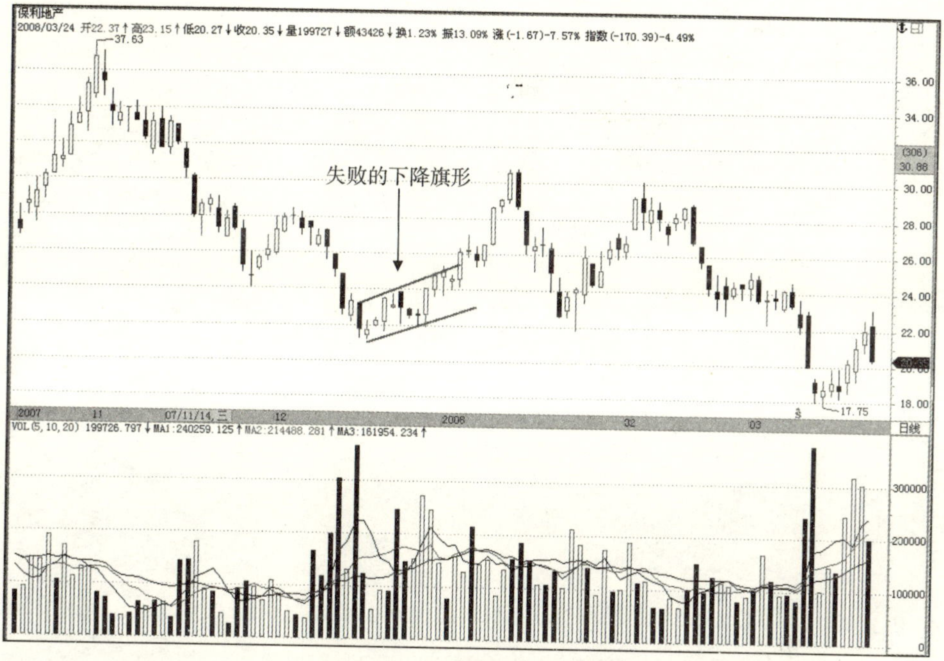

图 12-10　保利地产　600048

看盘精要

下降旗形形成后的 K 线走势解读：

（1）这是一个失败的下降旗形。

（2）当某个形态构筑失败时，投资者就要放弃对这一形态的判断，而改为通过其他的方法来指导自己的操作，一定要客观，不可牵强地运用形态。

第13章

矩形形态操练

第一节　矩形形态的识别

1. 矩形的图形特征

【K 线实战图谱】

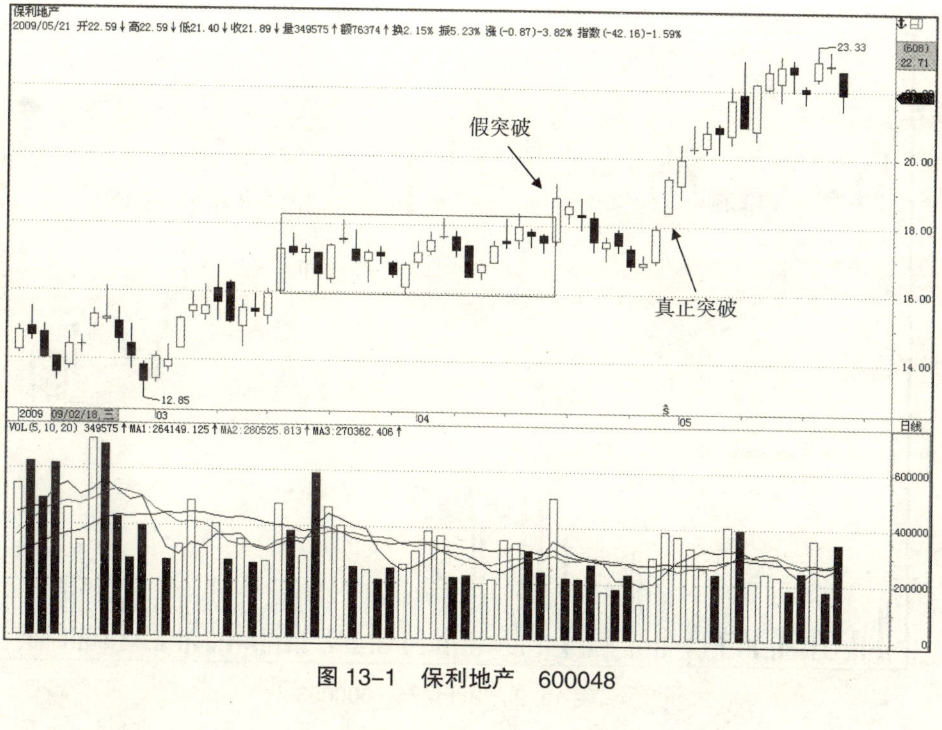

图 13–1　保利地产　600048

看盘精要

矩形形态的 K 线走势分析：

（1）股价在两条水平的上下界线之间变动而成的形态。股价在其范围之内出现上落。价格上升到某水平时遇上阻力，掉头回落，但很快便获得支持而上升，可是回升到上次同一高点时再一次受阻，而挫落到上次低点时则再次得到支持。

（2）这些短期高点和低点分别以直线连接起来，便可以绘出一条通道，这条通道是平行发展的，见图 13-1，这就是矩形形态。

（3）矩形走势反映的是实力相当的争战双方的竞争，多空双方的力量在该范围之间基本形成均衡状态。

2. 矩形形态重点提示

【K 线实战图谱】

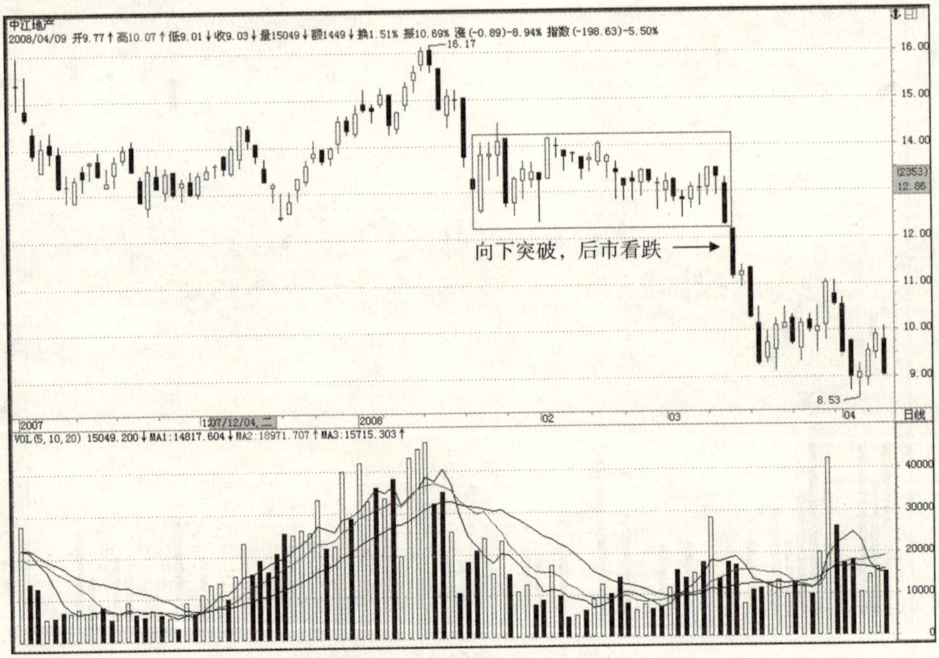

图 13-2 中江地产 600053

看盘精要

矩形形态的 K 线走势分析：

（1）矩形是股价整理的形态，在升市和跌市中都可能出现，长而窄且成交量小的矩形在原始底部比较常出现。

（2）矩形突破上边线为买入信号，矩形突破下边线为卖出信号。

（3）矩形突破后的涨跌幅度均为矩形高度的 1～3 倍。

（4）矩形形成的过程中，除非有突发性的消息扰乱，其成交量应该是不断减少的。如果在形态形成期间，有不规则的高成交量出现，形态可能失败。当股价突破矩形上限的水平时，必须有成交量激增的配合；但股价若跌破下限水平时，就不需要有成交量大幅增加。

3. 矩形形态实战意义

【K 线实战图谱】

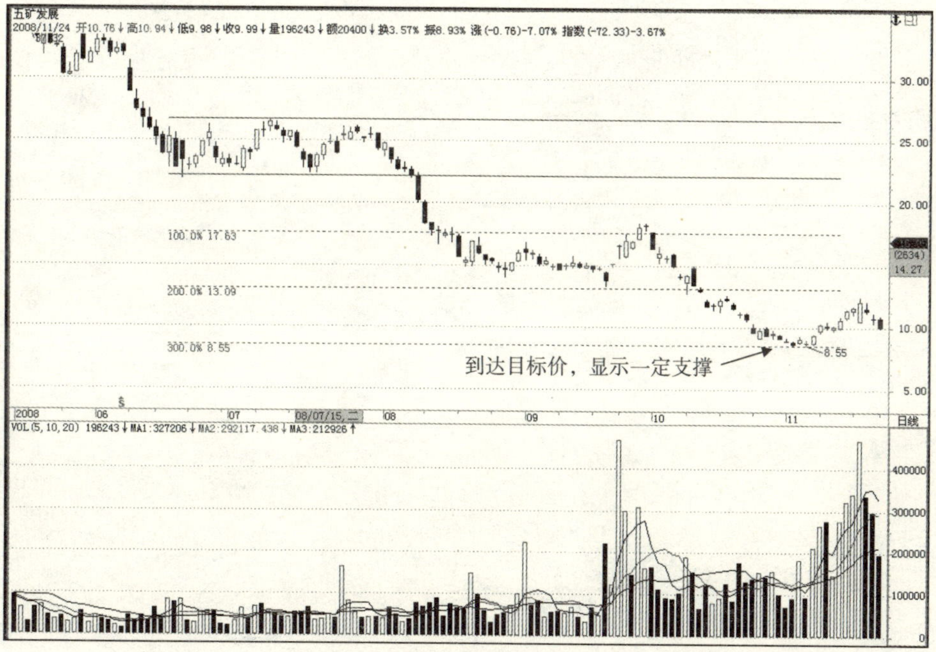

图 13-3　五矿发展　600058

看盘精要

矩形形态的K线走势分析：

（1）当股价正式跌破矩形下边线时，持股者清仓，持币者继续持币。所谓正式跌破下边线，是指股票的收盘价在下边线之下。

（2）如果只是下影线刺穿下边线，不算跌破下边线，继续观察。

（3）在上下边线没有被突破之前，仍为整理之中，不宜操作。

（4）在矩形被突破之前，上边线属于压力线，下边线属于支撑线。一旦向上突破，上边线则变为支撑线；而向下突破，下边线就变为压力线。

（5）矩形形态一旦得到确认，就可以用它对后市进行测算。矩形形态突破后的涨跌幅常是矩形本身高的1～3倍，参见图13–3。

第二节　矩形形态实战操练

1. 矩形形成过程中的应对技巧

【K 线实战图谱】

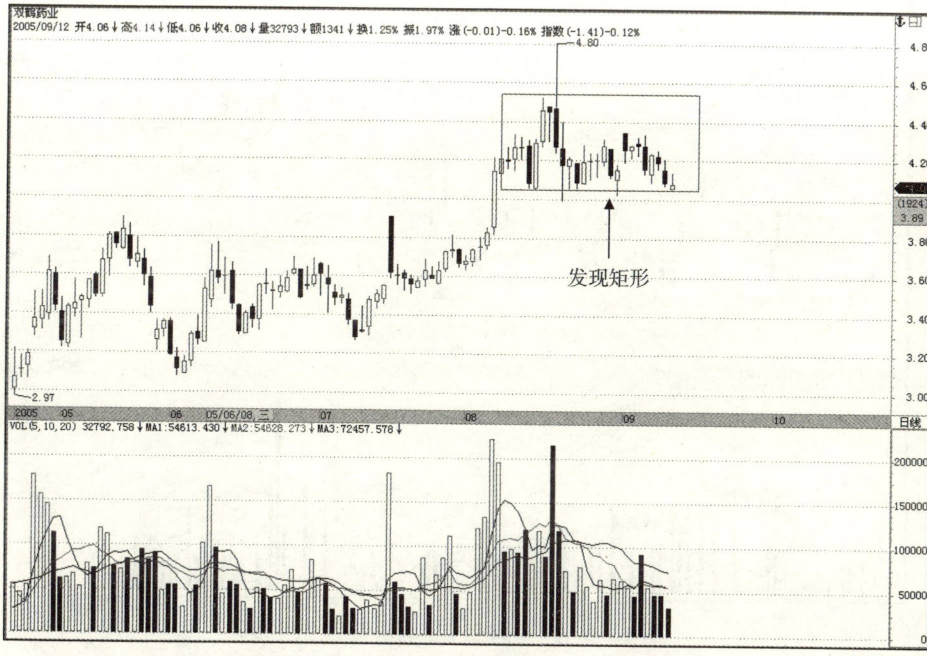

图 13-4　双鹤药业（华润双鹤）　600062

看盘精要

矩形形成中的 K 线走势分析：

（1）图 13-4 是双鹤药业（现名“华润双鹤”）2005 年 4 月 21 日至 2005 年 9 月 12 日的日线图。

（2）一般来说，矩形是个整理形态，在这个整理过程中，并不建议实施操作。

（3）如果矩形的震幅和时间都较长的话，短线投资者可以根据高抛低吸的原则轻仓参与。

（4）如本例中，2005 年 9 月 12 日，股价已第四次触及下边线，超短线投资者可轻仓介入，止损就设在下破矩形处。

【K 线实战图谱】

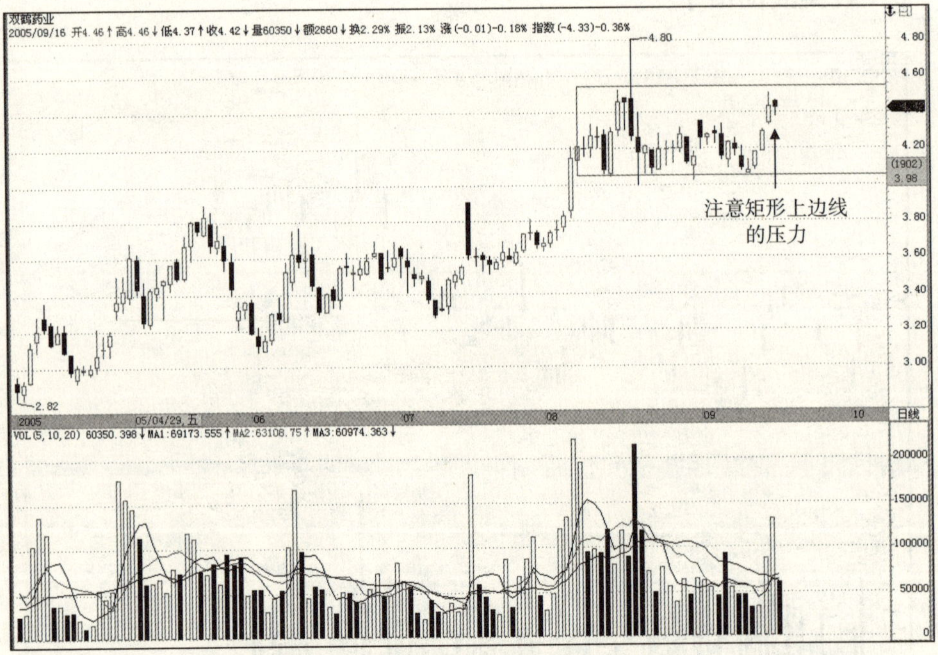

图 13-5 双鹤药业（华润双鹤） 600062

看盘精要

矩形形成中的 K 线走势分析：

（1）时间来到了 2005 年 9 月 16 日，股价到达矩形上边线附近时受阻。

（2）超短线介入的投资者，应在此处出局，以避免股价震荡损失利润。

（3）中长线和稳健的投资者继续观望。

【K 线实战图谱】

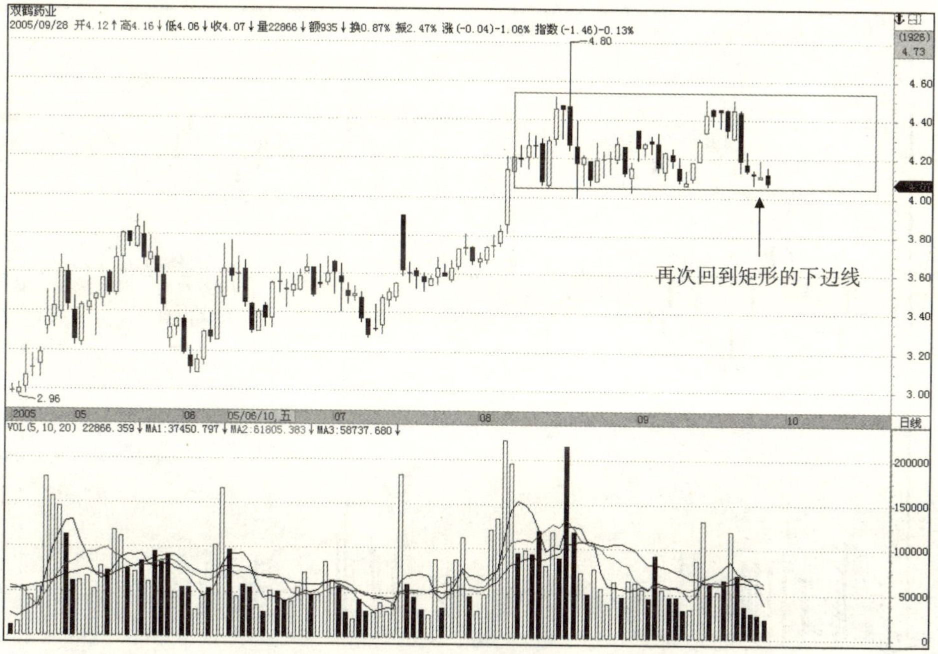

图 13-6　双鹤药业（华润双鹤）　600062

看盘精要

矩形形成中的 K 线走势分析：

（1）股价再次回落到矩形下边线，并显示了下边线的支撑作用。

（2）短线投资者可再度轻仓参与。这种态势不能太贪，小有利润即可。而到达上边线附近时，应果断出局。

【K线实战图谱】

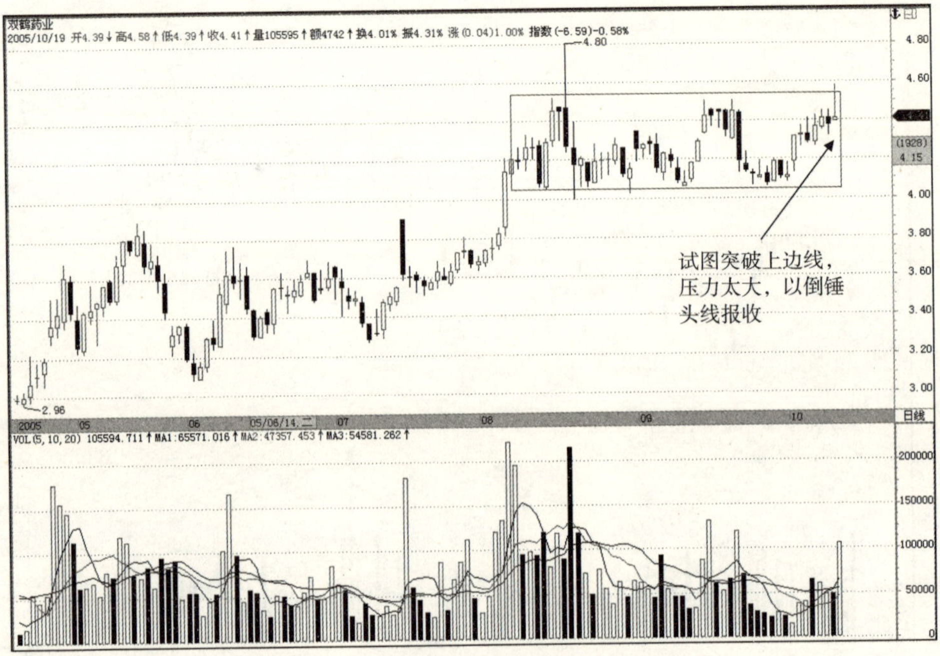

图 13–7　双鹤药业（华润双鹤）　600062

看盘精要

矩形形成中的K线走势分析：

（1）2005年10月19日，股价再次到达上边线时受阻，持股者果断离场。

（2）矩形的上边线为4.53元，下边线为4.05元，矩形高为0.48元。

（3）超短线投资者如果对矩形特点把握得好的话，可以赚取两个10%的利润。

【K 线实战图谱】

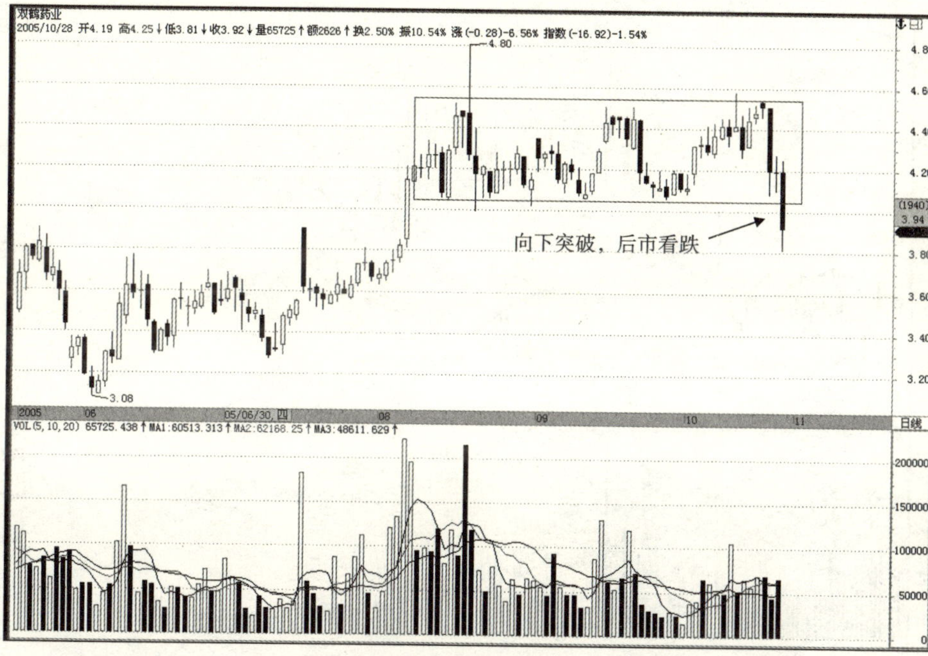

图 13-8　双鹤药业（华润双鹤）　600062

看盘精要

矩形形成后的 K 线走势解读：

（1）2005 年 10 月 28 日，股价以长阴线突破矩形下边线。

（2）持股者清仓，持币者继续持币观望。

【K 线实战图谱】

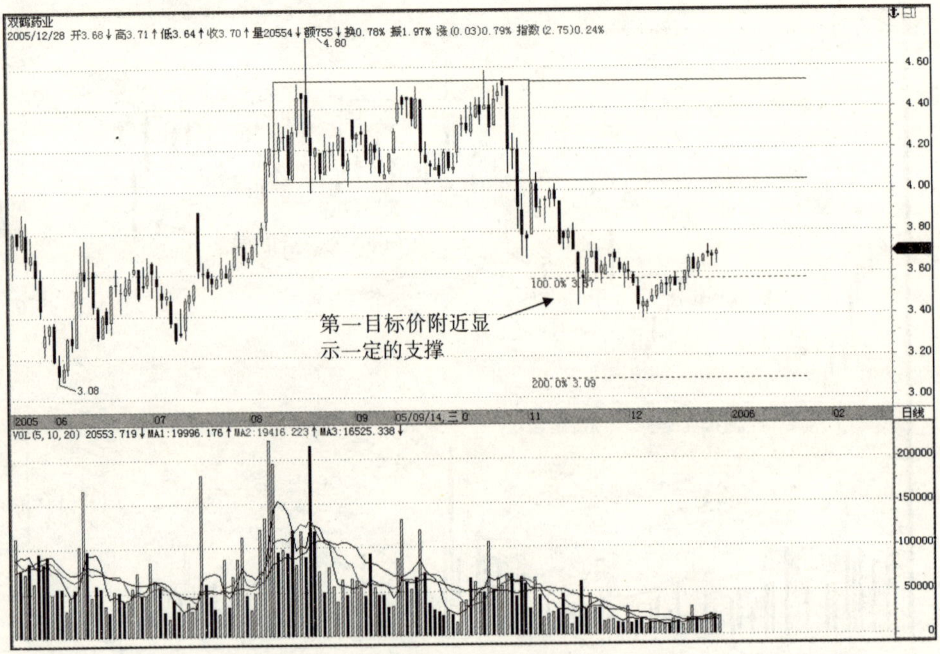

图 13–9　双鹤药业（华润双鹤）　600062

看盘精要

矩形形成后的 K 线走势解读：

（1）计算第一目标价：4.05–0.48=3.57 元。

（2）股价最低下破了第一目标价，随后企稳回升。

（3）短线技术好的投资者，不但没在这次下跌中产生亏损，而且还能在矩形整理过程中赚取两次 10%的利润。

2. 矩形形态应对技巧

↗ 实战解析：广州控股

【K 线实战图谱】

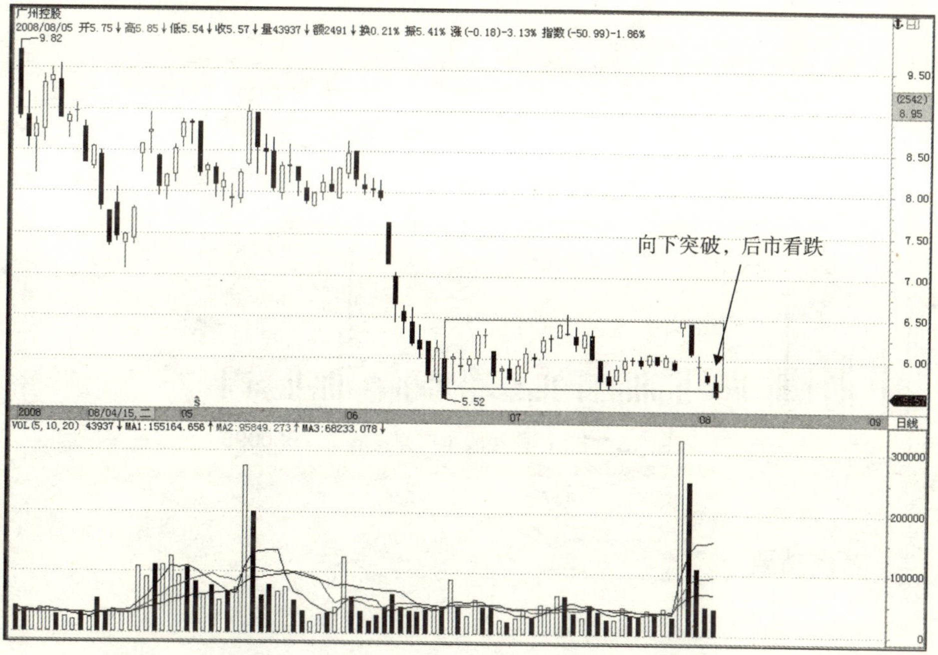

图 13–10　广州控股（广州发展）　600098

看盘精要

矩形形成后的 K 线走势解读：

（1）图 13–10 是广州控股（现名“广州发展”）2008 年 4 月 1 日至 2008 年 8 月 5 日的日线图。

（2）从图中可以看出，股价在前期处于下降趋势中，近期呈现矩形整理。

（3）2008 年 8 月 5 日，股价下穿矩形下边线，持股者出局。

【K线实战图谱】

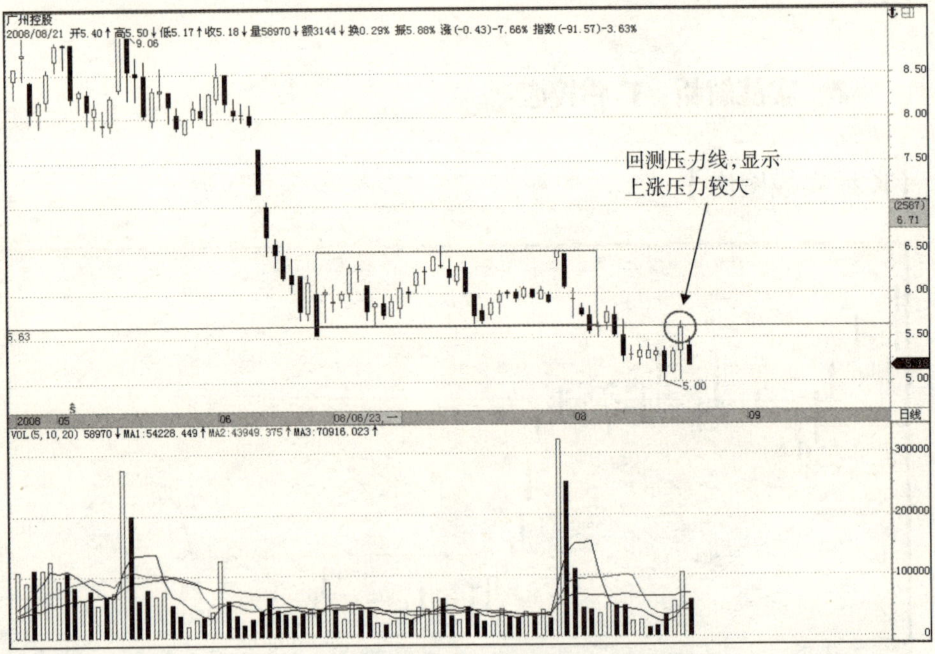

图 13-11　广州控股（广州发展）　600098

看盘精要

矩形形成后的 K 线走势解读：

（1）2008 年 8 月 20 日（见图 13-11 中的圆圈内），股价回抽矩形下边线。

（2）对于还没有出局的投资者，这是一个较好的出局点。

（3）持币者继续观望。

【K 线实战图谱】

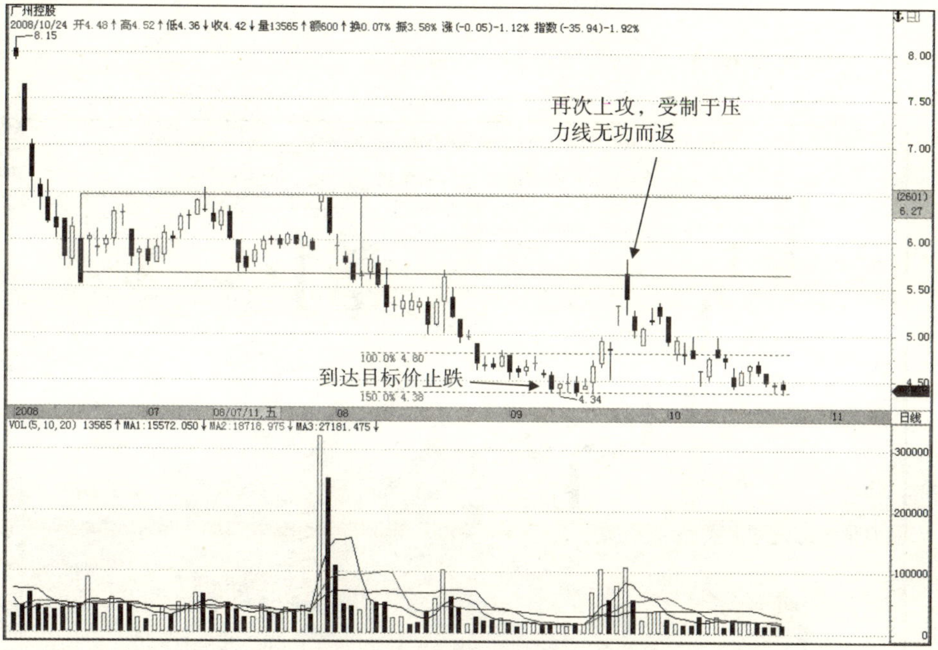

图 13-12 广州控股（广州发展） 600098

看盘精要

矩形形成后的 K 线走势解读：

（1）股价回抽矩形下边线后，延续了跌势。

（2）根据矩形形态测量目标价，矩形高为 0.85 元，第一目标价为 4.80 元，股价回抽后迅速到达第一目标价位。

（3）计算 1.5 倍的第二目标价，得 4.38 元。

（4）股价这一轮的下跌最低到达 4.34 元，从突破矩形下边线开始，本轮下跌跌幅达到了 23%。

↗ 实战解析：郑州煤电

【K 线实战图谱】

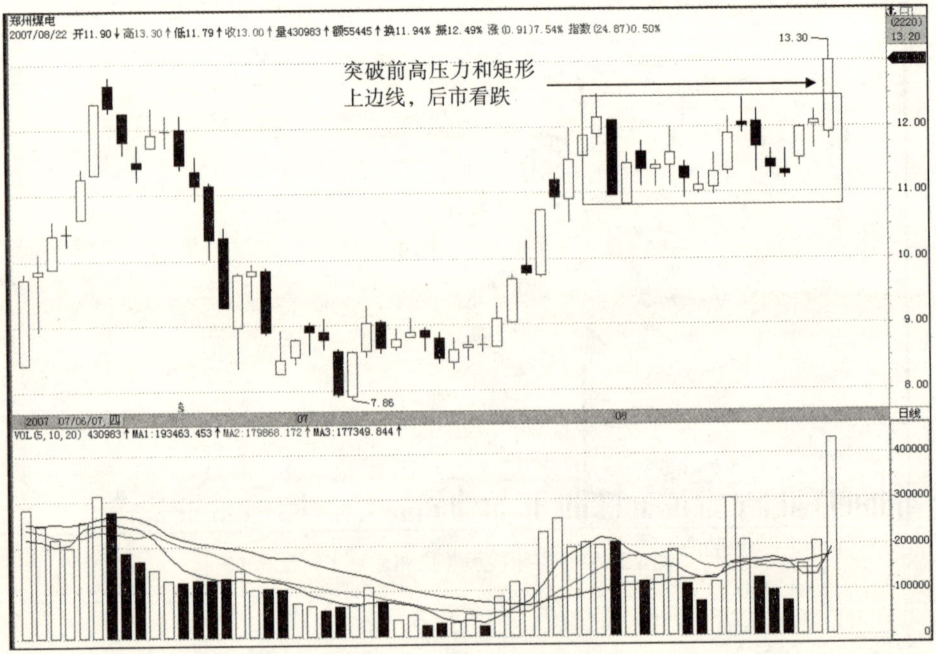

图 13–13　郑州煤电　600121

◣看盘精要

矩形形成后的 K 线走势解读：

（1）图 13–13 是郑州煤电 2007 年 6 月 5 日至 2007 年 8 月 22 日的日线图。

（2）从图中可以看出，股价在前期一直处于上升趋势中，近期呈现矩形整理。

（3）2007 年 8 月 22 日，股价向上突破矩形上边线，投资者买入股票。

【K 线实战图谱】

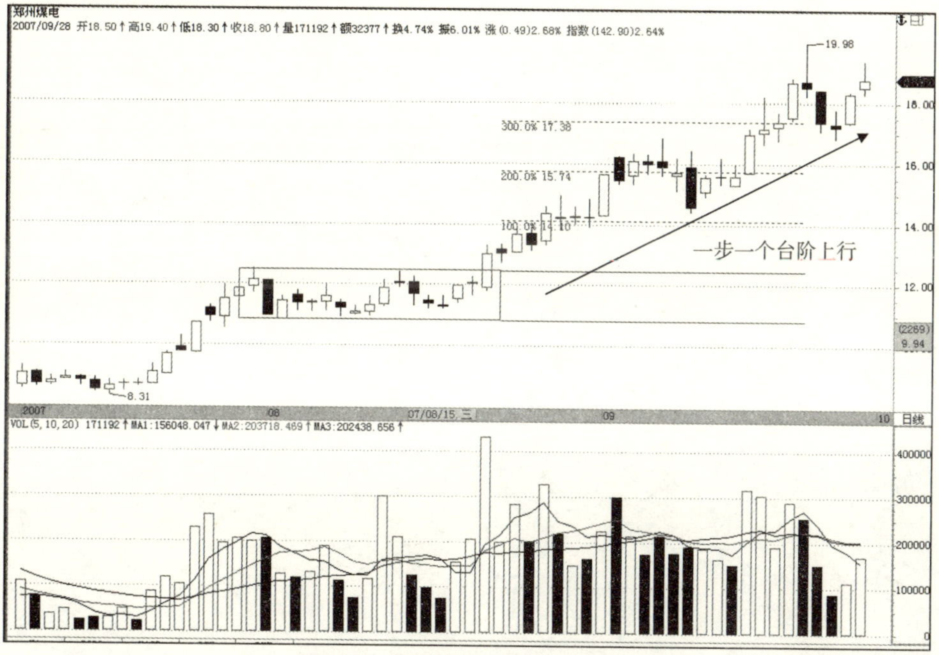

图 13-14　郑州煤电　600121

看盘精要

矩形形成后的 K 线走势解读：

（1）根据矩形形态测量目标价，第一目标价为 14.10 元，第二目标价为 15.74 元，第三目标价为 17.38 元。

（2）股价一步一个台阶，很快就超越了第三目标价，最高涨至 19.98 元。

（3）把握好矩形形态进行操作，将可获利 60%。

第14章

V形底形态操练

第一节　V 形底形态的识别

1. V 形底的图形特征

【K 线实战图谱】

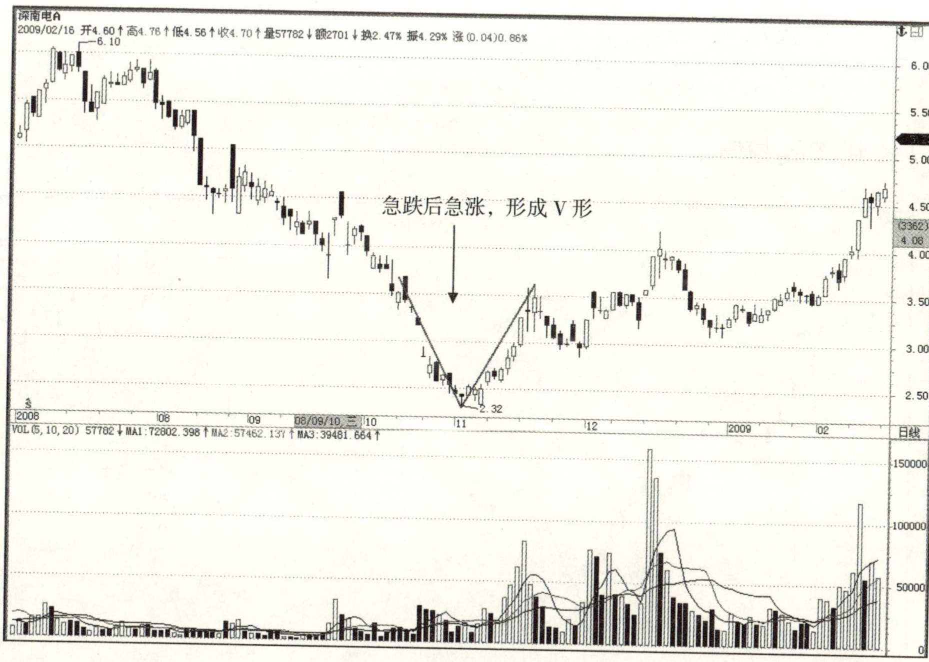

图 14-1　深南电 A　000037

看盘精要

V 形底形态的 K 线走势分析：

（1）V形底走势形态可分为三个部分：一是下跌阶段，通常V形底的左方跌势十分陡峭，而且持续一段短时间；二是转势点，V形底的底部十分尖锐，一般来说形成这转势点的时间仅两三个交易日，而且成交量在转势点明显增多；三是回升阶段，股价从低点回升，成交量亦随之而增加。

（2）在形成V形底走势后，上升阶段可能呈现变异，股价有一部分出现向横发展的成交区域，其后打破这个徘徊区，继续延续上升势，见图 14–1。

（3）V 形底形态的形成原理：市场中卖方的力量很大，令股价稳定而又持续地挫落，当这股做空力量消失之后，买方的力量完全控制整个市场，使得股价出现戏剧性的回升，几乎以下跌时同样的速度收复所有失地，因此股价的运行形成一个像V字般的移动轨迹。

2. V 形底形态实战意义

【K 线实战图谱】

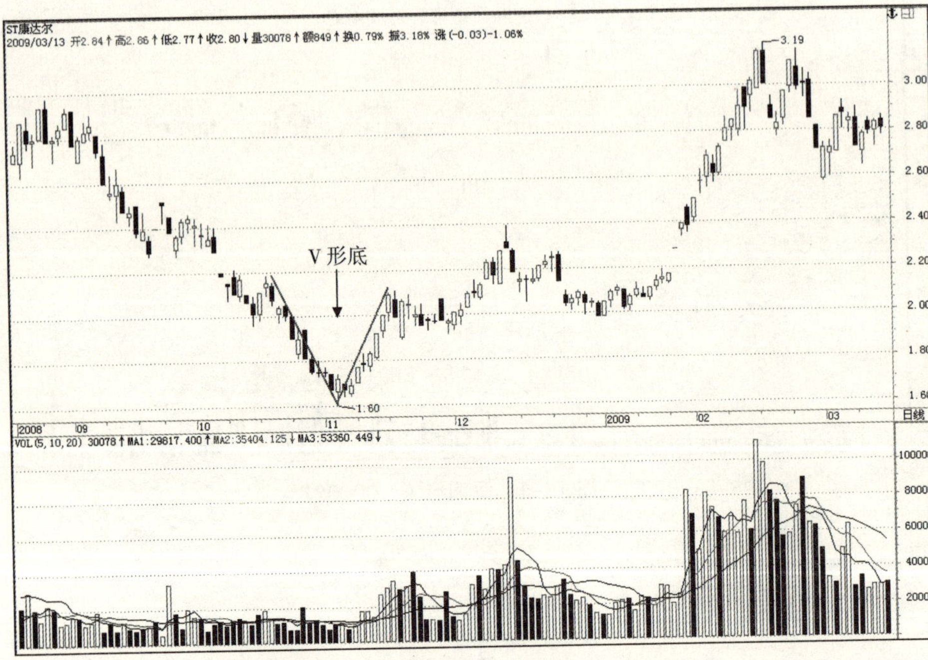

图 14–2 ST 康达尔（康达尔） 000048

看盘精要

V 形底形态的 K 线走势分析：

（1）V形底走势是个转向形态，显示过去的下跌趋势已逆转过来。

（2）V形走势在转势点必须有明显成交量配合。

（3）放量完成 V 形底后，投资者可积极择机入场。

第二节 V形底形态实战操练

1. V形底形成过程中的应对技巧

【K线实战图谱】

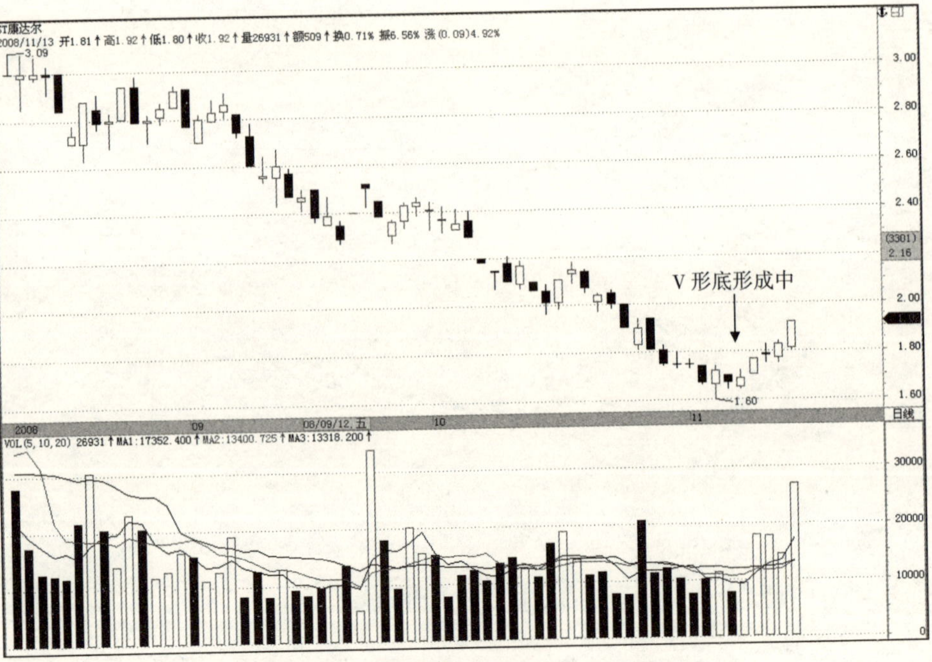

图 14-3 ST 康达尔（康达尔） 000048

看盘精要

V 形底形成中的 K 线走势分析：

（1）图 14-3 是 ST 康达尔（现名“康达尔”）2008 年 8 月 12 日至 2008 年

11 月 13 日的日线图。

（2）股价在连续下跌后止跌，并随即放量连续拉出中阳线，呈现 V 形底雏形。

（3）积极的投资者可于此处择机介入，稳健的投资者可继续观察。

【K 线实战图谱】

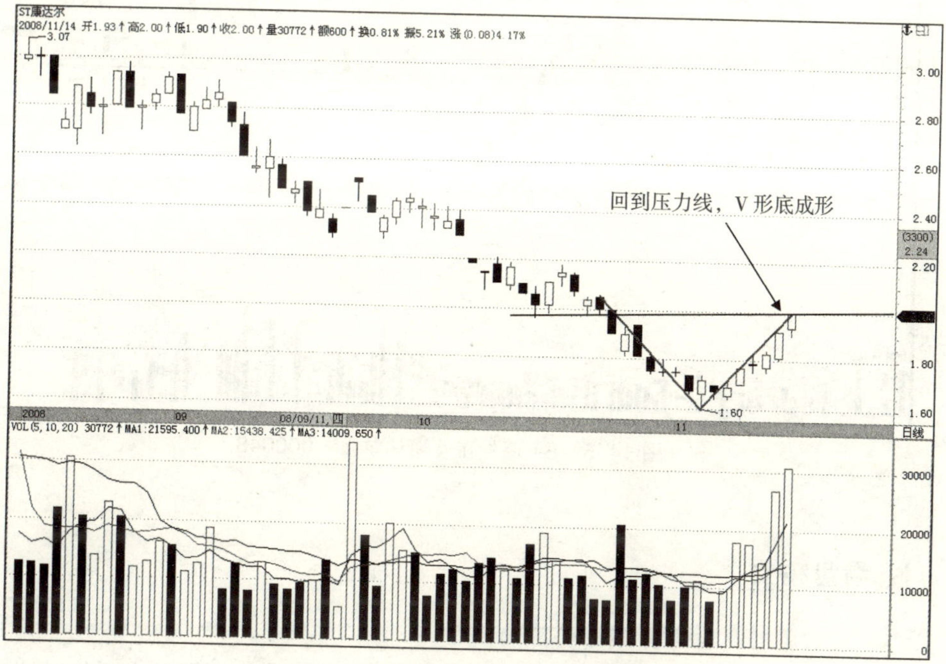

图 14-4　ST 康达尔（康达尔）　000048

看盘精要

V 形底形成后的 K 线走势解读：

（1）时间来到了 2008 年 11 月 15 日，股价已明显走出 V 形底形态。

（2）V 形底是反转形态，中线投资者可开始分批介入。

【K 线实战图谱】

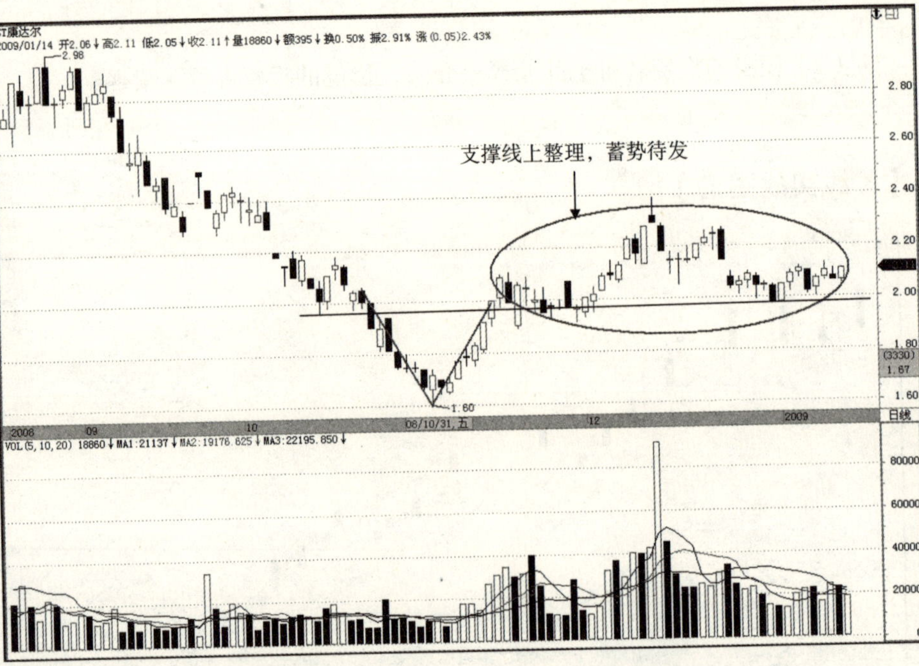

图 14–5　ST 康达尔（康达尔）　000048

看盘精要

V 形底形成后的 K 线走势解读：

（1）V 形底形态形成后，股价走出了一段徘徊区，同时仍伴着放大的成交量，见图 14–5 中的椭圆处。

（2）中线投资者可在此徘徊区内积极建仓，股价已显示了长期下跌后的回稳反弹趋势。

【K 线实战图谱】

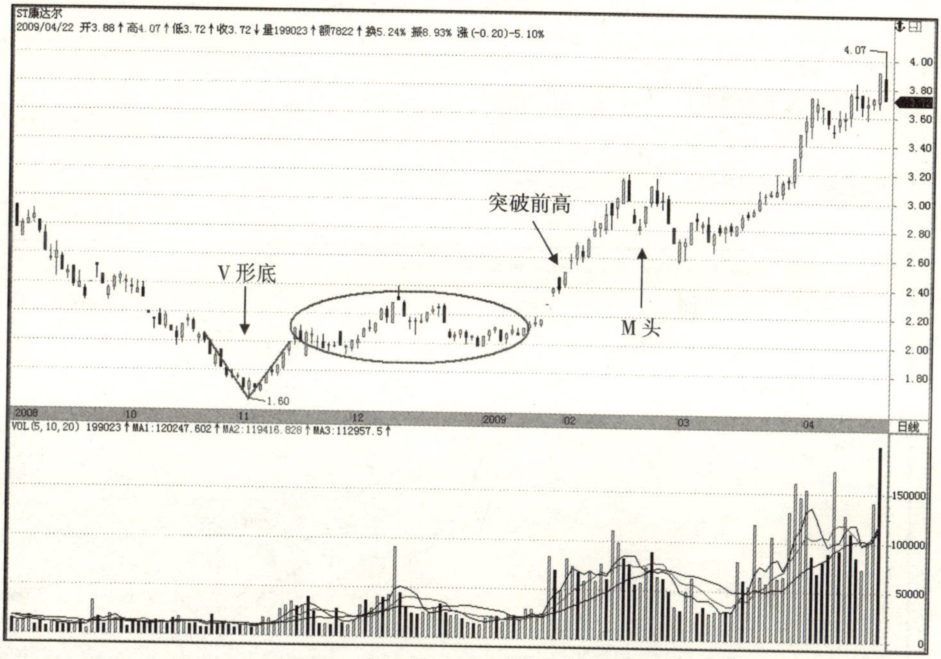

图 14–6　ST 康达尔（康达尔）　000048

看盘精要

V 形底形成后的 K 线走势解读：

（1）后来股价走出了一段波澜壮阔的行情。

（2）股价于 2009 年 4 月 22 日到达 4.07 元，从 V 形底形成后开始算，涨幅达到了 100%。

2. V形底形态应对技巧

实战解析：ST科健

【K线实战图谱】

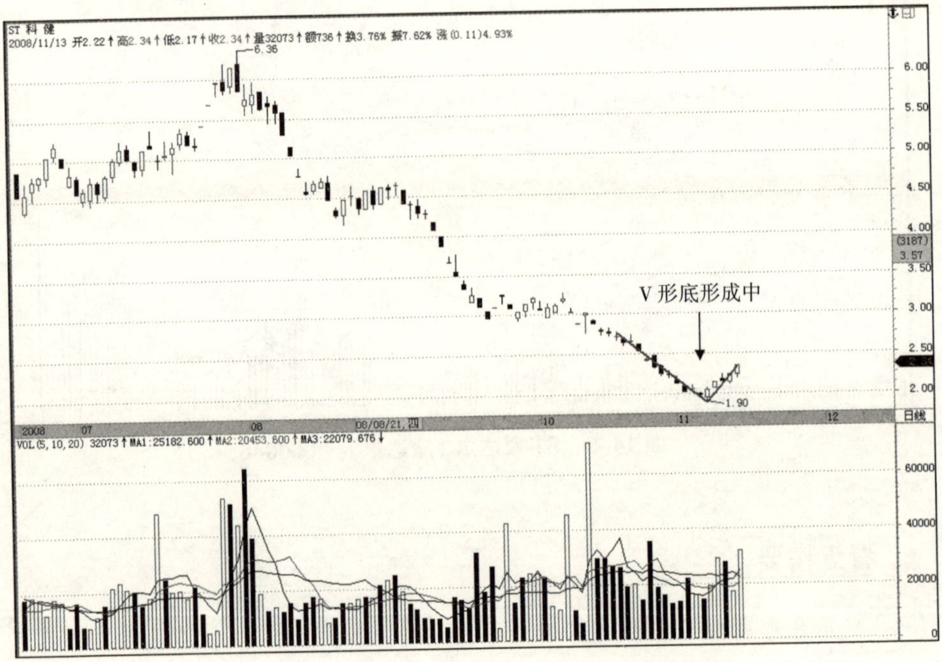

图 14-7　ST 科健（中国天楹）　000035

看盘精要

V形底形成中的K线走势分析：

（1）图14-7是ST科健（现名“中国天楹”）2008年6月19日至2008年11月13日的日线图。

（2）从图中可以看出，股价在前期处于下降趋势中，近期连续中阴线下跌后，随即反转，放量走出连续的中阳线，股价呈现V形底雏形。

（3）积极的投资者此时即可介入。

【K 线实战图谱】

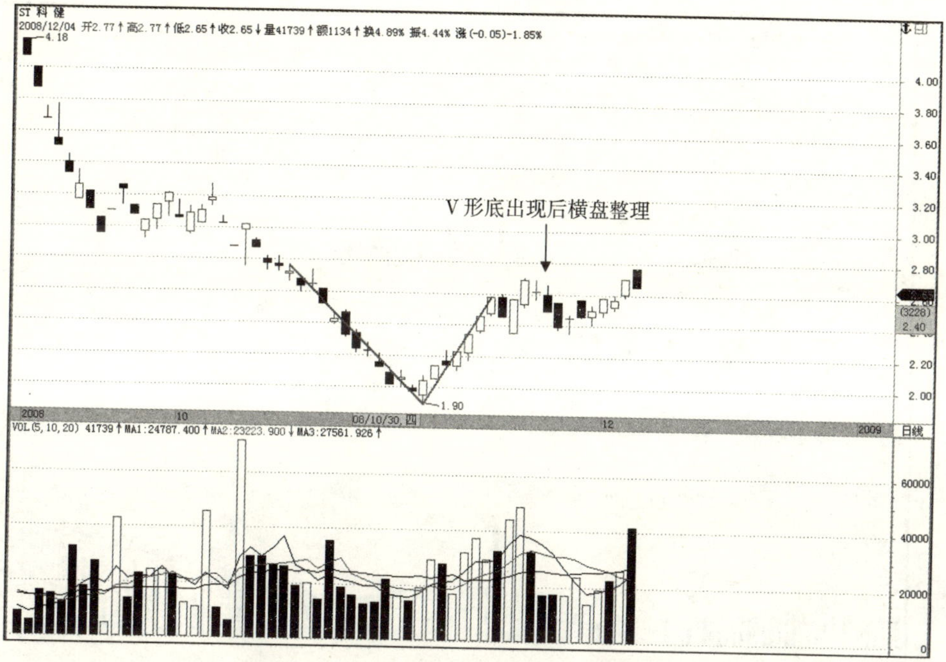

图 14-8　ST 科健（中国天楹）　000035

看盘精要

V 形底形成后的 K 线走势解读：

（1）股价很快走出明显的 V 形底形态。

（2）股价形成 V 形底后随即进入一段徘徊区，中线投资者应在此处积极择机介入。

【K线实战图谱】

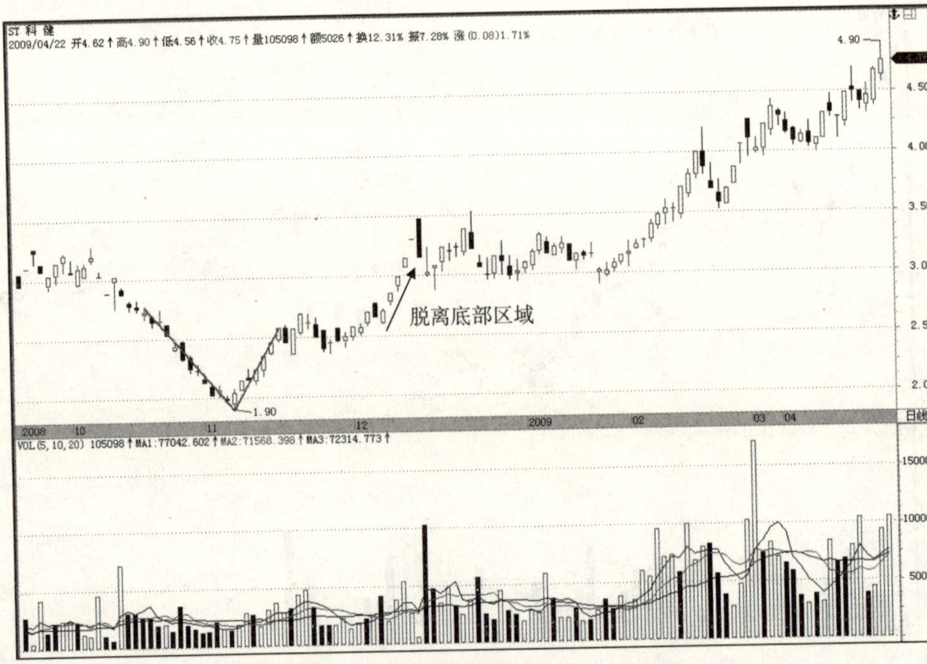

图 14-9 ST 科健（中国天楹） 000035

看盘精要

V 形底形成后的 K 线走势解读：

（1）形成 V 形底后，股价扭转大势，开始了一段一路攀升的大好行情。

（2）股价从刚走出 V 形底的 2.58 元，涨至 4.90 元，涨幅达到了 100%，如果是在 V 形底形成过程中介入的投资者，获利可达到 130%。

（3）V 形底是重要的反转信号，投资者需在投资中给予重点关注。

第15章

V形顶形态操练

第一节　V 形顶形态的识别

1. V 形顶的图形特征

【K 线实战图谱】

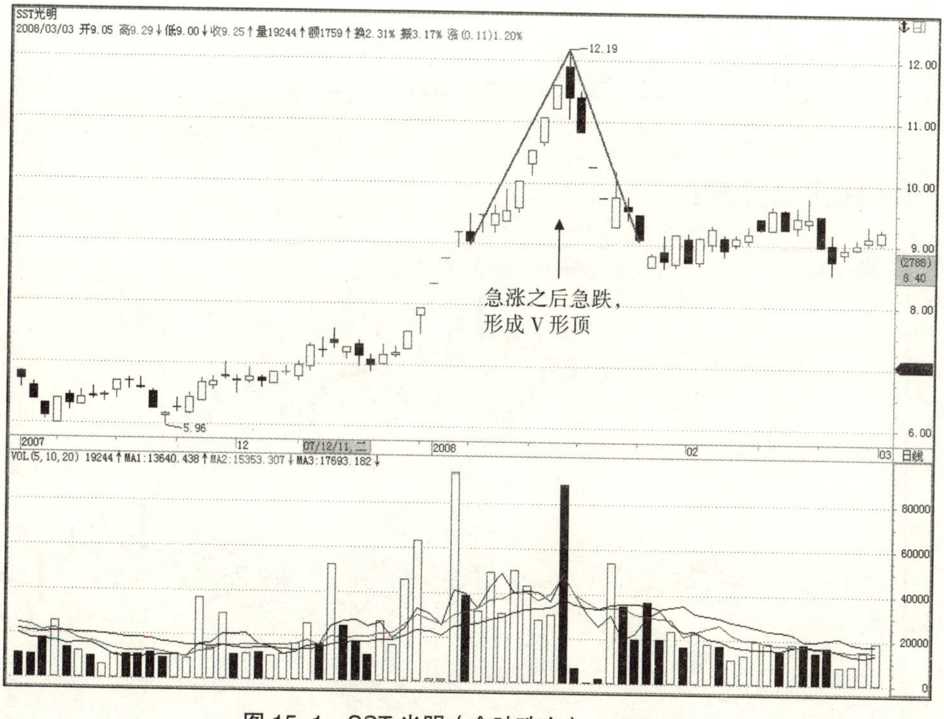

图 15-1　SST 光明（金叶珠宝）　000587

看盘精要

V形顶形态的K线走势分析：

（1）股价先是快速上涨然后迅速下跌，走势轨迹就像倒写的字母V，并形成顶部，参见图15-1，这就是V形顶。

（2）V形顶的顶部非常尖锐，通常在几个交易日之内就形成了，而且转势点一般都伴随有较大的成交量。

（3）V形顶形态的形成原理：市场看好的情绪使得股价节节上升，短线买入的量越来越大，可是突如其来的一个因素扭转了整个趋势，做空力量瞬间堆积，股价以与上升时同样的速度下跌，形成一个倒转V字形的移动轨迹。

2. V形顶形态实战意义

【K线实战图谱】

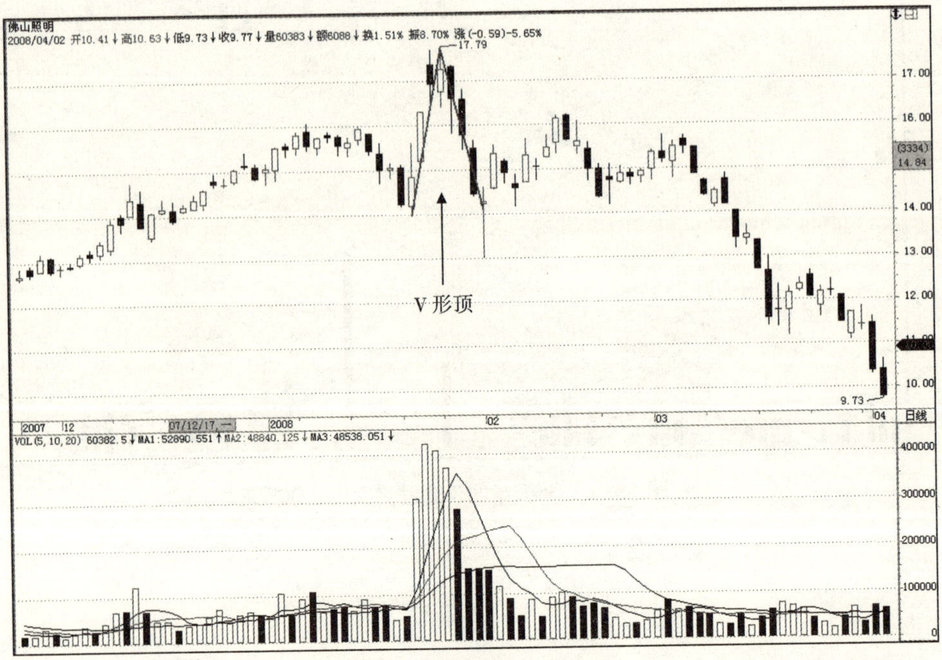

图15-2 佛山照明 000541

看盘精要

V 形顶形态的 K 线走势分析：

（1）V 形顶走势是个转向形态，显示过去的上升趋势已逆转过来。

（2）通常 V 形顶形态是由一些突如其来的因素造成的。

（3）V 形顶形成初期减仓，重心下移时及时清仓出局。

（4）V 形顶可能是牛市行情的最末端，出现 V 形顶形态后，其股价的跌幅将非常巨大。

第二节 V形顶形态实战操练

1. V形顶形成过程中的应对技巧

【K线实战图谱】

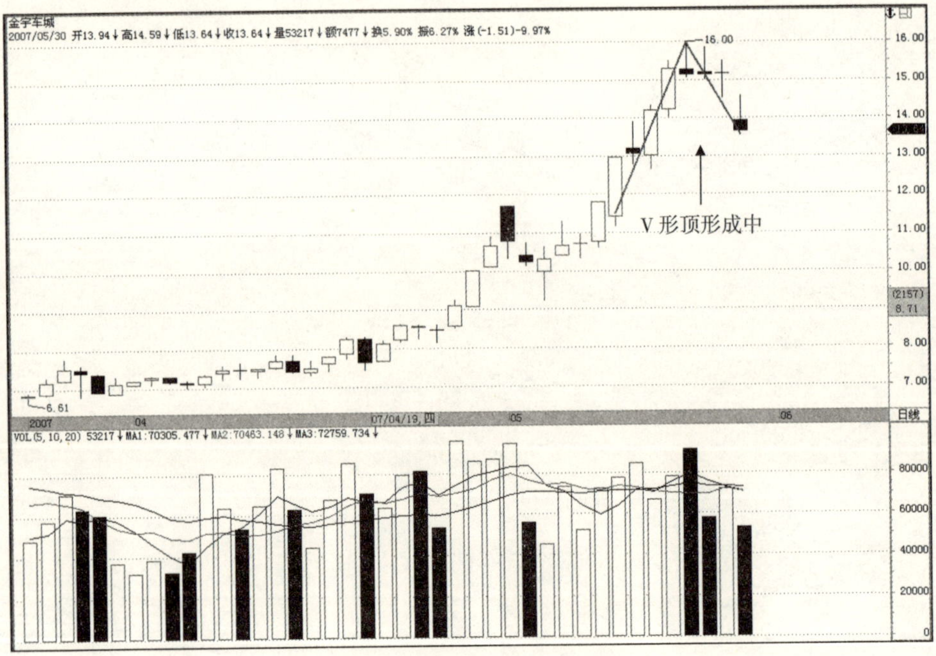

图15-3 金宇车城 000803

看盘精要

V形顶形成中的K线走势分析：

（1）图15-3是金宇车城2007年3月23日至2007年5月30日的日线图。

（2）股价在连续上涨后突然迅速下跌。2007 年 5 月 30 日，由于国家宣布上调印花税的消息，股价大幅下跌，当天跌停，股价也呈现 V 形顶雏形。

（3）投资者应果断大幅减仓，以保住过往获得的利润。

【K 线实战图谱】

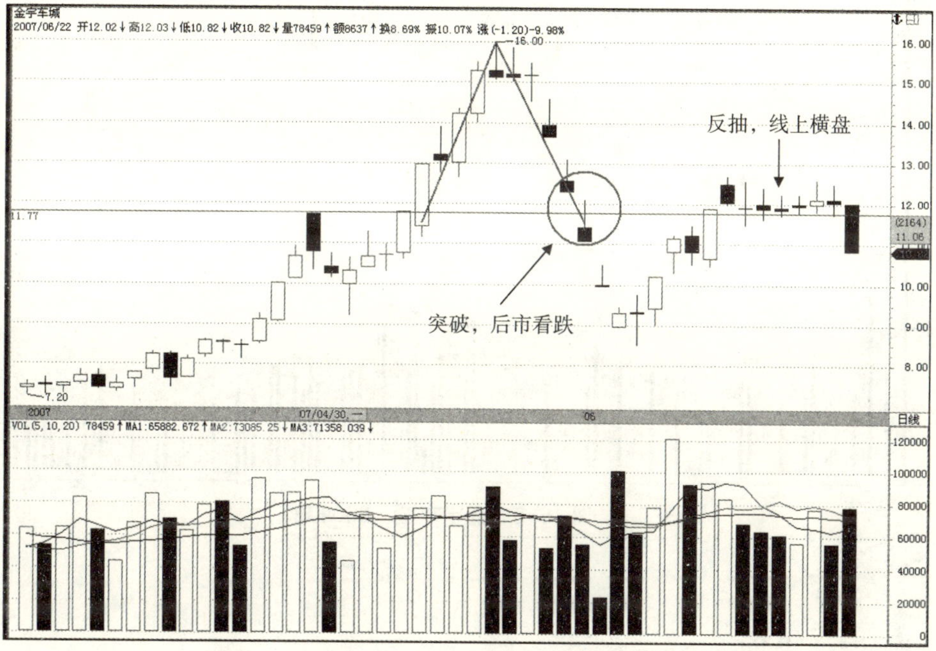

图 15-4　金宇车城　000803

看盘精要

V 形顶形成后的 K 线走势解读：

（1）当股价重心迅速下移，呈现明显 V 形顶形态，仍无止跌迹象时，见图 15-4 中的圆圈内，投资者应果断清仓。

（2）研读股价前期走势，可以画出一条支撑线，见图 15-4 中的横线。

（3）股价完成 V 形顶走势后，重新站上趋势线，呈连续十字星整理。

（4）2007 年 6 月 22 日，股价以长阴线下破支撑线，这时，仍旧持股的投资者不应再抱有任何幻想，这是最后的逃命机会了。

【K线实战图谱】

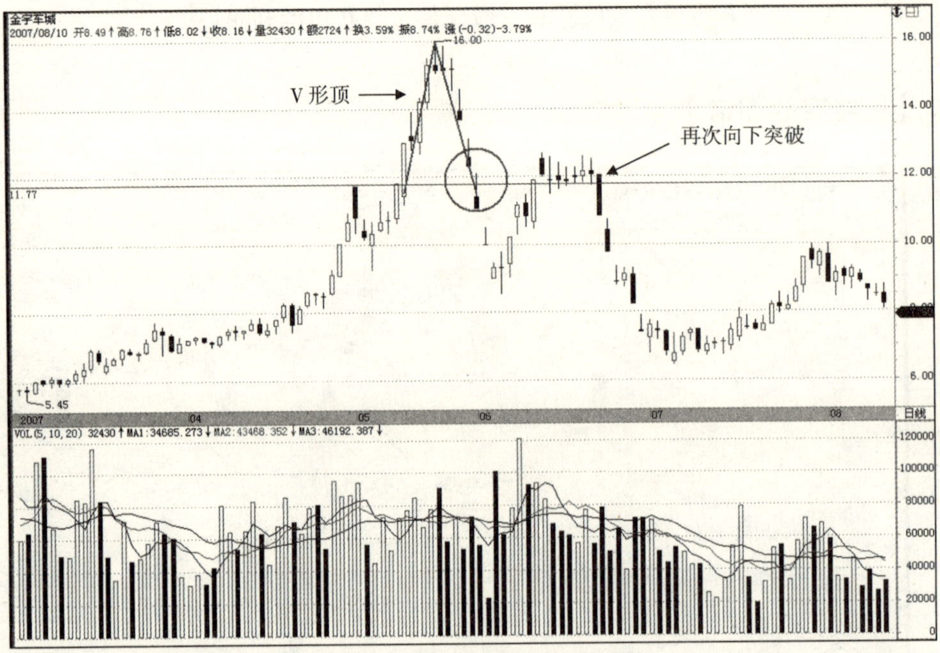

图 15-5　金宇车城　000803

看盘精要

V形顶形成后的K线走势解读：

（1）此后，股价一蹶不振，再也没有重新走上那条支撑线。

（2）股价经过了几个月之长的徘徊后，走进了漫漫熊市。V形顶可以帮助投资者在熊市来临之前，以最小的损失离开战场。

2. V 形顶形态应对技巧

↗ 实战解析：云铝股份

【K 线实战图谱】

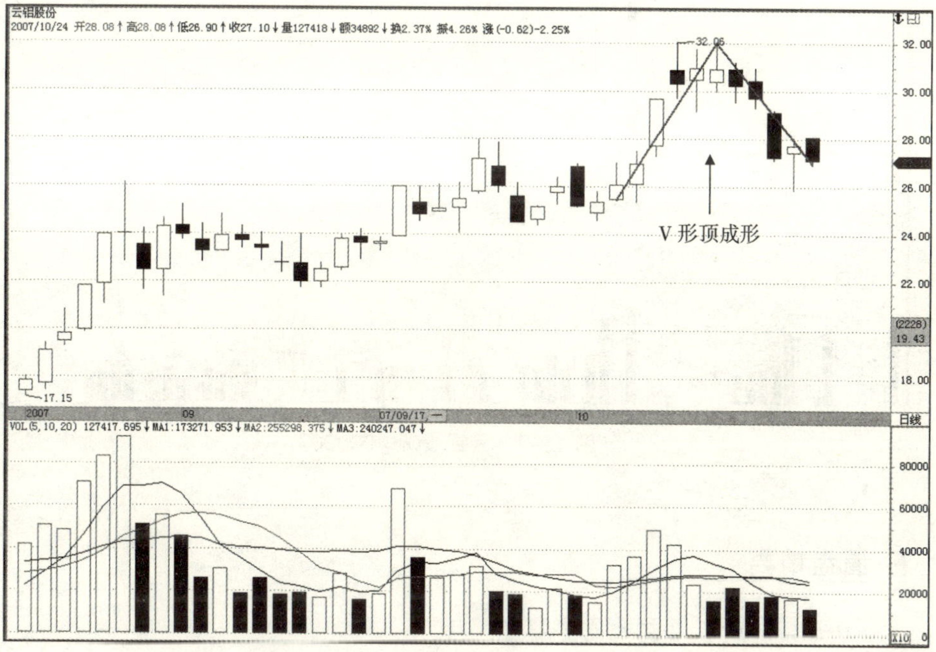

图 15-6　云铝股份　000807

◣ 看盘精要

V 形顶形成后的 K 线走势解读：

（1）图 15-6 是云铝股份 2007 年 8 月 21 日至 2007 年 10 月 24 日的日线图。

（2）从图中可以看出，股价前期处于上升趋势中，在一波凌厉上升后，经过短短 3 天调整就展开了连续的下跌，股价呈现 V 形顶形态。

（3）投资者应果断选择把仓位减至轻仓。

【K线实战图谱】

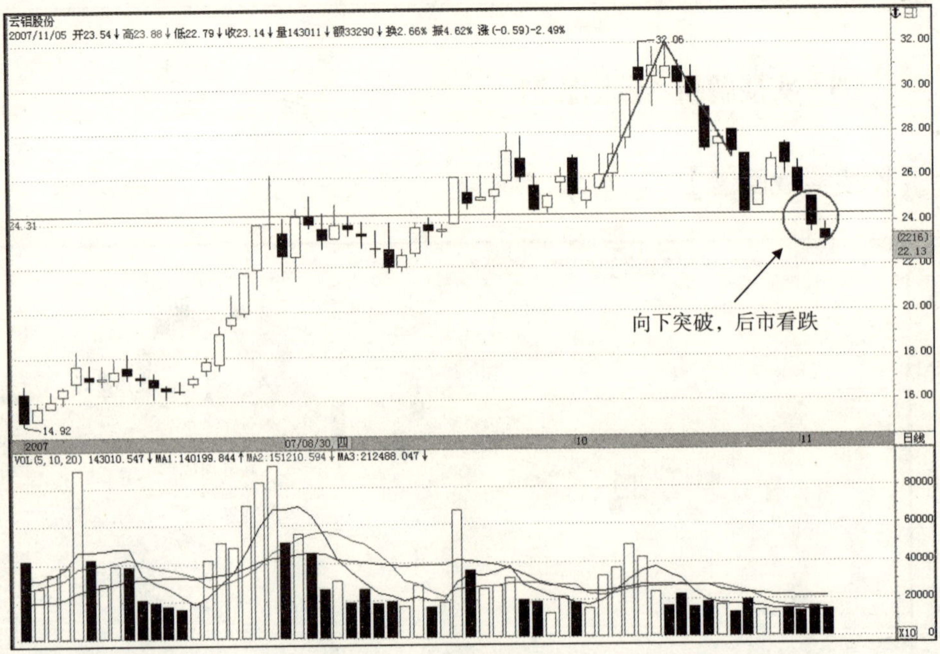

图 15-7　云铝股份　000807

看盘精要

V 形顶形成后的 K 线走势解读：

（1）研读股价的前期走势，可以画出一条重要的支撑线，见图 15-7 中的横线。

（2）当股价重心一路下移，投资者就应果断清仓。

（3）最后的清仓位就在下破支撑线的时候，见图中的圆圈内。

【K 线实战图谱】

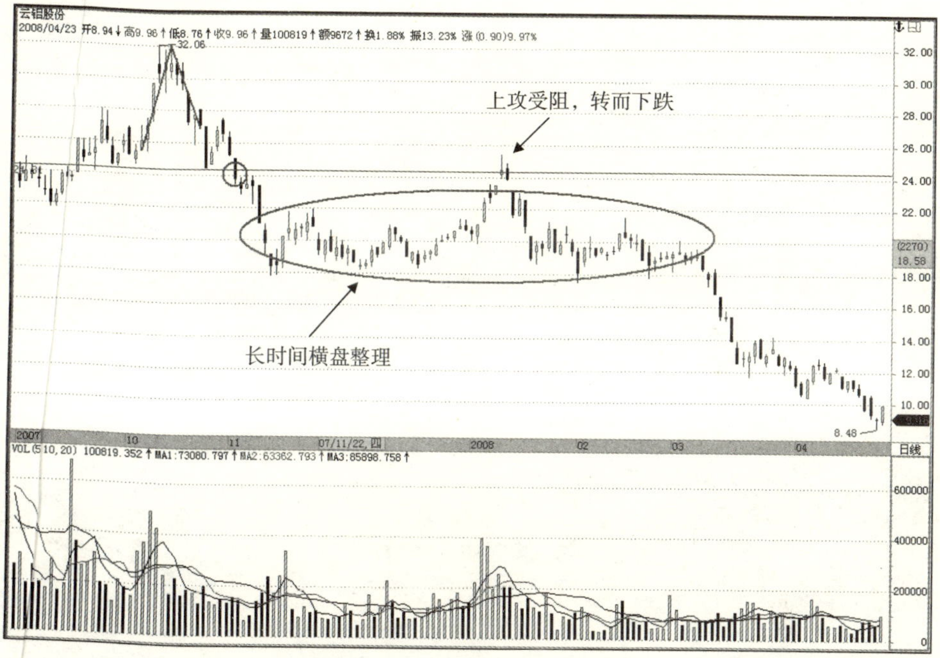

图 15-8　云铝股份　000807

看盘精要

V 形顶形成后的 K 线走势解读：

（1）股价下跌至 18.00 元处走进了一段徘徊区，见图 15-8 中的椭圆处。然而，从 V 形顶的顶部 32.06 元开始计算，股价已跌去了 44%。

（2）短线技术好的投资者可以在徘徊区根据其他的 K 线形态作短线买卖，但要降低期望值，并以防范重大风险为基本原则。普通的投资者不建议在此区域参与操作。

（3）股价走出徘徊区后，进入了漫漫熊市。

（4）掌握好 V 形顶形态，可以让投资者回避了熊市的漫长折磨和惨痛的资金损失。